Olga Tschepp

Die Hosenverweigerin

-

Olga Tschepp

Die Hosenverweigerin

Von der Kalaschnikow zum Rosenkranz

Biografische Skizzen wider den Zeitgeist

Herausgegeben von Christina Brock

GHV

Olga Tschepp

Die Hosenverweigerin

Von der Kalaschnikow zum Rosenkranz

Biografische Skizzen wider den Zeitgeist

Herausgegeben von Christina Brock, M. A. München
www.textschluessel.de

Titelfoto: Natalya Reznik Photography
Foto mit Ziege auf der Rückseite: Henglein & Steets Fotografie
Alle anderen Fotos und Abbildungen stammen aus dem Archive der Autorin

1. Auflage 2022

Printed in Europe

ISBN: 978-3-87336-749-4

Inhalt

Vorwort

Olga Tschepp ist eine Künstlerin! Sie lebt ganz in ihrer ästhetischen Welt. Olga ist zugleich ein tief religiöser Mensch, der die Welt mit geistigen Augen betrachtet. Als Mutter, Hausfrau und Hobbygärtnerin hat sie jedoch nie den Sinn für die Realität der diesseitigen physischen Existenz verloren und ist im wahrsten Sinne des Wortes „bodenständig" und nüchtern geblieben. Olga ist eine Persönlichkeit mit vielen Facetten, die durchaus auch einige Gegensätze und Widersprüche in sich vereint ...

Dieses Buch ist aus der Absicht heraus entstanden, Rückblick auf ihr Leben und damit innere Einkehr zu halten: Manches aus der Vergangenheit sollte aufgearbeitet und mit Widersprüchen in der Gegenwart der innere Friede geschlossen werden. So kam sie denn folgerichtig auch mit ursprünglich zwei Manuskripten zu mir: einem mit „Vita" überschriebenen Text, den ein enger Freund und Vertrauter der Familie – nennen wir ihn Peter Rolau – über sie, ihre Vergangenheit und Herkunft, verfasst hat, und einem Text mit dem Titel „Die Hosenverweigerin", der eine selbst niedergeschriebene lose Episodensammlung aus ihrem beruflichen Alltag als Fotomodell darstellt und ihre Gegenwart skizziert.

Gegensätzlicher konnten auch dementsprechend die beiden Texte nicht sein! Der erste in der dritten Person und in der Erzählzeit des Präteritums aus der Perspektive eines Anderen geschrieben – der zweite von ihr selbst in der ersten Person aus dem Gedächtnis aufgezeichnet und mit starken Dialogen durchsetzt, die Authentizität ausstrahlen und verbürgen. Der erste vorwiegend ihre triste Kindheit und Jugend in einem kommunistischen Land schildernd – der zweite ein auf den ersten Blick glamouröses Leben im kapitalistischen Westen. Wie viele Frauen hüben wie drüben haben bereits und würden Olga noch heute um ihre Auserwähltheit als Fotomodell beneiden?! Manchmal endeten Olgas Erlebnisse als Fotomodell abrupt im Nachdenken über Grundsätzliches, und so verfiel sie unversehens ins gesellschaftskritische und politische Kommentieren: Als so „golden" erwies sich der verheißungsvolle Westen dann doch nicht ...

Und das alles sollte in einem Buch „aus einem Guss" untergebracht werden! Vor allem: Wie berühmt ist denn eigentlich Olga Tschepp – Fotomodell hin oder her –, um ihr gleich eine ganze „Vita" zu widmen?! Es musste eine praktikable Lösung her, die das Augenmerk von ihrer Person auf die geschilderten Ereignisse, Szenen und Bilder verlagerte, sie von der Hauptdarstellerin zur Beobachterin werden ließ, ohne ihrer Persönlichkeit dadurch minder gerecht zu werden ...

Nach einigem Überlegen entschieden wir uns gemeinsam, auch den biografischen Text in Einzelepisoden aufzulösen und je einem gegenwartsbezogenen Model-Kapitel ein thematisch korrespondierendes aus der „Vita" quasi als Rückblick zuzuordnen. Die gesellschaftskritischen und politischen Kommentare fanden schließlich ihren Platz in jeweils einem abgesonderten *Postscriptum*. Da nun aber nicht jede Einzelepisode ein solches Postscriptum aufwies, wurde auch den restlichen Kapiteln eines in Form von passenden Zitaten, häufig aus der Bibel, aber auch aus zahlreicher Sachbuchliteratur, Prosa, Aphorismen und Presseartikeln angefügt, welche den Aussagegehalt der geschilderten Episoden untermauern, veranschaulichen oder auch zu weiterem Nachdenken anregen sollen. Für diese, manchmal längeren Zitate haben wir jeweils eine Genehmigung zur Veröffentlichung in diesem Buch eingeholt.

Inhaltlich begleitet Olga ihre Leser auf Streifzügen durch ihre Kindheit und Jugend im kommunistischen Prag und im ehemals sudetendeutschen Grenzland und später durch ihr ganz anders geartetes neues Leben als treu sorgende Ehefrau, Mutter und Hausfrau im südlichen Westdeutschland. In der Zwischenzeit ist einiges passiert: Olga zeigt uns die Gefühlswelt eines jungen Mädchens, das zur attraktiven Frau heranreift, hin- und hergerissen zwischen Uniform und Ballettkleid, zwischen männlich-heroischem Soldatenideal und weiblichem Charme in fescher Mode. Unterdessen bröckeln ihre kindlichen Träume von der gerechteren sozialistischen Gesellschaft, die sich gegen das vermeintlich immer noch versteckt faschistische Deutschland und den kapitalistischen Westen als Erzfeinde in ständiger Verteidigungsbereitschaft halten muss. Zunehmend gerät sie in den Bann des westlichen Luxuslebens, hatte sie als ausgebildete Hotelfachfrau doch Zugang zu westlichen Devisen und genoss das Privileg von Auslandsreisen. Bald schon bemerkte sie indes, dass dieses „mondäne Leben" ihr keinen Daseinssinn vermittelte, während die Spuren einer religiösen Sinnsuche sich bis in ihre Kindheit zurückverfolgen lassen. Die spontane Heirat mit dem bekennenden sudetendeutschen Landsmann Wenzel, der in Westdeutschland lebte, gab ihrem Leben die einschneidende Wendung: Nicht nur, dass sie das Zusammenleben zwischen Tschechen und Deutschen in Geschichte und Gegenwart vollkommen neu bewertete – sie wurde auch zu einer tief gläubigen und überzeugten Katholikin. Als solche hat sie es natürlich gerade in der Modebranche nicht leicht mit ihrem ganz eigenen Blickwinkel auf alle Entwicklungen und Tendenzen – nicht nur der Mode – in ihrer Wahlheimat Deutschland.

Olga ist sich durchaus bewusst, dass sie mit ihrem Buch unweigerlich polarisieren wird, und zwar nicht bloß zwischen Modefreaks und Modeignoranten, Christen und Nichtchristen, sog. „Rechten" und „Linken", sondern sogar unter den Modeinteressierten in einer dünn besiedelten Gemeinde traditioneller Katholiken. Aus der Modellbranche wird sie sich möglicherweise den Vorwurf der Nestbeschmutzung einhandeln; unter den Katholiken werden die einen sie der Bigotterie bezichtigen, andere sie ihrer ungeschminkt drastischen Schilderungen von Schamlosigkeit wegen kritisieren; die „Rechten" spaltet sie in der Frage ihres Verhältnisses zu Nationalsozialismus, Islam, Judentum und Migration, die „Linken" in ihrer Einstellung zu Kommunismus, Pazifismus, Ökologie, Feminismus und zum Lebensrecht der Ungeborenen – um nur einige Beispiele herauszugreifen. Sie wird es keiner auch noch so exklusiven Gruppe recht machen können, ihre Lesergemeinde wird also aus einem bunten Flickenteppich von Kritikern und Unterstützern bestehen. Deshalb kam es ihr hauptsächlich darauf an, glaubwürdig und authentisch sie selbst zu sein.

Christina Brock M. A.
München, 2022
www.textschluessel.de

Einleitung

*D*ieses Buch ist eine Episodensammlung aus meinem bewegten Leben und meinem langjährigen Beruf als Fotomodell. In Prag aufgewachsen und kommunistisch erzogen, führte mich mein Lebensweg alsbald in meine jetzige Wahlheimat Deutschland, wo sich meine Weltsicht grundlegend ändern sollte. Meinen jetzigen Beruf habe ich mir nicht ausgesucht, ich habe ihn nicht erwählt – ich wurde „entdeckt".

Das Angebot, als Fotomodell zu arbeiten, nahm ich im Alter von 47 Jahren in Absprache mit meinem Mann angesichts unserer permanent angespannten finanziellen Lage an. Bis dahin war ich dem Gemüte nach fast 22 Jahre lang erfüllte Hausfrau und sorgende Mutter aus Überzeugung gewesen – vollkommen zufrieden mit meinem Stand.

Meinem lieben Mann, Wenzel Tschepp, der väterlicherseits aus dem einstigen volksdeutschen Mehrheitsgebiet, dem sog. Littauer Zipfel in Nordmähren stammt, hatte ich acht Kinder geboren – darunter drei Totgeburten –, und als unser jüngster Sohn zwei Jahre alt war, hatte ich noch ein Pflegekind in Obhut genommen. Meine Einkünfte als Fotomodell sollten dazu helfen, unsere Großfamilie finanziell über Wasser zu halten, sie mit unbelasteten Biolebensmitteln zu versorgen und vor allem das Haus abzahlen zu können.

Die hier präsentierten kleinen Veduten aus der Modelbranche gewähren authentische Einblicke in ein Milieu, das in den Medien beweihräuchert wird. Ergänzend und quasi als Kontrastgrundierung hierzu lasse ich jeder Episode eine korrespondierende Skizze aus meinem Leben folgen: zwischenzeitlich aufgezeichnete Momentaufnahmen aus meiner Kindheit und Jugend als Tochter eines kommunistischen Offiziers, meine Erlebnisse und Gedanken als Bekehrte zum wahren katholischen Glauben im emanzipierten Deutschland, als Ehefrau, Mutter und Großmutter sowie einfach als eine Frau, die das Schöne liebt.

Der schöne Schein, aber nicht das reale Sein – eine virtuelle Scheinwelt wird in der Werbebranche vor der Kameralinse im MG-Rhythmus produziert, um der nimmersatten Masse als weitere Konsumgüter zweifelhafte Ideale, leider allzu oft auch gezielte Desinformationen, geschickt zum Fraß vorzuwerfen. Dies bleibt nicht ohne Wirkung auf das Gehirn, viel tiefer aber noch werden der Wille und das Denken der Menschen beeinflusst – ja, ihre Seele nimmt Schaden.

Gegen die omnipräsente sexistische Massenmanipulation in der Werbung können sich vor allem unsere Kinder nicht wehren. Ihre unschuldigen Kinderseelen sind dem medialen Dauerbeschuss tagtäglich erbarmungslos ausgesetzt. In einem erschreckenden Sittenuntergang bläht sich der hedonistische Bauch des ehemaligen christlichen Abendlandes krankhaft auf. Die sexuelle Revolution der 68er frisst buchstäblich ihre Kinder ...

Auch wir waren als tschechische Offizierskinder in paramilitärischen Kinderlagern jeweils in den Sommerferien einer permanenten suggestiven Manipulation ausgesetzt. Ab der ersten Klasse wurde ich von meinen Eltern in den Ferien zum ersten Mal für mehrere Wochen in das Kinderlager „Grenzwächter" geschickt, welches sich in der militärischen Sperrzone im Grenzgebiet der damaligen Tschechoslowakei auf ehemals sudetendeutschem Boden befand. Körperlich gedrillt sollten wir – Buben wie Mädchen – ganz ähnlich der vormilitärischen Ausbildung der *Napola*-Schulen im Dritten Reich zu politischen Kadern herangezogen werden. Abgesehen von der Weltanschauung bestand der Unterschied eigentlich nur darin, dass die Zeltlager der Hitlerjugend streng nach Geschlechtern getrennt waren. Doch beide Male wurden Jugendliche zu blindem Glauben und absolutem Gehorsam gegenüber der jeweiligen Weltanschauung verpflichtet. Ganz konkret: Hätte man im Grenzgebiet feindliche Diversanten gesichtet, hätten sich *Junge Pioniere* aus dem Lager „Grenzwächter" genauso mit der Waffe daran beteiligt, den eingesickerten „Feind" zu stellen, wie im Spielfilm *Napola* (2004) die *Jungmannen* Jagd auf flüchtige russische Kriegsgefangene machten. Der tägliche Drill war gezielt auf Kampfgeist, Selbstüberwindung, Härte (auch gegen sich selbst) sowie auf das Feindbild hin ausgerichtet. Kriegsstimmung war überall zu spüren ...

Das „Eintauchen" in die Modelbranche, die in den Medien fast ikonenhaft präsentiert wird, kostete mich manchmal große Überwindung. Auf der anderen Seite gingen mir aber dadurch im wahrsten Sinne des Wortes die Augen auf ...

In unzähligen interessanten Begegnungen, vor allem mit den männlichen Kollegen, konnte ich „im Terrain" immer wieder feststellen, dass viele Männer, die noch über genügend Testosteron verfügen und nicht gerade eine eigene Geschlechtsoption gewählt haben, sich bewusst oder unbewusst nach mehr Weiblichkeit bei den Frauen sehnen – nicht zuletzt auch in der Kleidung.

Diese wiederkehrende Grundhaltung von Männern – keineswegs nur aus der Modelbranche – zu Frauen und Weiblichkeit an sich hat mich nicht nur überrascht, sondern auch nachdenklich gestimmt. Häufig kamen die Männer einfach auf mich zu und sprachen mich auf mein Kleid oder meinen Rock an. Regelrecht aufgewühlt haben mich zahlreiche Gespräche, in die mich meistens meine männlichen Kollegen aufgrund meiner Hosenantipathie immer wieder verwickelt, d. h. eigentlich wie in einen Rock „eingewickelt", haben. Manches Mal war ich über die An- bzw. *Ein*sichten von Männern ziemlich überrascht, was die Frauenhose anbetrifft. Einige für mich alarmierende Stimmen zum Thema „Hose und Weiblichkeit" möchte ich hier deshalb an die Frauen unter meinen Lesern weitergeben.

Aus der Jungen Pionierin in Uniform, ursprünglich bestehend aus weißer Bluse mit aufgenähten Hammer und Sichel, blauem Faltenrock – ab 1967/68 blauer Hose – und rotem Halstuch, war inzwischen eine gut aussehende, selbstbewusste junge Frau geworden, die sehr bald merkte, dass es stets ihre authentische Weiblichkeit war, die sie in den Männeraugen so attraktiv machte. So verschwand die Hose, die für mich den eher proletenhaften „Charme" der Mao-Tse-tung-Ära verkörperte, allmählich aus dem Radius meines ästhetischen Geschmacks. Sie wurde mir einfach zu „uniform", egal um welchen Hosenschnitt es sich handelte. Als angehende Hotelfachfrau im neu erbauten Prager Hotel *Intercontinental* und später als Leiterin des Geschäftszentrums im Hotel *Alcron*, nicht weit vom Wenzelsplatz, nutzte ich mein attraktives Aussehen in Rock und Kleid geschickt zu meinem eigenen – auch geschäftlichen – Vorteil in der Männerwelt aus. Die Hose passte einfach nicht mehr zu mir, auch wenn sie mehr und mehr „in" war ...

Da ich seither bis heute privat nur Kleider oder Röcke trage, versuchte ich sie immer auch bei den Fotoshootings durchzusetzen, wenn es sich mit dem Thema des Auftrags irgendwie vereinbaren ließ. Bei den männlichen Stylisten kam ich mit meiner „Rockalternative" meistens besser durch als bei den Frauen.

Dabei möchte ich jedoch ausdrücklich betonen, dass ich mich persönlich davor hüte, die Hose bei Frauen generell zu kritisieren oder Hosenträgerinnen gar zu verurteilen. Jeder Mensch hat zweifellos einen unantastbaren freien Willen und kann sich daher nach eigenem Geschmack und mehr oder weniger überlegter Entscheidung kleiden, wie er will, und auch dazu stehen. Wie sagt man doch so schön? *De gustibus non est disputandum* – über Geschmäcker kann man nicht streiten und dagegen ist auch kein Kraut gewachsen.

Die niederschmetternden Frauenhosen-Urteile in diesem Buch stammen indes – abgesehen von den Kommentaren in den *Postscripta* zu meinen Skizzen – ausschließlich von meinen männlichen Kollegen aus der Modelbranche. Auch wenn ich sie in dieser Schärfe so nicht formuliert hätte, habe ich sie dennoch hier platziert, weil ich sie irgendwie symptomatisch fand.

Unbestritten bleibt dabei aber die Tatsache, dass sich die innere Haltung einer jeden Persönlichkeit in der Regel in der äußeren Haltung, Sprache sowie in ihrer Kleidung widerspiegelt: „Kleider machen Leute", sagt man doch nicht umsonst, nicht wahr?

Mit unserer Kleidung senden wir unweigerlich wortlose Signale für unsere Mitmenschen in der unmittelbaren Umgebung aus. In gewissem Sinne spricht unsere Kleidung eine eigene, eindeutige Sprache. Als erste optische – und daher vorprägende – Botschaft ist sie unsere tägliche „Visitenkarte" und rundet das Bild, das andere sich von unserer Persönlichkeit machen, ab.

Wenn diese Schrift dazu beiträgt, dass meine geneigten Leser, darunter vor allem meine Leserinnen, sich ihre eigenen Gedanken machen, dann ist ihr Zweck erfüllt.

Olga Tschepp
Böhen, 2022
www.olga-tschepp.de

Die Kunstbanausin

Manchmal sparen die Kunden bei den Übernachtungskosten für ihre Models. Bei einem Shooting für einen Kücheneinrichter war der Auftraggeber jedoch großzügiger.

Ein nobles Jugendstilhotel – mit allem Pipapo ausgestattet – sollte zwei Tage lang meine ruhige Übernachtungsstätte nach den Anstrengungen des Shootings sein. Das gesamte Ambiente – stilvoll eingerichtet mit Jugendstilmöbeln, Perserteppichen und Kristalllüstern – wirkte auf mich angenehm einladend. Gerne folgte ich dem höflichen *Maître d'hôtel*, der mich mit meinen zwei Koffern auf das Zimmer begleitete.

Das Schlafzimmer mit französischem Bett war stilgerecht eingerichtet und farblich ganz auf das geräumige Bad aus rosa Marmor mit vergoldeten Wasserhähnen abgestimmt. Ein Hauch der guten alten Zeit begrüßte mich hier. Umso größer war meine Vorfreude auf eine entspannte und verdiente Nachtruhe.

Als absoluten Stilbruch, ja fast als eine Ohrfeige, empfand ich jedoch ein die gegenüberliegende Wand zum Bett beherrschendes Acryl-„Gemälde". Auf den ersten Blick wirkte es auf mich wie abstrakte Kunst, in der ich nicht bewandert bin, zumal ich mich von diesem Genre auch gar nicht angesprochen fühle. Für meinen Geschmack ist die Moderne überwiegend nur experimentell, launisch, unverbindlich, dehnbar und unästhetisch.

Ich bevorzuge dagegen eher die klassische Kunst, die für mich ein Abbild der sichtbaren Glorie der Gottesschöpfung um und in uns ist.

Das erwähnte „Kunstwerk" war signiert und trug den Titel *Die Verliebten*.

Davon war nichts zu erkennen, dafür stand jedoch auf einem rechts unten am Goldrahmen angebrachten Zettel der stolze Verkaufspreis von 3.800 Euro.

In diesem gekünstelten Wirrwarr aus Acryl-Klecksen erst nach längerem Betrachten zu erkennen waren zwei angedeutete Gestalten: die eine mit drei – *jawohl drei!* – entblößten Brüsten und langen Haaren, die andere gehörnt und ebenfalls langhaarig mit zwei prallen Brüsten. Beide Gestalten trugen leichte Vampirzüge. Die Abscheu, die ich bei deren Anblick empfand, war nicht zu beschreiben!

Ich dachte, ein ausgedienter Alt-68er würde angesichts dieser anthropologischen Anomalie in helles Entzücken versetzt, bestätigte sie doch, dass der „lange Marsch durch die Institutionen" nicht umsonst gewesen und der „Muff von tausend Jahren" in Gestalt der tradierten Rollenbilder von Mann und Frau endlich abgelegt worden war. Als gläubiger Anhänger der neuen Ersatzreligion des *Gender Mainstreaming* – diesem angebeteten goldenen Kalb von heute – würde er beim Betrachten dieses Machwerks womöglich glauben, eine neue sozialgeschlechtliche Variante entdeckt zu haben, die er sich beeilen muss, gegen jedwede rassistische Diskriminierung durch die „Reaktion" der Ewiggestrigen zu verteidigen. Natürlich würde er auch sofort ihre soziale und sexuelle Gleichberechtigung einfordern. Bekanntlich wimmelt es heute überall nur so von amtlichen und ehrenamtlichen Gleichberechtigungsbeauftragten, die schließlich beschäftigt werden müssen ...

Angewidert wendete ich mich ab, um mir mein Bett zum Schlafen herzurichten.

Damit ich das Übernachten in Hotels überhaupt überstehen kann, habe ich mir eine eigene Strategie ausgedacht: In einem separaten Koffer schleppe ich meine komplette Bettgarnitur mit, genauer gesagt: Leinenbettlaken, Lammfell, Kaschmirdecke, ein Kissen, gefüllt mit Wolle, Zirbenspänen und Babyhaaren von meinen Kindern, eine Wärmflasche (im Winter sogar zwei) und meinen lieben Rosenkranz. Dies ist meine Standardausrüstung, um mir im Hotel ein gemütliches Nachtlager zu bereiten und an einen möglichst guten und baldigen Schlaf zu kommen … Nach dem wohltuenden warmen Bad kuschelte ich mich müde unter die Decke und machte das Licht aus.

Der ersehnte Schlaf blieb jedoch aus!

Die in Gold gerahmte Schmiererei irritierte mich dermaßen, dass ich aufstand und versuchte, sie mit Handtüchern zuzuhängen – ohne Erfolg, denn die Handtücher fielen immer wieder herunter. Kurzerhand entschloss ich mich, das Bild einfach abzuhängen. Doch so leicht, wie ich mir das vorgestellt hatte, war es leider nicht. Der bestimmt über einen Meter breite, massive Bildrahmen war sehr schwer und außerdem an einer speziellen Schiene aufgehängt. Nach anstrengendem Hin-und-her-Rütteln hatte ich es schließlich geschafft. Für diese Nacht fand das „Kunstwerk", umgedreht am Boden abgestellt und hinter den Vorhang positioniert, seinen gebührenden Platz. Und ich bekam endlich meinen ersehnten Schlaf …

Am nächsten Morgen musste ich sehr zeitig zum Schauplatz des Shootings aufbrechen; mir war dabei jedoch gar nicht in den Sinn gekommen, das Bild wieder aufzuhängen.

Nach meiner Rückkehr ins Hotel sprach mich der Portier freundlich an und fragte, ob ich „das schöne Gemälde" in meinem Zimmer kaufen wolle?

Mit einem in der Branche professionell eingeübten Shootinglächeln lehnte ich sein Verkaufsangebot höflich ab.

„Aber warum haben Sie das Bild dann abgehängt?", war seine verwunderte Frage.

„Weil es mich gestört hat", antwortete ich lakonisch.

„Das verstehe ich nun wirklich nicht. Es ist ein originalsigniertes Bild des bekannten akademischen Malers soundso – und noch dazu ein Schnäppchen! In den Galerien werden seine Bilder in dieser Größe mindestens zum doppeltem Preis verkauft!"

„Selber schuld, wer so etwas Gestörtes zu solchem Preis kauft!", lag mir schon auf der Zunge. Ich beherrschte mich aber und lächelte ihn stattdessen nur freundlich an. Enttäuscht war der gute Mann schon, denn die Aussicht auf eine Provision war damit in weite Ferne gerückt. *C'est la vie ...*

Postscriptum:

Picassos künstlerisches Testament

Seit die Kunst nicht mehr Nahrung der Besten ist, kann der „Künstler sein Talent für alle Wandlungen und Launen seiner Phantasie verwenden. *Alle Wege stehen der intellektuellen Scharlatanerie offen.* Das Volk findet in der Kunst weder Trost noch Erhebung. Aber die Raffinierten, die Reichen, die Nichtstuer und Effekthascher suchen in ihr Neuheit, Seltsamkeit, Originalität, Verstiegenheit und Anstößigkeit. Seit dem Kubismus, ja schon früher, habe ich selbst all diese Kritiker mit den zahllosen Scherzen zufriedengestellt, die mir einfielen und die sie um so mehr bewunderten, je weniger sie ihnen verständlich waren.

Durch diese Spielereien, diese Rätsel und Arabesken habe ich mich schnell berühmt gemacht. Und der Ruhm bedeutet für den Künstler Verkauf, Vermögen, Reichtum. Ich bin heute nicht nur berühmt, sondern auch reich. Wenn ich aber allein mit mir bin, kann ich mich nicht als Künstler betrachten im großen Sinne des Wortes. Große Maler waren Giotto, *Tizian*, Rembrandt und Goya. Ich bin nur ein Spaßmacher, der seine Zeit verstanden hat und alles, was er konnte, herausgeholt hat aus der Dummheit, der Lüsternheit und Eitelkeit seiner Zeitgenossen."[1]

---

1 Picassos Rede in Madrid am 2. Mai 1952, veröffentlicht als sein *Künstlerisches Testament* im *Libro Nero* des italienischen Kunstkritikers Giovanni Papini, zitiert nach Robert Schediwy: Rückblick auf die Moderne. Berlin, Wien (LIT-Verlag) 2014, S. 90 und Ephraim Kishon: Picassos süße Rache. Neue Streifzüge durch die moderne Kunst. München (Langen Müller) 1995, S. 30. Unter dem Titel „Ein zweifelhaftes Testament" (S. 90-91) zweifelt Robert Schediwy die Echtheit des Picasso-Zitates allerdings an. *Kursiv* gedruckt sind hier Abweichungen des Zitates in beiden Büchern.

Männlein oder Weiblein?

Trotz aller wahnwitzigen Trends à la *Gender Mainstreaming* gibt es immer noch die „Damentoilette", und die ist bekanntlich mit dem Symbol einer Frau in Rock oder Kleid kenntlich gemacht, während auf Herrentoiletten das Symbol eines stilisierten Mannes in Hosen hinweist. Diese Zeichen sind unmittelbar verständlich und verpflichtend an jeder WC-Türe angebracht. So weit, so gut.

Auf der Rückreise von einem Unterwäscheshooting für *Lidl* stand ich in der überfüllten Ankunftshalle eines Flughafens in einer kurzen Schlange vor der Damentoilette. Vor mir befand sich eine Mutter mit ihrer kleinen Tochter. Das Mädchen war ungeduldig und quengelte: „Ich will nicht warten, ich will aufs Klo dorthin", und zeigte dabei mit ihrem Fingerchen auf die Herrentoilette gleich nebenan. Da ging zwar auch die Türe auf und zu, aber eine Warteschlange gab es dort nicht.

„Das geht nicht, das ist ein Klo nur für Männer", erklärte die Mutti.

Das Mädchen ließ aber nicht locker: „Aber wieso nur für Männer?"

Leicht genervt antwortete die Mutter: „Das siehst du doch! An der Tür ist ein Schild mit einem Mann in Hosen. Das heißt, es dürfen nur die Männer rein!"

Stur auf seinem Willen beharrend, konterte das Mädchen in seiner umwerfend kindlichen Einfalt: „So, dann gehe ich jetzt rein, weil ich auch eine Hose anhabe!" Und schon riss sich die Kleine von der mütterlichen Hand los und rannte schnell in Richtung Herren-WC, aus dem gerade ein Junge herauskam.

Verärgert lief ihr die Mama nach, packte sie am Arm und zog sie trotz ihres hartnäckigen Widerstands in die Warteschlange der

Frauen zurück: „Spinne nicht, du bist kein Mann und auch kein Junge, du darfst nicht rein!"

Das Mädchen war sichtlich verwirrt. Weinend und quengelnd bohrte sie mit ungebrochener Ausdauer weiter bei ihrer Mutter nach, die schon vollkommen entnervt und mit ihrem Latein am Ende war: „Aber warum kann ich nicht rein, wenn ich doch auch eine Hose anhabe?" ...

Schließlich kam für beide die Rettung in höchster Not, als sie endlich – sichtlich erleichtert – in eine freie Kabine des Damen-WCs verschwinden durften ...

Postscriptum:

Die Diktatur des Genderismus

Im Bundesstaat Colorado in den USA wurde durch Gesetz verfügt, dass an öffentlichen Orten nur noch gleichgeschlechtliche Toiletten existieren dürfen.[2]

Und in Kalifornien hat der dortige Gouverneur, Arnold Schwarzenegger, im Oktober 2007 ebenfalls ein Gesetz unterzeichnet, das den Jungen erlaubt, in den öffentlichen Schulen die Umkleide- und Toilettenräume der Mädchen zu benutzen, und den Mädchen jene der Jungen, wenn ihnen danach zumute sei. Sie dürfen keineswegs gehindert werden, dies zu tun. Der Präsident der ‚Kampagne für Kinder und Familie' bemerkte dazu: Damit hat Arnold Schwarzenegger uns jenen ausgeliefert, die unseren Kindern den alternativen

---

2   vgl. Kuby, Gabriele: Die Gender Revolution. Relativismus in Aktion. Kißlegg (Fe-Medienverlag) 2006, S. 51

sexuellen Lebensstil aufdrängen wollen. Es ist eine dreiste Attacke gegen die traditionellen Werte der Familie[3]."[4]

---

3   vgl. Paul M. Weyrich in NewsMax.com, 26. Oktober 2007
4   zitiert nach Inge Thürkauf: Die Diktatur des Genderismus. Die Schaffung des neuen Menschen durch Gender, in: *Der Gerade Weg*. Zeitschrift der katholischen Jugendbewegung, Nr. 1/2010, S. 12-13

Der schwäbische Buddhischt

Johannes stammte aus einem kleinen Ort in Schwaben und war ungefähr so alt wie ich. Er war ein guter, gefragter Fotograf, der viel unterwegs war.

Unser Shooting sollte sehr früh beginnen, weil der Kunde viele Einstellungen bei Sonnenaufgang wünschte.

Als ich um halb 6 Uhr in der Frühe mit meiner Visagistin zu der *Location* kam, fanden wir Johannes in einer buddhistischen Pose meditierend am Rand des Sees, wo die Aufnahmen gemacht werden sollten. Aus dem Rekorder neben ihm rauschten buddhistische Klänge. Johannes wirkte wie in sein Nirwana aufgelöst. Es sah alles danach aus, dass er betete. Wir wollten ihn nicht stören, weshalb wir ein Stück weitergingen und gleich mit der Maske anfingen.

Nach einer Weile kam er zu uns, um die letzten Anweisungen für die Garderobe zu erteilen. Die Visagistin Birgit fragte ihn halb ernst, halb frech: „Was hast du für eine Religion, Hannes?"

„Ich bin ein Buddhischt", betonte er stolz in seinem kernigen schwäbischen Dialekt.

„Wie bist du dazu gekommen?", ließ Birgit ihre Neugier walten.

„Als ich in Tibet Innenaufnahmen von buddhistischen Klöstern machte", entgegnete er ihr, während er schon die ersten Probefotos schoss.

Johannes war ein absoluter Profi, seine Aufnahmen waren exzellent. Es war motivierend, ihm in die Kameralinse zu schauen. Von Gemüt war er eher zurückhaltend und nachdenklich. Bei der Arbeit redete er nicht viel, umso mehr beobachtete er. Ja, es schien sogar, dass er den richtigen Augenblick irgendwie immer erspürte, wann es ein gutes Foto zu werden versprach.

Mittags fuhren wir mit dem ganzen Team in die nächste Ortschaft zum Essen. Im Biergarten saß Johannes mir gegenüber am Tisch und bekam dabei mit, wie ich vor dem Essen mein stilles Tischgebet mit dem Kreuzzeichen verrichtete. „Bist du katholisch oder evangelisch?", wollte er mit einem gewissen Ernst im Unterton von mir wissen.

„Johannes, ich bin anspruchsvoll, deshalb kann ich nur katholisch sein, und das mit ganzem Herzen und ganzer Seele", öffnete ich ihm vertrauensvoll mein Inneres.

Da ging bei Johannes die Seelenschleuse auf:

„Hm, ich bin aus der Kirche ausgetreten. War auch mal katholisch, sogar mal Ministrant bei uns im Dorf. Habe Religionsunterricht bekommen bei unserem alten Pfarrer, der mich auch getauft hat, meine Eltern getraut und die Großeltern beerdigt. Er gehörte irgendwie zur Familie. Respekt, Güte, Selbstlosigkeit, fast etwas Erhabenes ging von ihm aus. Ich habe ihn gemocht wie einen guten Freund. Sein Glaube war richtig ansteckend. Als er unverhofft verstarb, war ich erschüttert."

Während seiner Schilderung starrte Johannes auf den Tisch und spielte nachdenklich mit dem Bierdeckel. Er wirkte auf mich dabei irgendwie verlegen.

„Warum bist du dann aus der Kirche ausgetreten?", fragte ich.

„Tja, dann kam der neue Pfarrer, ein *Schlipsianer*, und der hat alles, was unser alter Pfarrer aufrecht gehalten hat, ganz schnell kaputt gemacht."

„Wie bitte? Schlipsianer? Was ist das denn für ein Orden? Den kenne ich gar nicht", wollte ich verwundert von Johannes wissen.

Mit amüsiertem und mildem Lächeln klärte Johannes mich auf: „Schlipsianer bzw. Krawattianer ist kein Orden, sondern das sind die Spitznamen, die der neue Pfarrer in unserem Dorf bald weghatte wegen seiner Hawaiihemden mit Palmen drauf, die er unverfroren anzog, aber besonders, weil er oft Schlips oder bunte Krawatte trug. Im Vergleich zu seinem würdigen Vorgänger, der nur in Soutane ging, sah er richtig grotesk aus."

„Und diese traurige Geschichte war der Grund deines Kirchenaustritts?", interessierte ich mich.

Johannes' Züge versteinerten sich auf einmal. Mit fast monotoner Stimme fuhr er fort: „Es war leider nicht nur eine traurige, sondern auch eine perverse Geschichte. Der neue Pfarrer hat nämlich an den Ministranten herumgeschwult! An mich hat er sich auch einmal herangemacht. Seitdem habe ich die Kirche bei uns nicht mehr betreten."

„Johannes, hör mir gut zu: Für das Widerliche, was du mit dem Schlipsianer-Priester erlebt hast, kann Jesus nichts. Das geht auf das Konto seines Bodenpersonals. Der Schlipsianer war halt ein räudiger Wolf im Schafspelz. Solche gab und gibt es immer wieder", wollte ich ihn trösten, als ich seine tiefe innere Wunde sah.

„Erst recht in der Kirche bleiben und gegen diese Scheusale kämpfen, wäre meine Devise", riet ich ihm.

„Ach, lassen wir das ...", winkte er mit der Hand unwillig ab. „Ich habe meinen spirituellen Weg schon gefunden – in der Stille bei den tibetischen Mönchen."

Dann aber hielt er kurz inne: „Apropos *Stille*: Gott findet man überhaupt nur in der Stille und die ist bei den heutigen katholischen Gottesdiensten sowieso immer seltener anzutreffen.

Nachdem ich vom Elternhaus weggezogen war, habe ich auch hin und wieder die katholische Messe besucht, weil sie mir fehlte. Aber bald war ich davon geheilt. Ich habe dort viel zu oft laue Priester erleben müssen, die die Messe eher als Entertainer oder Hobby-Polit-Agitatoren gestalteten. Und die geschwätzigen Selbstdarstellerinnen am Rednerpult vor dem Altar haben die Messe regelrecht verunstaltet. Das Kirchenvolk hat dabei geklatscht und mit den Füßen gestampft wie bei einem Stammtisch oder einer Show. Jetzt beobachte ich als Außenstehender die Entwicklung in der katholischen Kirche und bin heilfroh, dass ich zu diesem Haufen nicht mehr dazugehöre."

Johannes tat mir sehr leid. Seine durch persönliche Erfahrungen untermauerte Verbitterung über die Kirche konnte ich gut nachvollziehen.

Erschütternd ist indes die Tatsache, welch irreparable Schäden solche lauen, zeitgeistinfizierten oder sogar verdorbenen Priester unter den Gläubigen anrichten.

Postscriptum:

Die Krawattenpriester werden abgelöst

„Ein neuer, der genuinen katholischen Überlieferung verpflichteter Priestertyp ist auf breiter Front im Kommen. Seit mehr als zehn Jahren erlebt man – nicht nur in Rom – immer mehr Priester, die an ihrer Kleidung als solche erkennbar sind. In den Nachkonzilsjahren war es auf weite Strecken hin üblich geworden, dass Priester ‚Zivil' trugen – nicht selten auch ‚Räuberzivil': Man wollte nichts anderes sein als alle anderen, man suchte die Nähe zu den Menschen, die man nicht durch elitäre Kleidung abschrecken wollte.

Nun hat sich darin ein augenfälliger Wandel vollzogen. Nicht nur Priester und Ordensleute tragen seit geraumer Zeit ‚klerikal', sondern auch Seminaristen, und die besonders gern. Wenn man heute – von manchen despektierlich so genannten – ‚Krawattenpriestern' begegnet, handelt es sich meist um angegraute Herren ‚über 60'. Was auf diese Weise sichtbar wird, ist ein Generationenwandel.

Eine neue, jüngere Priestergeneration ist im Kommen. Es geht dabei natürlich nicht um Textilien, es geht um den Abschied von einem ‚nachkonziliaren‘ Priestertyp und um das Heraufkommen eines neuen. In der Tat hatten sich gerade als fortschrittlich, menschennah und weltoffen geltende Priester eher als Lebensberater, Sozialarbeiter, verstanden, denn als Verkünder des Evangeliums, Liturgen, Spender der Sakramente.

Was dabei aus dem Evangelium, aus der Liturgie und dem Sakramentenempfang geworden ist, ist schon zur Genüge beschrieben und oftmals beklagt worden, als dass es hier zu wiederholen wäre. Nun stehen die Jungen mit ihren ‚Tipp-ex‘ genannten Kollarhemden, mit ihrer Vorliebe für traditionelle Frömmigkeitsformen, – mag man sie nun auch *Nightfever*, *Holy hour* oder *Prayer festival* nennen – für einen neuen Priestertyp. Aber: ist der wirklich neu? Nein! Er ist einfach genuin katholisch. (...)

Ein neuer, der genuinen katholischen Überlieferung verpflichteter Priestertyp ist auf breiter Front im Kommen. Es ist bezeichnend, dass die Priesterseminarien von Gemeinschaften, die man gern ‚traditionalistisch‘ nennt, unter Raumnot leiden, während die meisten der diözesanen Seminarien weit mehr Zimmer als Studenten haben. (...)

Viele sehen in dieser Entwicklung, die nicht zuletzt durch Papst Benedikt XVI. gefördert wird, ein hoffnungsvolles Zeichen für einen neuen kirchlichen Aufschwung (...), wird sie [doch] von der Generation der ‚Väter‘ nicht selten da und dort mit Missbilligung beargwöhnt – und wo man kann auch unterdrückt. (...)

Für manchen dieser Jungen ist es dann auch gefährlich, mit dem Rosenkranz oder bei der Anbetung vor dem Tabernakel ertappt zu werden. Die Fälle, in denen solche Seminaristen als untauglich für das Priestertum entlassen wurden, sind nicht selten. Wo nicht so weit gegangen wird, sorgen die Vorgesetzten immer wieder dafür, dass ein so ‚verdächtiger‘ Kandidat ins Praktikum zu einem Pfarrer geschickt wird, von dem man erwartet, dass er ihn ‚auf Linie‘ bringt. (...)

In der zweiten Hälfte des 20. Jahrhunderts bahnte sich ein neuer Generationenwechsel an, der, von der 68er-Bewegung bestimmt, zu den bekannten Folgen geführt hat, die die eingangs erwähnte neue Priestergeneration zu überwinden begonnen hat. (...)

Nun sollte es darauf ankommen, diesen neuen Generationenwechsel ohne Generationenkonflikt zu bewältigen. (...)

Das ist, wie die Erfahrung zeigt, sehr schwierig. Noch haben die Vertreter jener Umbruchgeneration die Zügel des Kirchenregiments in der Hand. Sie stehen den heraufkommenden Kräften oftmals [wenn] nicht ablehnend, so doch verständnislos gegenüber.

Wenn es aber den ‚Alten‘ nicht um Selbstbehauptung und den ‚Jungen‘ nicht um Selbstverwirklichung, sondern beiden um das Kommen des Reiches Gottes geht, wird auch der Generationenwechsel sich ohne Generationenkonflikt vollziehen.“[5]

5 Walter Kardinal Brandmüller: Eine neue Priestergeneration, in: *PUR Magazin*, kath.net, 21.12.2012, http://www.kath.net/news/39390

Der Glaube kommt vom Hören

Der werte Leser möge sich in die Hauptstadt der ehemaligen Tschechoslowakei, Prag, um die Mitte der 1950er-Jahre versetzen. Zeit und Ort waren geprägt durch den kommunistischen Ungeist der Zwangskollektivierung, der allen Bevölkerungsschichten mit Gewalt aufoktroyiert wurde. Wer sich gegen die politische Gleichschaltung wehrte, wurde entweder eingeschüchtert und – wenn das nichts half – eingesperrt oder gar exekutiert. Eine nie dagewesene polizeiliche Unterdrückungsmaschinerie hatte ihren Lauf genommen, die ihren Ursprung in der mörderischen Sowjetdiktatur Lenins und Stalins hatte.

Am 6. Juli 1955 wurde in dieser altehrwürdigen Stadt an der Moldau die kleine Olga als erstes Kind der nur standesamtlich verheirateten Eltern Eduard Přibyl und Maria Přibylová (geb. Procházková) geboren.

Ihr Vater war ein frisch gebackener Offizier der tschechoslowakischen Armee und ein überzeugtes Mitglied der Kommunistischen Partei, ihre Mutter eine gelernte Herrenschneiderin. Sie wollte diesen Beruf jedoch nicht ausüben, da er ihr zu wenig „nobel" war, und so arbeitete sie lieber in den glamourösen Filmstudios von Barrandov in Prag als „Hilfskraft für alles" in der Hoffnung, dort einmal als Schauspielerin entdeckt zu werden.

Beide Eltern stammten aus ärmlichen Verhältnissen, sie gehörten nach marxistischem Vokabular zum sogenannten Proletariat.

Nach dem Wunsch von Olgas Mutter sollte ihr erstes Kind den Namen Šárka tragen. Es war der Name einer Heldin aus der tschechischen Mythologie. Als Anführerin im sogenannten „Mägdekrieg" gegen die Männer um die Herrschaft Böhmens verführte die

Amazone Šárka den Recken Ctirad zunächst, lockte ihn dann mit seinen Mannen durch eine List in einen Hinterhalt und gab alle bis zum letzten Mann der sicheren Vernichtung durch wütende Frauen preis. In der Gestalt dieser männermordenden Šárka haben viele eine mythologische Ur-Emanze erblickt und sie als solche verehrt.

Diesen buchstäblich „sagenhaften" Namen trug das neugeborene Kind offiziell zwar nur eine Woche lang, dennoch sollte er das Mädchen im späteren Leben irgendwie wieder einholen. Bei der Eintragung ins amtliche Melderegister ließen die Eltern den Namen Šárka in Olga umändern – vielleicht deshalb, weil alles Russische damals sehr in Mode war.

Die Eltern hatten nicht die Absicht, ihr Kind taufen zu lassen, doch Olgas Großmutter mütterlicherseits, Ludmila Procházková (geb. Ondráková), ließ die Taufe an der kleinen Olga trotzdem heimlich und ohne Wissen der Eltern vornehmen. Taufpatin war damals die Schwester von Oma Ludmila, Tante Josefa.

Eine Einsicht in das Gemeindetaufbuch nach der Wende 1991 ergab jedoch, dass die im Jahre 1955 vorgenommene Taufe darin zwar eingetragen, doch von einem – womöglich eingeschüchterten – Priester nicht unterschrieben worden war. Deshalb wurde die Taufe viele Jahre später vom Ortspfarrer in der katholischen Pfarrkirche des heutigen Prager Stadtteils Zbraslav (ehemals Königsaal) *sub conditione* wiederholt.

Noch vor ihrem Tode vertraute Oma Ludmila der Olga das lang gehütete Geheimnis an, dass sie sie heimlich hat taufen lassen und ihre Taufpatin die Tante Josefa sei. Olga wusste damals natürlich nicht, was die hl. Taufe bedeutete, aber sie spürte, dass es etwas Besonderes sei, und freute sich deshalb, weil sie das Besondere liebte. Außerdem war die Tante Josefa – liebevoll Pepička [Pepitschka] gerufen – ihre Lieblingstante. Sie hatte immer Zeit für sie, bekochte sie gut und empfand zu Olga eine große Zuneigung, nach der sich Olga intuitiv immer sehnte. Tante Pepička spielte viel mit Olga, wenn sie bei ihr zu Besuch war. Sie hatte ein warmes Gemüt und hielt immer eine kleine Aufmerksamkeit für Olga bereit. Obwohl sie wusste, dass die Eltern es nicht wünschten, betete Tante Pepička oft mit Olga, denn, wie sie zu sagen pflegte: „Ein Daheim ohne Glauben ist nur ein kalter Stall."

Auch Oma Ludmila betete – wenn Olga bei ihr zu Besuch war – mit ihr regelmäßig vor dem Schlafengehen ein *Vaterunser* und ein *Gegrüßet seist du Maria*.

Großvater Václav (Procházka), Ludmilas Mann, hatte allerdings dagegen für den Glauben nur Spott übrig ...

Postscriptum:

Wie sollen sie anrufen, an den sie nicht glauben?

„Denn es ist kein Unterschied zwischen Juden und Griechen; einer und derselbe ist ja der Herr aller, reich für alle, die ihn anrufen. Ein jeder, der den Namen des Herrn anruft, wird selig werden. Doch wie sollen sie den anrufen, an den sie nicht glauben? Oder wie werden sie an den glauben, von dem sie nicht gehört haben? Wie aber werden sie hören ohne Prediger? Wie kann man aber predigen, wenn man nicht gesandt ist? Steht doch geschrieben: Wie schön sind die Schritte derer, die Frieden verkünden, die frohe Botschaft vom Guten bringen! Aber nicht alle gehorchten der Heilsbotschaft; denn Isaias sagt: Herr, wer glaubte unserer Predigt? Also kommt der Glaube aus dem Hören, das Hören aber durch das Wort Christi" (Römerbrief 10,12-17).

Predigt von Ephraim dem Syrer (306–373 n. Chr.) über die Verklärung Christi

„11. ... Seine Herrlichkeit offenbarte seine göttliche Natur aus dem Vater, und sein Leib offenbarte seine menschliche Natur aus Maria, und zwar beide Naturen verbunden und vereinigt in eine Hypostase. (...)

12. Seine Werke bezeugen es, und seine göttlichen Wundertaten belehren die Verständigen, daß er wahrer Gott ist, und seine Leiden beweisen, daß er wahrer Mensch ist. (...) Wenn er nicht Fleisch war, wozu wurde dann Maria ins Mittel gezogen? Und wenn er nicht Gott war, wen nannte dann Gabriel Herr? Wenn er nicht Fleisch war, wer lag dann in der Krippe? Und wenn er nicht Gott war, wen priesen dann die herabgestiegenen Engel? Wenn er nicht Fleisch war, wer wurde dann in Windeln eingewickelt? Und wenn er nicht Gott war, wen beteten die Hirten an? Wenn er nicht Fleisch war, wen beschnitt dann Joseph? Und wenn er nicht Gott war, zu wessen Ehre eilte dann der Stern am Himmel dahin? Wenn er nicht Fleisch war, wen säugte dann Maria? Und wenn er nicht Gott war, wem brachten dann die Magier Geschenke dar? Wenn er nicht Fleisch war, wen trug dann Simeon auf den Armen? Und wenn er nicht Gott war, zu wem sagte dann dieser: ‚Entlaß mich nun in Frieden!'? Wenn er nicht Fleisch war, wen nahm dann Joseph und floh nach Ägypten? Und wenn er nicht Gott war, an wem ging dann das Wort in Erfüllung: ‚Aus Ägypten berief ich meinen Sohn'? (Os 11,1; Mt 2,15) Wenn er nicht Fleisch war, wen taufte dann Johannes? Und wenn er nicht Gott war, zu wem sprach dann der Vater vom Himmel herab: ‚Dies ist mein geliebter Sohn, an dem ich mein Wohlgefallen habe!'? Wenn er nicht Fleisch war, wer fastete und hungerte dann in der Wüste? Und wenn er nicht Gott war, zu wem stiegen dann die Engel herab, um ihn

zu bedienen? Wenn er nicht Fleisch war, wer wurde dann zur Hochzeit nach Kana in Galiläa eingeladen? Und wenn er nicht Gott war, wer sättigte dann in der Wüste mit fünf Broten und zwei Fischen die Scharen, die, ohne die Weiber und Kinder zu rechnen, Tausende betrugen?

13. Wenn er nicht Fleisch war, wer schlief dann im Schiffe? Und wenn er nicht Gott war, wer schalt dann die Winde und das Meer? Wenn er nicht Fleisch war, mit wem speiste dann Simon, der Pharisäer? Und wenn er nicht Gott war, wer verzieh dann die Vergehen der Sünderin (vgl. Lk 7,36 und Mt 26,6)? Wenn er nicht Fleisch war, wer saß dann, von der Reise ermüdet, auf dem Brunnen? Und wenn er nicht Gott war, wer gab dann der Samariterin lebendiges Wasser und warf ihr vor, fünf Männer gehabt zu haben? Wenn er nicht Fleisch war, wer trug dann die Kleider eines Menschen? Und wenn er nicht Gott war, wer wirkte dann die Kräfte und Wunder? Wenn er nicht Fleisch war, wer spuckte dann auf die Erde und bereitete Lehm? Und wenn er nicht Gott war, wer zwang dann durch den Lehm die Augen zum Sehen (Joh 9,6)? Wenn er nicht Fleisch war, wer weinte dann am Grabmal des Lazarus? Und wenn er nicht Gott war, wer rief dann den seit vier Tagen Toten gebietend aus demselben heraus? Wenn er nicht Fleisch war, wer saß dann auf dem Füllen? Und wenn er nicht Gott war, wem zogen dann die Scharen mit Lobgesang entgegen? Wenn er nicht Fleisch war, wessen bemächtigten sich dann die Juden? Und wenn er nicht Gott war, wer gebot dann der Erde und warf sie (die Häscher) dadurch auf ihr Angesicht nieder? Wenn er nicht Fleisch war, wer wurde dann mit dem Backenstreiche geschlagen? Und wenn er nicht Gott war, wer heilte dann das von Petrus abgehauene Ohr wieder an seine Stelle an? Wenn er nicht Fleisch war, wessen Antlitz wurde dann angespien? Und

wenn er nicht Gott war, wer hauchte dann den Aposteln den Hl. Geist ins Angesicht? Wenn er nicht Fleisch war, wer stand dann im Gerichtshause vor Pilatus? Und wenn er nicht Gott war, wer erschreckte dann die Gemahlin des Pilatus im Träume (Mt 27,19)? Wenn er nicht Fleisch war, wessen Kleider zogen dann die Soldaten aus und verteilten sie? Und wenn er nicht Gott war, wie wurde dann die Sonne bei der Kreuzigung verfinstert? Wenn er nicht Fleisch war, wer hing dann am Kreuze? Und wenn er nicht Gott war, wer erschütterte dann die Grundfesten der Erde? Wenn er nicht Fleisch war, wessen Hände und Füße wurden dann mit Nägeln angeheftet? Und wenn er nicht Gott war, wie zerriß dann der Vorhang des Tempels, spalteten sich die Felsen und öffneten sich die Gräber?

14. Wenn er nicht Fleisch war, wer rief dann: ‚Mein Gott, mein Gott, warum hast Du mich verlassen?' Und wenn er nicht Gott war, wer sagte dann: ‚Vater, verzeihe ihnen!'? Wenn er nicht Fleisch war, wer hing dann mit den Schächern am Kreuze? Und wenn er nicht Gott war, wie konnte er dann zum Schächer sagen: ‚Heute wirst du mit mir im Paradiese sein'? Wenn er nicht Fleisch war, wem reichte man dann Essig und Galle? Und wenn er nicht Gott war, wessen Stimme hörte dann die Unterwelt und erbebte? Wenn er nicht Fleisch war, wessen Seite durchbohrte dann die Lanze, so daß Blut und Wasser herauskam? Und wenn er nicht Gott war, wer zertrümmerte dann die Pforten der Unterwelt und zerbrach die Fesseln, und auf wessen Geheiß kamen dann die eingekerkerten Toten hervor? Wenn er nicht Fleisch war, wen sahen dann die Apostel im Obergemache? Und wenn er nicht Gott war, wie kam er dann bei verschlossenen Türen hinein? Wenn er nicht Fleisch war, in wessen Händen betastete dann Thomas die Wundmale der Nägel und in wessen Seite das Mal der Lanze? Und wenn er

nicht Gott war, wem rief dann dieser zu: ‚Mein Herr und mein Gott!'? Wenn er nicht Fleisch war, wer aß dann am See von Tiberias? Und wenn er nicht Gott war, auf wessen Gebot füllte sich dann das Netz (Joh 21,1 f.)? Wenn er nicht Fleisch war, wen sahen dann die Apostel und die Engel in den Himmel aufgenommen werden? Und wenn er nicht Gott war, wem öffnete sich dann der Himmel, wen beteten dann die Mächte zitternd an und wen forderte dann der Vater auf: ‚Setze dich zu meiner Rechten!', wie auch David sagt: ‚Es sprach der Herr zu meinem Herrn: Setze dich zu meiner Rechten' usw. (Ps 109,1)?

15. Wenn er nicht Gott und Mensch war, dann ist unsere Erlösung nur Lüge und sind die Aussprüche der Propheten Lügen; aber die Propheten redeten die Wahrheit, und ihre Zeugnisse sind ohne Trug."[6]

---

6   zitiert nach: Des heiligen Ephräm des Syrers ausgewählte Schriften, aus dem Syrischen und Griechischen übersetzt (= Des heiligen Ephräm des Syrers ausgewählte Schriften, Bd. 1; Bibliothek der Kirchenväter, 1. Reihe, Band 37). Kempten, München (J. Kösel; F. Pustet) 1919

Vater Teresa

Volkmar war und ist für mich immer Sinnbild für eine der größten deutschen Tugenden: der stets vorhandenen Hilfsbereitschaft. Ich lernte ihn als Mann meiner verstorbenen Freundin Dorle vor mehr als 30 Jahren kennen und schätzen. Unsere Familie verdankt ihm vieles: Während unseres Hausbaus, den er mit praktischem Rat und materieller Hilfe begleitete, ließ er uns in einer seiner Wohnungen wohnen. Jegliches von uns angebotene Entgelt lehnte er vehement ab. Unsere Kinder wurden von ihm und seiner Frau Dorle an Weihnachten mit Geschenken überschüttet ...

Als gerechter, großherziger Chef einer in Augsburg angesiedelten mittelständischen Bauunternehmung war er für seine Arbeiter und Angestellten stets ein gütiger und fürsorglich waltender Vater, der diese nach dem Krieg gegründete Firma durch alle für die Baubranche guten, aber auch schlechten Zeiten hindurch immer umsichtig geführt hat.

Seine tätige Nächstenliebe, die in seiner Umgebung schnell die Runde machte, wurde aber auch oft unverschämt ausgenutzt. Volkmar ließ sich dadurch jedoch nicht beirren und machte weiter – mit stets geöffneter Hand.

Den Ehrennamen „Vater Teresa" haben ihm seine Angestellten gegeben in Anspielung auf Mutter Teresa von Kalkutta, deren ausgeprägte Hingabe an die Armen, Obdachlosen, Kranken und Sterbenden in Indien sie schon zu Lebzeiten als „Heilige" berühmt gemacht hatte.

Das Wohl seiner Angestellten und deren Familien schien dem Volkmar stets ein persönliches Anliegen zu sein.

Seine Hilfsbereitschaft reichte sogar weit über die deutschen Grenzen hinaus: Vor über 30 Jahren gründete er ein Heim für Waisenkinder in Kathmandu in Nepal, das er trotz des zeitweisen Überlebenskampfes seiner Firma immer noch weiter finanzierte.

Welchen „Dank" er indes für seine uneigennützige Hilfe manchmal auch bekam, zeigt ein hässliches „Paradebeispiel" aus meiner alten Heimat.

Beim letzten großen Moldau-Hochwasser in Prag hatte auch unsere gute Bekannte Atka, geschiedene und nun alleinerziehende Mutter von zwei Kleinkindern, in eine Turnhalle evakuiert werden müssen. Ihre ganze Wohnungseinrichtung war durch Wasserschäden vollständig vernichtet worden.

Volkmar bot sich an, sich um eine neue Wohnungseinrichtung für sie zu kümmern.

Er ließ sich von ihr die Maße der Wohnung zusenden und besorgte dann dank seines organisatorischen Talents innerhalb kürzester Zeit eine ganz neue komplette Einrichtung für ihre Zweizimmerwohnung. Den Transport der Möbel bestellte er bei einer tschechischen Umzugsfirma, die er im Voraus bezahlte.

Bald kam auf das Firmengelände ein großes Umzugsauto mit zwei tschechischen Mitarbeitern, die das ganze Mobiliar samt zahlreichen Hilfsgütern voll bis zum Rand aufluden. Der Fahrer und sein Helfer bedankten sich dabei unterwürfigst für das großzügige Trinkgeld, das ihnen Volkmar nebst dem Honorar vor der Abreise gab. Ich rief sogleich Atka an, um ihr mitzuteilen, dass der Umzugstransporter schon unterwegs sei, und wir verblieben so, dass sie mich zurückruft, sobald alles ausgeladen ist.

Ihr Anruf erreichte mich jedoch erst zwei Tage später. Atka wirkte aufgeregt, als sie mir erzählte, die Umzugsmänner hätten angerufen und ihr mitgeteilt, sie hätten angeblich eine Autopanne gehabt und könnten erst einen Tag später kommen. Tatsächlich trafen sie noch einen weiteren Tag später ein.

Als sie damit begannen, die „neue" Wohnungseinrichtung auszuladen, kam ein unbeschreiblicher Schwindel zum Vorschein: Die Umzugsmänner hatten offenbar die gesamte neue von Volkmar für Atka besorgte Wohnungseinrichtung gegen vergammelte Sperrmüllteile ausgetauscht! Sie hatten einfach den Umstand ausgenutzt, dass Volkmar keine Fotos von den einzelnen Möbelstücken gemacht hatte. Die neuen in Folien eingeschweißten Matratzen waren durch schmutzige, durchurinierte uralte ersetzt, der neue Fernseher war gegen eine Schrottkiste mit zerschlagenem Bildschirm ausgetauscht, auch modrige Teppiche von irgendwoher tauchten auf und so weiter und so fort ...

Als die entsetzte Atka die beiden tschechischen Umzugsmänner zur Rede stellte, was das alles zu bedeuten habe, spielten sie heuchlerisch die völlig Überraschten und begannen in übelster Weise auf die Deutschen zu schimpfen: dass diese sich nicht schämten, den Hilfsbedürftigen solchen Müll zuzumuten – den sie bloß einfach loswerden wollten! Die Kernbotschaft war: Einem Deutschen kann man einfach nicht über den Weg trauen!

Ich war wie versteinert! Und obwohl ich diese extreme, in meiner alten Heimat leider immer noch vorkommende Selbstbedienungsmentalität von früher her kenne (siehe das hierauf folgende Kapitel), schämte ich mich für meine Landsleute bis ins Mark, als ich Volkmar diese Hiobsbotschaft überbringen musste.

Seine Reaktion auf eine derartige Schweinerei überraschte mich allerdings sehr: Obwohl er über die Dreistigkeit der Mitarbeiter der von ihm als verlässlich und seriös eingeschätzten tschechischen Umzugsfirma ebenso konsterniert war, bewahrte er doch seine Haltung. Mit traurigem Blick, aber getreu seiner Großherzigkeit, zuckte er lediglich mit den Achseln: „Was können wir da machen?!" Kein Fluch, kein Schimpfwort kam über seine Lippen ...

Ich war angenehm berührt, ja beglückt über diese bewundernswerte deutsche Langmut, die ich noch nie zuvor erlebt hatte und die auf dieser Welt scheinbar einmalig ist ...

> *„Wüßte ich nicht,*
> · *daß die Treue so alt ist wie die Welt,*
> *so würde ich glauben,*
> *ein deutsches Herz habe sie erfunden.“*

Heinrich Heine (1797–1856):
Die Harzreise, 1824

Postscriptum:

Werke der Barmherzigkeit

Da trat ein Gesetzeslehrer auf, um Ihn zu versuchen. Er fragte: ‚Meister, was muß ich tun, damit ich das ewige Leben erlange?‘ Er antwortete ihm: ‚Was steht geschrieben im Gesetze? Wie liesest du?‘ Jener antwortete: ‚Du sollst den Herrn, deinen Gott, lieben aus deinem ganzen Herzen, aus deiner ganzen Seele, aus allen deinen Kräften und aus deinem ganzen Gemüte, und deinen Nächsten wie dich selbst.‘ Da sprach Er zu ihm: ‚Du hast recht geantwortet: tu das, so wirst du leben.‘ Jener aber wollte sich rechtfertigen und fragte Jesus: ‚Wer ist denn mein Nächster?‘ Da nahm Jesus das Wort und sprach: ‚Ein Mann ging von Jerusalem nach Jericho und fiel unter die Räuber. Diese plünderten ihn aus, schlugen ihn wund, gingen hinweg und ließen ihn halbtot liegen. Da traf es sich, daß ein Priester denselben Weg hinabzog; er sah ihn und ging vorüber. Desgleichen kam ein Levit vorbei, sah ihn und ging weiter. Ein reisender Samaritan aber, der in seine Nähe kam, sah ihn und ward von Mitleid gerührt. Er trat zu ihm hin, goß Öl und Wein in seine Wunden und verband sie. Dann hob er ihn auf sein Lasttier, brachte ihn in die Herberge und pflegte ihn. Des andern Tages zog er zwei Denare heraus, gab sie dem Wirt und sprach zu ihm: Sorge für ihn; was du noch darüber aufwendest, werde ich dir bezahlen, wenn ich zurückkomme. Welcher von diesen dreien nun scheint dir der Nächste von dem gewesen zu sein, der unter die Räuber gefallen war?' Jener antwortete: ‚Der ihm Barmherzigkeit erwiesen hat.' Jesus sprach zu ihm: ‚Geh hin und tue desgleichen'" (Lk 10,25-37).[7]

„Ihr habt gehört, daß gesagt worden ist: Aug um Aug, Zahn um Zahn. Ich aber sage euch: Ihr sollt dem Bösen nicht widerstehen, sondern wenn dich jemand auf deine rechte Wange schlägt, so halte ihm auch die andere hin. Um will jemand vor Gericht streiten und dir deinen Rock nehmen, so laß ihm auch den Mantel. Und wer dich nötigt, eine Meile mitzugehen, mit dem mache einen Weg von zwei. Wer dich um etwas bittet, dem gib, und wer von dir borgen will, von dem wende dich nicht ab" (Mt 5,38-42).

„In jener Zeit sprach Jesus zu Seinen Jüngern: Wenn der Menschensohn in Seiner Herrlichkeit kommen wird und alle Engel mit Ihm, dann wird Er auf dem Throne Seiner Majestät sitzen. Alle Völker werden vor Ihm versammelt werden, und Er wird sie voneinander scheiden, wie ein Hirt die Schafe von den Böcken scheidet. Die Schafe wird Er zu Seiner Rechten, die Böcke aber zu Seiner Linken stellen. Alsdann wird der König zu denen auf Seiner Rechten sagen: ‚Kommt, ihr Gesegneten Meines Vaters, nehmt das Reich in Besitz, das euch bereitet ist seit Erschaffung der Welt. Denn Ich war hungrig, und ihr habt Mich gespeist; Ich war durstig, und ihr habt Mich getränkt; Ich war fremd, und ihr habt Mich beherbergt; Ich war nackt, und ihr habt Mich bekleidet; Ich war krank, und

---

7   zitiert nach dem Römischen Messbuch „Schott", aus der Messe vom Zwölften Sonntag nach Pfingsten

ihr habt Mich besucht; Ich war im Kerker, und ihr seid zu Mir gekommen.' Darauf werden die Gerechten fragen: ‚Herr, wann haben wir Dich hungrig gesehen und gespeist? oder durstig, und Dich getränkt? Wann haben wir Dich als Fremdling gesehen, und Dich beherbergt? oder nackt, und Dich bekleidet? Oder wann haben wir Dich krank gesehen oder im Kerker, und sind zu Dir gekommen?‘ Der König wird ihnen antworten: ‚Wahrlich, Ich sage euch, was ihr dem Geringsten Meiner Brüder getan habt, das habt ihr Mir getan‘" (Mt 25,31-41).[8]

---

8 zitiert nach dem Römischen Messbuch „Schott", aus der Messe vom Montag nach dem ersten Fastensonntag

Woher nehmen, wenn nicht stehlen?

Nach der Versetzung des Vaters zur Grenztruppe nach Cheb, dem ehemals sudetendeutschen Eger, besuchte Olga dort nicht nur die Volksschule, sondern mit Begeisterung auch den Ballettunterricht. Ebenso begeistert raufte sie sich jedoch auch ausgiebig und gerne mit den vielen Zigeunerkindern aus der nächsten Umgebung ...

Die neuen tschechischen Herren waren nach der Vertreibung der alteingesessenen deutschen Bevölkerung nämlich sehr „großzügig" mit dem Raubgut verfahren. In den ehemals besteingerichteten deutschen Häusern der alten Reichsstadt Eger, in der einst schon Friedrich I. Barbarossa („Rotbart") seine Reichstage abhielt, hausten nun überwiegend kinderreiche Zigeunerfamilien. Was Wunder, dass alles allmählich, aber zügig „ausgeräumt" wurde. Aus den reichen deutschen Wohnungen verschwand hier ein altes Möbel, dort ein prächtig gedrechselter Holzhandlauf im Treppenhaus, und bald fehlten ganze Parkettböden. Das alles wurde unter stiller Duldung der tschechischen Behörden nach „alter Sitte" dieses nomadisch lebenden Volkes mit einer Selbstverständlichkeit restlos verfeuert. Und wo nichts mehr vorhanden war, das wurde dann in der Regel einfach verlassen. Denn diese exotischen Neuankömmlinge wussten genau Bescheid: Sie hatten das Recht auf eine zweite, ja sogar auf eine dritte Wohnungswahl – und davon machten sie regen Gebrauch! Leer stehende Wohnungen und Häuser von vertriebenen Deutschen gab es damals weidlich genug.

Zurück blieben meist nur noch verwahrloste, oft fensterlose Häuser mit ihren von offenen Feuerstätten stark verrußten Wänden. Diese Höhlen waren allerdings für die spielenden Kinder ein wahres Eldorado!

In Olgas alter Heimat wurde immer schon viel geklaut und gestohlen. Neben den offiziellen kommunistischen Parolen vom Gemeineigentum, die von staatlicher Seite überall platziert und lanciert wurden, bekam Olga aus dem Munde der Verwandtschaft, von Bekannten und von Kindern in Schule oder Nachbarschaft doch ganz andere Sprüche zu hören, wie zum Beispiel: „Wer den Staat nicht bestiehlt, der bestiehlt seine Familie", oder: „Was dir gehört, das gehört mir, und was mir gehört, das geht dich nichts an!" Und an dieser Grundhaltung hat sich bis heute kaum etwas geändert, sie ist dort schon fast zu einer Art Folklore geworden ...

Seit der Gründung der Tschechoslowakei im Jahre 1918 hört man das Wort „stehlen" eher ungern. Denn jeder Tscheche kennt auch heute noch den Mahnruf des ersten tschechischen Präsidenten Tomáš Garrigue Masaryk, der wiederum der beste Kenner seines Volkes war und ihm darum nicht umsonst auf dem Weg in die unabhängige Tschechoslowakei ins Gewissen rief: *Nebát se a nekrást* („keine Angst haben und nicht stehlen")! Deshalb verwendete man seither lieber das Synonym „verstaatlichen" – das klingt vornehmer, ja authentischer, irgendwie konform und loyal zum tschechischen „Vater Staat", denn schließlich hat dieser selbst oft seine ungenierten Raubzüge – besonders in seiner jüngsten Geschichte – als solche nicht zugegeben, sondern sie offiziell nur unter dem Deckmantel einer „Verstaatlichung" betrieben.

Der schlimmste Raub aller Zeiten – die Säkularisation ausgenommen – geschah nach dem Zweiten Weltkrieg im Zusammenhang mit der Vertreibung der deutschen Bevölkerung aus dem Osten Europas, als ein Milliardenvermögen einfach per Dekret „verstaatlicht" wurde. Dies klingt auf jeden Fall nicht so kriminell wie „geraubt" – obwohl es im Grunde dasselbe ist.

Davon konnte auch Großmutter Anežka berichten: In den Maitagen des Jahres 1945 wurde in Prag die dort ansässige deutsche

Bevölkerung von tschechischen Landsleuten und Nachbarn nicht nur gelyncht, sondern auch nach Strich und Faden beraubt. Aufgrund der rassistischen, einem Rufmord gleichkommenden Dekrete des Präsidenten Edvard Beneš war praktisch jeder Tscheche dazu „legitimiert", sich selbst nach Belieben und Herzenslust mit deutschem Gut zu bedienen. So gab es regelrecht pogromartige Anstürme von Raffgierigen in die Häuser und Wohnungen nicht nur der Prager Deutschen ...

Deutsche im Großen oder im Kleinen auszuplündern hatte Tradition: ob es die Hussiten im 15. Jahrhundert waren, die ihre Raubzüge über die böhmische Grenze hinaus zu den bayerischen und sächsischen Nachbarn noch leicht verschämt und prüde „Jungfernfahrten" nannten, oder ob es „Goldgräber" genannte skrupellose tschechische Räuberbanden waren, die nach dem Zweiten Weltkrieg vorbeiziehende deutsche Vertriebene um ihr allerletztes Hab und Gut brachten, deren Häuser sie zuvor nach Strich und Faden „ausgeräumt" hatten. Aber auch im tiefen Frieden, nach der Wende des Jahres 1989, einen schnellen Sprung über die Grenze zu wagen, um sich dies oder jenes unter den Nagel zu reißen, gehörte lange zu einer besonders beliebten Sportart. Das Problem hatte nicht selten der direkte Nachbar, was heute insbesondere an der deutschen Ostgrenze von zunehmender Aktualität ist, denn Hand aufs Herz: Es sind nicht Deutsche, die nach Tschechien oder Polen fahren, um dort Autos zu knacken sowie alles Mögliche zu klauen, sondern es sind umgekehrt Osteuropäer, die bandenmäßig Fabriklager- und Wohnungseinbrüche in Deutschland organisieren – und dies nach dem alten Grundsatz: „Deutsches Haus = Warenhaus". Deutsche Grenzdörfler und Grenzstädter könnten davon Bände erzählen. Besonders in den geteilten deutschen Städten an der Oder gehörte es zeitweilig fast zur Tagesordnung, dass polnische Schlägertrupps plötzlich irgendwo aufkreuzten, geschwind vieles mitnahmen, was nicht niet- und nagelfest war, und unbehelligt über dieselbe Brücke wieder auf die andere Seite in ihre „Heimat", das von Polen nach dem Krieg geraubte deutsche Schlesierland, verschwanden.

Ein ganz anderes Kapitel sind Olgas Begegnungen mit den sudetendeutschen Vertriebenen aus ihrer alten Heimat. Von einer revanchistischen Stimmung unter ihnen, vor der tschechische Medien nach dem Zweiten Weltkrieg und nach der Vertreibung der Deutschen jahrzehntelang lautstark warnten und damit eine regelrechte Hysterie verbreiteten, fand sich überhaupt keine Spur! Und dabei begegnete Olga sehr vielen Sudetendeutschen!

Ein paar Beispiele: In ihrer unmittelbaren Nachbarschaft lernte sie einige Personen kennen, die damals aus ihren Häusern vertrieben wurden: Ob es ein Herr aus Böhmisch Krumau war oder eine Bäuerin am Ammersee oder ihre direkte Nachbarin, eine gebürtige Deutschpragerin – sie alle wurden einst in offenen Viehwaggons stehend aus der ehemaligen Tschechoslowakei nach Deutschland deportiert. Doch alle waren Olga wohlgesonnen und verhielten sich ausgesprochen landsmannschaftlich, ja kameradschaftlich zu ihr. Sie spürte bei ihnen keinerlei Nachtragen, Abneigung oder gar Hass. Nie, im Gegenteil! Sie waren stets äußerst zuvorkommend, gastfreundlich und immer hilfsbereit. Sie alle brachten Olga Verständnis entgegen und halfen ihr als verlässliche Nachbarn bei jedem nur denkbaren Anlass! Olga bewunderte diese Deutschen für ihre Aufrichtigkeit und kaum traf sie bei ihnen auf Schwindel, den sie von ihrer alten Heimat gewohnt war.

Postscriptum:

Wiedergutmachung

Olga lebt nun seit 39 Jahren in Deutschland. Sie kennt daher sowohl Deutsche als auch Tschechen und ihre unterschiedlichen Gemütslagen so gut wie in- und auswendig. Aus diesem Grund kann sie diese beiden Völker in ihrer Mentalität durchaus objektiv vergleichen.

Bezüglich der Schuld an der Zerstörung des gedeihlichen Zusammenlebens von Tschechen und Deutschen, das sich in einem Jahrtausend zu einer natürlich gewachsenen, engen Symbiose beider Völker entwickeln konnte, hat Olga ihren eigenen Maßstab:

> „Die wahre Größe eines Menschen und damit auch einer Nation
> erkennt man in groben Zügen daran,
> in welchem Maße diese ihre Missetaten
> *erkennen,*
> sie *bereuen*
> und *wiedergutmachen.*"

Es gibt in der ganzen Menschheitsgeschichte kaum eine vergleichbare *Wiedergutmachung* als die, welche die Deutschen nach dem Zweiten Weltkrieg geleistet haben und bis heute weiterhin leisten.

Und genauso gibt es genügend Beispiele dafür, wie die deutsche Schuld nach dem Zweiten Weltkrieg permanent in Zahlen vergrößert, manipuliert und damit als erpresserisches Druckmittel gebraucht wurde. Im Namen des Geldes bedienten sich ganze Nationen nach dem verruchten Motto: „Der deutsche Michel wird schon blechen ..."

Im Vergleich zu diesem, besonders von interessierten Kreisen stets wachgehaltenen Schuldbewusstsein der Deutschen stehen Olgas tschechische Landsleute überwiegend sehr bescheiden da.

Miloš Zeman, der jetzige tschechische Staatspräsident, brachte als ausgewiesener Deutschenfeind seine Meinung zur Vertreibung der Deutschen aus Böhmen und Mähren einmal „ganz klar" auf den Punkt: „[Die] Vertreibung war milder als die Todesstrafe" (in einem Interview mit der österreichischen Zeitschrift *profil* 2002 und bestätigend wiederholt gegenüber der *Tiroler Tageszeitung* am 22. April 2013). So spricht kein Staatsoberhaupt!

Es ist die ungeheuer plumpe Philosophie eines linkstendenziösen demagogischen Polemikers, der sich damit selbst disqualifiziert.

Auch nach nüchternen und glaubhaft vorgetragenen Forschungsergebnissen des neutralen Sachverständigen Prof. Alfred M. de Zayas[9] haben 1945 bis 1946 bei den wilden Vertreibungen der Sudetendeutschen aus ihrer angestammten Heimat Böhmen und Mähren – nach unterschiedlichen Schätzungen – insgesamt zwischen 250.000 und 460.000 Menschen ihr Leben verloren, was zum großen Teil unter unbeschreiblich grausamen Begleiterscheinungen geschah.[10]

---

9   Gastprofessor für Völkerrecht an der DePaul University, Chicago; Völkerrechtler im Zentrum für Menschenrechte der Vereinten Nationen, ehemaliger Sekretär des UNO-Menschenrechtsausschusses, ehemaliger Chef der Petitionsabteilung im Büro des Hochkommissars für Menschenrechte

10 vgl. Alfred M. de Zayas: Die Anglo-Amerikaner und die Vertreibung der Deutschen. Übersetzung der ersten Fassung (1977) von Ulla Leipe (amerikanische Originalausgabe: *Nemesis at Potsdam. The AngloAmericans and the Expulsion of the Germans. Background, Execution, Consequences.* London (Routledge & Kegan Paul) 1977). Berlin (Ullstein) 1999, vom Autor erweiterte und aktualisierte 10. Auflage, S. 176 und S. 299, Anm. 95

Demgegenüber lautet die derzeit offizielle, auf „politisch-historische Korrektheit" eingeschworene tschechische Version der Schuldverarbeitung wie folgt:

➢ Deutsche Verbrechen gegen die Menschlichkeit an Tschechen waren zu Recht zu bestrafen.

➢ Tschechische Verbrechen gegen die Menschlichkeit an Deutschen waren in Ordnung (bzw. es gab sie nicht oder höchstens als Exzesse an sog. Kollaborateuren), sonst aber wurden sie allgemein als Akte des Patriotismus amnestiert bzw. sogar mit tschechischen Tapferkeitsorden belohnt – beides persönlich verfügt durch Präsident Beneš.

Eines steht für Olga jedoch unerschütterlich fest: Was die Zahlen der menschlichen Opfer in den totalitären Regimen des 20. Jahrhunderts anbetrifft, so stecken kommunistische Massenmörder wie Lenin, Stalin, Mao, Pol Pot u. a. einen Adolf Hitler locker in die Tasche ... Stéphane Courtois spricht im *Schwarzbuch des Kommunismus* von 100 Millionen Toten: „Es geht hier nicht darum, irgendwelche makabren arithmetischen Vergleiche aufzustellen, eine Art doppelte Buchführung des Horrors, eine Hierarchie der Grausamkeit. Die Fakten zeigen aber unwiderleglich, dass die kommunistischen Regime rund hundert Millionen Menschen umgebracht haben, während es im Nationalsozialismus rund 25 Millionen waren".[11]

Hier drängt sich die Frage auf, wer eigentlich die Verantwortung für die Opfer des Kommunismus übernehmen und eine Wiedergutmachung einleiten will, wie es sie im Falle des Nationalsozialismus gab und bis heute gibt.

---

11 Stéphane Courtois u. a.: Das Schwarzbuch des Kommunismus. Unterdrückung, Verbrechen und Terror. München, Zürich (Piper) [5]1998, S. 27. Natürlich war das Gebiet, auf dem diese Verbrechen geschahen, unvergleichlich viel größer.

Offensichtlich niemand – und warum? Weil jeder weiß, dass beispielsweise von den Russen und Chinesen im Gegensatz zu den Deutschen kein Geld zu erwarten ist und sich damit jede Instrumentalisierung von Schuld von selbst erübrigt.

Und wie sieht es mit einer Wiedergutmachung von tschechischer Seite aus? Die Antwort liegt auf der Hand ...

Ehrgeizige Pläne

*O*lga, du bist eine Golf-Katastrophe! Wie hältst du bloß den „Schläger? Das ist doch zum Haareraufen!", mahnte mich lautstark der am englischen Rasen an seinem Fotostativ stehende Fotograf Mark.

Hinter uns schimmerte einladend bis zum Horizont türkisblaues Meer, die Nachmittagssonne prallte gnadenlos auf unsere Köpfe. Wir befanden uns auf einem der schönsten Golfplätze Europas, ausgestattet mit teuren Accessoires.

Eine Woche zuvor hatte Mark mich für die Stockaufnahmen (= vorproduzierte Fotos auf Lager für den Verkauf an Bildagenturen) auf Mallorca gebucht. In diesem Moment wird er es sicherlich bereut haben ...

„Ums Verrecken" – wie er sich ausdrückte – bekam ich leider die gewünschte richtige Golf-Aufschlagspose nicht hin.

Wie Geschosse trafen mich seine fast schon verzweifelten Zurufe, wie: „Olga, das ist doch keine Harke, sondern ein Golfschläger!" oder: „Jetzt hältst du ihn wie einen Kochlöffel!" oder: „Das gibt's doch nicht, da kann ich dir ja gleich einen Besen in die Hand drücken!"

Der arme Mark war total im Stress und ganz schön ins Schwitzen geraten, weil die Zeit drängte. Der Rückflug war noch am gleichen Tag abends anberaumt und die vielen geplanten Fotos waren noch längst nicht „im Kasten".

Mit Ach und Krach wurde die Golfszene beendet (und später mit Fotoshop stark bearbeitet und nachgebessert!).

Danach nahmen wir die nächste Einstellung, „Picknick unter einem Pinienbaum", mit zwei niedlichen kleinen Mädchen in Angriff. Das war meine Rettung! Aufnahmen mit Kindern sind mein Metier!

Erleichtert atmete ich auf. Die Mädchen waren zugänglich, brauchten keine Eingewöhnungsphase und machten gut mit.

Zum Glück hatte mir zudem der Stylist erlaubt, mein eigenes Sommerkleid anstelle der geplanten Chinohose anzuziehen. Mit anderen Worten war die nötige Motivation bei mir wieder da.

Eines der beiden Mädchen, die Erstklässerin Lara, piepste während des Garderobewechsels dem Stylisten leise zu: „Hast du für mich auch so ein Prinzessinnenkleid, wie es die Olga hat?"

Ich fand das ganz schnuckelig, denn mein schlicht geschnittenes Kleid aus Leinen mit winzigen blauen Blümchen darauf war nicht gerade das, was man sich unter dem Kleid einer Prinzessin vorstellen mag. Vielleicht war es der breit gefaltete Rock, vielleicht auch seine bis weit unter die Knie reichende Länge, die Laras Aufmerksamkeit erregt hatte – wer weiß …

Der Stylist bot ihr daraufhin ein kurzes pinkfarbenes Kleidchen mit Spaghettiträgern an. Damit ließ sich Lara aber nicht abspeisen: „Nein, ich will so ein Prinzessinnenkleid haben, wie die Olga hat!", schmollte Lara weiter.

Ihre Mutter, die – ihr Gesicht mit einer dicken Schicht Make-up zugespachtelt und die Augenbrauen auffallend aufgehübscht – als Begleitperson dabei war, redete ihr gut zu: „Schau Lara, dein Kleid ist doch so schön sexy rosa wie das Kleid der Prinzessin Lillifee. Die Visagistin malt dir jetzt auch deine Lippen mit dem Lippenstift rosa und dann bist du genauso schön wie die Lillifee."

Der Lockmittelvorschlag ihrer Mutter mit dem rosa Lippenstift blieb bei Lara natürlich nicht ohne Wirkung. Sie ließ sich von der Mama das Kleidchen anziehen und machte dabei einen Kussmund, damit sie auch den echten Lippenstift bekam.

Der Fotograf wartete schon ungeduldig und wollte sogleich mit dem Fotografieren unserer nächsten Szene anfangen. Wir sollten ein Seniorenehepaar mit Enkelkindern darstellen. Dazu bekam ich Georg als passenden „Ehemann" mit grauen Haaren zugeteilt. Er war unkompliziert und freundlich.

Äußerlich passte nun also alles gut, bis auf dass Lara wieder schmollte. Die Wirkung des rosa Lippenstiftes der Visagistin hatte wahrscheinlich nachgelassen und trotz der wiederholten Aufforderungen von Fotograf Mark: „Lara, ich brauche ein Lächeln von dir!", war sie dazu nicht bereit.

Ihre Mutter, die hinter dem Fotografen stand, rief ihr mit einer operettenhaften Stimme zu: „Lara, Schätzchen, du musst jetzt lachen! Na, los, wie bei der Heidi Klum!"

Lara warf einen unsicheren Blick in Richtung Mama, aber von Lachen war keine Spur zu sehen.

„Och, Lara, mach jetzt bitte keine Dummheiten! Du musst jetzt mal schön lachen! Na, komm, lach mal richtig geil! Versuche es doch wenigstens mal, du kannst es, ich weiß es, sonst wirst du nie ein richtiges Model werden! ..."

Die ehrgeizige Mutti hatte mit ihrer Tochter ohne Zweifel große Pläne. Zum Lachen brachte sie sie damit trotzdem nicht – im Gegenteil!

Um dem Kind ein weiteres Bombardement zu ersparen, nahm ich Lara auf den Arm. Sie schmiegte sich dabei mit dem Köpfchen an meinen Hals und drehte dabei ihren Rücken zur Kamera. Diesen Empathie-Moment nutzte Mark sofort aus und gab mir mit einem nach oben gehobenen Daumen das Zeichen: „So ist es auch o. k.!" Sogleich fing er an, ein Bild nach dem anderen zu schießen. Mein Kollege Georg hielt das zweite Kind, das um die Wette in die Kamera strahlte, an der Hand und die Szene war damit gerettet.

Anschließend spazierten wir langsam und entspannt an einer Finca vorbei, nach dem Motto: Friede, Freude, Lebensglück ...

Mit einem erlösenden „Gut, das reicht, ich hab's im Kasten!" beendete Mark Laras Tortur ...

Unterdessen kam jedoch ihre Mutter wütend angebraust, sichtlich enttäuscht über die in ihren Augen miserable Leistung ihrer kleinen Tochter vor der Kamera. Dieses ihr *Finale furioso* untermalten optisch ihre kanariengelben Leggins, in die sie sich hineingezwängt hatte, aus deren Gummizug einige ihrer von Mallorca braun gebrannten Speckfalten hervorquollen und welche gnadenlos ihren überdimensionalen Oberschenkelumfang verrieten und zudem plakativ unterstrichen.

Aber jedem nach seinem Gusto! ...

Postscriptum:

Die narzisstische Mutter

Die narzisstische Mutter betrachtet ihr Kind nicht als eigenständiges Wesen, sondern als einen Teil ihrer selbst, da es von ihr geboren, aus ihrem eigenen Fleisch hervorgegangen ist. Daher ist das Kind für sie nur die Erweiterung ihrer eigenen Persönlichkeit und zugleich ein Besitz, über den sie nach eigenem Gutdünken verfügen kann. Ungeachtet seiner eigenen Veranlagung, seines wahren Wesens und seiner eigenen Neigungen und Begabungen muss das Kind dem Idealbild der Mutter entsprechen und hat dementsprechend zu funktionieren.

Vor allem will sich die narzisstische Mutter mit einem gut erzogenen, gebildeten, leistungsfähigen und erfolgreichen Kind selbst aufwerten. Ihre Umwelt soll sie für ihren einzigartigen Sprössling bewundern, ihre Vorbildfunktion und brillante Erziehung bestaunen. Das Kind ist nichts weiter als ein kostbares Prestigeobjekt, das instrumentalisiert wird, um die Grandiosität der narzisstischen Mutter zu erweisen.

Da sie sich selbst idealisiert, verlangt sie auch von ihrem Kind Perfektion und blendet seine unerwünschten Charaktereigenschaften und Verhaltensweisen einfach aus. Sie treibt es überall zu Höchstleistungen an, selbst auf Wissensgebieten und Betätigungsfeldern, für die das Kind weder Neigung noch Talent hat. Damit das Kind diesen Ansprüchen genügen kann, organisiert sie seinen Alltag, bringt es zur Schule, macht notfalls seine Hausaufgaben, bespricht seinen Leistungsstand mit Lehrern und Eltern von Klassenkameraden und verplant seine gesamte Freizeit mit sportlichen, musischen, kulturellen oder sonstigen Veranstaltungen, die es fortwährend auf Trab halten. Mit Kommentaren wie: „Warum hast du keine Eins?", „Dumm gelaufen, dass du nicht in die engere Auswahl gekommen bist" oder: „Ich weiß, du kannst es besser", treiben solche Mütter ihre Kinder zu immer höheren Leistungen an und diese wiederum strengen sich trotz immenser Versagensängste gewaltig an, um mit der Anerkennung für Leistung auch die häufig mangelnde Liebe und Empathie der Mutter zu erkaufen.

Besonders auffällig wirkt narzisstische Erziehung bei den sogenannten *Stage Mothers*, Müttern, die ihre Kinder herausputzen, auf Schönheitswettbewerbe, Castingshows oder überhaupt auf die Bühne jagen oder sie im Fernsehen unterzubringen versuchen. Auch für die Kinder geplante Sport- oder Unikarrieren können ein Betätigungsfeld für narzisstische Eltern sein, die auf diese Weise versuchen, wenn schon nicht selbst zu Ruhm und Reichtum zu gelangen, so sich doch wenigstens am Abglanz des Ruhms ihrer Kinder zu ergötzen. Solche Eltern glauben, dadurch ihr eigenes als unzulänglich empfundenes Ich zu vervollkommnen und ihre eigenen Defizite dadurch auszugleichen.

Von einem Kind, das in der Schule versagt, keine Spitzenleistungen in Sport oder Musik erbringt, nicht durch Schönheit besticht oder wenigstens ihr gegenüber eine absolute Unterwürfigkeit an den Tag legt, wendet eine narzisstische Mutter sich enttäuscht ab, da es ihr nicht mehr als zuverlässige Quelle für Bestätigung und Bewunderung dient. Abweichende Verhaltensweisen von dem vorgegebenen Ziel oder gar Autonomiebestrebungen des Kindes werden von einer solchen Mutter durch die Erzeugung von Schuldgefühlen im Keim erstickt und oft drakonisch – auch körperlich – bestraft. Jegliche Zuwiderhandlung gegen ihre Anweisungen und Vorstellungen wird von der narzisstischen Mutter als vorsätzlicher und hinterlistiger Verrat empfunden und entsprechend geahndet. Auf diese Weise übt sie über ihr Kind unbegrenzte Macht aus, der es hilflos ausgeliefert ist.

Narzisstisch erzogene Kinder wachsen nicht zu eigenverantwortlichen Menschen heran, sondern werden dressierte Marionetten, die der Mutter bis ins hohe Alter die kleinste Regung von den Augen ablesen.[12]

---

12 Text erstellt auf Grundlage von Sven Grüttefien: Umgang mit Narzissten: Kinder narzisstischer Mütter, https://umgang-mit-narzissten.de/kinder-narzisstischer-muetter/, 11. Mai 2015 und Joe Navarro mit Toni Sciarra Poynter: Die Psychopathen unter uns. Der FBI-Agent erklärt, wie Sie gefährliche Menschen im Alltag erkennen und sich vor ihnen schützen. Übersetzung von Martin Bauer (amerikanische Originalausgabe: *Dangerous Personalities. An FBI Profiler shows You how to identify and protect yourself from harmful people.* New York (Rodale) 2014). München (mvg-Verlag) 2014, S. 46-47

Kinderkrippe – Kinderhort – Schlüsselkind

*D*rei Monate nach Olgas Geburt zerstritt sich ihre Mutter Maria mit ihrem Mann Eduard und seinen Eltern und zog mit ihrer kleinen Tochter in das heruntergekommene Häuschen ihrer Eltern ins westliche Prager Umland. Aus dieser armseligen Behausung, die nur aus einem Zimmer mit Küche ohne fließendes Wasser, Bad und WC bestand, wollte Maria Přibylová baldigst wieder raus. Der einzige Ausweg aus der Misere wäre gewesen, eine Wohnung zu mieten. Da sie jedoch dafür kein Geld hatte, musste sie sich eine neue Arbeit suchen. Sie fand eine Anstellung in der nahegelegenen Eisenfabrik, wo sie dann als Maschinistin an einer Metallfräse tätig war. Ihre Vision, als Schauspielerin entdeckt zu werden, war somit dahin …

Für die kleine Olga begann mit acht Monaten schon sehr früh eine schwere Zeit. Von da an musste sie in die Krippe! Darüber hinaus war Olgas Mutter leider unfähig, eine gesunde innere Bindung zu ihrem ersten Kind aufzubauen. Die kleine Tochter war ihr einfach zu anstrengend und lästig. Sie begrüßte daher jede Gelegenheit, um Pflege und Verantwortung für Olga loszuwerden. Sie gab sie bei den Großeltern Ludmila und Václav ab, die in der prekären Lage einer voll berufstätigen Mutter regelmäßig abwechselnd auf Olga aufpassen mussten.

Zu den frühesten und stärksten Erinnerungen an Olgas Kindheit gehörte die Erfahrung der Angst: Es war die tägliche Angst vor der Kinderkrippe, die Trennungsangst, die Angst vor den die Kinder schlagenden Betreuerinnen … Dieses regelmäßige Erstarren in Angst vor dem Unheil der Kinderkrippe führte bei dem Kleinkind Olga zu verzweifeltem Widerstand, meistens in Form eines hilflosen, entsetzlichen Geschreis – jedoch ohne jede Chance, es abzuwenden.

Olgas älteste visuelle Erinnerung aus der Krippenzeit war der Blick durch die weißen abgekratzten Metallgitterstäbe eines Kinderbetts in einem vom Weinen der Kleinkinder lärmerfüllten Großraum, der voll von solchen Kinderbetten war.

Weinen, Jammern und Wimmern der dort untergebrachten Kinder waren die ständige Geräuschkulisse dieser Krippeneinrichtung, die mit Sicherheit keine heile Welt war: Zu viele Kinder kamen auf viel zu wenige, vom Staat schlecht bezahlte und überforderte Betreuerinnen.

Fast jeden Morgen spielte sich für Olga derselbe Albtraum ab und wiederholte sich das ewig gleiche Drama: Von der Mutter aus dem Kinderwagen gehoben, klammerte sie sich – im Bewusstsein der kommenden Dinge – weinend zunächst mit ihren Händchen an der Kleidung der Mutter fest. Dann kam von hinten die Erzieherin und zog das Kind resolut an sich, nachdem die Mutter die festgekrallten Händchen Olgas mit aller Kraft von ihrer Kleidung gelöst hatte.

So wurde das Kind täglich „abgeliefert" und somit „ausgeliefert". Mit der Zeit befiel die Kinderseele schließlich eine Art von Apathie … An den Folgen der mangelhaften Bindung an die eigene Mutter sollte Olga das ganze weitere Leben schwer zu tragen haben …

Noch Jahrzehnte später, immer wenn Olga an diesem düsterem Krippengebäude vorbeiging, spürte sie jedes Mal einen ziehenden Schmerz im Bauch sowie ein Gefühl von absoluter Verlassenheit und tiefer Traurigkeit … In der Fachsprache nennt man dies wohl „Verlust des Urvertrauens" und daraus folgende „Bindungsunfähigkeit".

Nicht umsonst kursierte damals in der kommunistischen Tschechoslowakei ein ziemlich makabres Sprichwort: „Das Altersheim ist die Vergeltung für die Kinderkrippe."

Die herben Zustände in diesen beiden Einrichtungen könnte man kurz und bündig als lieblosen, rauen und groben Umgang mit den Anbefohlenen beschreiben, denn so wie die Kinder wurden auch die Alten dort nicht selten beschimpft und sogar geschlagen.

Das folgenschwere Fehlen von Zuwendung, Geborgenheit und Zärtlichkeit blieb jedenfalls bei dem Kleinkind Olga nicht ohne gesundheitliche Folgen ... Die Krippe war für ihre kindliche Seele einfach nicht zu ertragen und so war in der Folge auch Olgas Immunsystem davon permanent schwer angeschlagen.

Olgas Martyrium in der Kinderkrippe fand sein Ende, als sie knappe drei Jahre alt war und sehr oft krank wurde. Ihre Mutter Maria zog wieder zu ihrem Ehemann Eduard, der zuerst nach Vojtanov, dem einstigen deutschen Voitersreuth, und dann nach Eger (Cheb) in Marsch gesetzt wurde, wo er den Oberbefehl einer dortigen Garnison der Grenztruppe zu übernehmen hatte.

Gewohnt hat die junge Familie Přibyl jedes Mal in Wohnungen der im Jahre 1945 vertriebenen Deutschen.

In Vojtanov gab es zum Glück keine Kinderkrippe, daher musste die Mutter bei Olga daheim bleiben, was ihr gar nicht recht war. Immer wieder beklagte sie sich, dass Olga anstrengend und zu oft krank sei. Ihr Lieblingsspruch war: „Olga ist wie ein Besen, denn sie fegt jede Krankheit auf." Zu den wahren Ursachen ihres stets mehr oder weniger kränkelnden Kindes drang Olgas Mutter nicht vor. Den behandelnden Ärzten, die Olga betreuten, beteuerte sie immer wieder: „Ich verstehe überhaupt nicht, warum meine Tochter immer wieder krank wird. Sie bekommt von mir doch alles, was sie braucht!"

Eines war Olgas Mutter in ihrer schwierigen Gefühlslage sicher nicht klar: Dem Kleinkind Olga fehlte chronisch das „Vitamin M": Mutter mit uneingeschränkter Hingabe!

Der verträumte Grenzort Vojtanov, recht abseitig im Dreiländereck zwischen Sachsen, Bayern und Böhmen gelegen, versprach kein bequemes Leben, weil es dort „nichts zu kaufen" gab (heute sind in dem unter den Deutschen einst kleinindustriell geprägten Ort einige Bordelle und ein Friseurladen ansässig). Sogar die Kartoffeln musste Olgas Mutter sich auf dem staatlichen – früher jahrhundertelang in deutschem Privatbesitz befindlichen – Feld selbst aus dem Boden klauben. Sie war ganz skandalisiert, als Offiziersfrau solch „niedrige" Arbeit verrichten zu müssen, erinnerte sie dies doch an ihre eigene schwere Kindheit und Herkunft aus einer armen Familie der sogenannten „Kleinhüttler": Eine Ziege, eine Sau und ein kleines Feld hatten nicht ausgereicht, um die Familie zu ernähren. So musste die Großmutter Ludmila Wäsche „für die Reichen" waschen oder putzen gehen …

Neid schlich sich unter diesen Umständen in die Familie und nistete sich auch über die zweite und dritte Generation in den Seelen einiger Familienmitglieder ein. Neid gebiert Hass und er war somit der Nährboden für einige grotesk unmoralische wie irrationale Ansichten und daraus resultierende Gehässigkeiten und Intrigen innerhalb der Familie. Olga litt sehr darunter …

Oma Ludmila meinte es indes gut mit Olga, sie sollte es einmal besser haben, und deshalb lag es ihr am Herzen, Olga wiederholte Male folgenden Ratschlag fürs Leben mitzugeben: „Olinko, sei schlau! Heirate entweder einen Maurer oder einen Metzger!" Diese beiden Berufe waren allem Anschein nach für Oma Ludmila der Inbegriff des garantierten Wohlstands und späteren Wohlergehens.

Die kleine Olga war nämlich kein einfaches Kind, sie wollte immer und um jeden Preis ihren Willen durchsetzen und hatte inzwischen gelernt, Verbote mit List zu umgehen, womit sie sich allerdings stets eine drakonische körperliche Züchtigung durch ihre Mutter zuzog.

Die junge und schöne, narzisstisch veranlagte Offiziersfrau hatte das Kommando in der Familie inzwischen voll übernommen. Sie herrschte zuhause als die eigentliche „Generalissima". In Streitereien mit ihrem Mann reklamierte sie oft für sich: „Ich bin eine emanzipierte Frau!" Vater Eduard dagegen besaß einen ausgeprägt stoischen Charakter mit einem starken pragmatischen Zug. Er ging vor ihren verbalen Ausfällen, die manchmal von einem ohrenbetäubenden

„Zeter und Mordio" untermalt waren, voll „in Deckung", damit er seine Ruhe hatte. Einem Streit mit seiner Frau wollte er um jeden Preis ausweichen. Darum suchte er fast immer den Weg des geringsten oder gar keines Widerstandes gegen seine hübsche, aber stets dominierende Frau.

Hat die Frau in der Familie „die Hosen an", spielt der Mann als Pantoffelheld nur noch die „zweite Geige" – oft mit fatalen Folgen für beide sowohl im privaten wie auch im gesellschaftlichen Bereich ...

Der Vater versuchte Olga dagegen – jedoch grundsätzlich nur in Abwesenheit seiner Frau – mit Lob, Aufmerksamkeit und Anerkennung jene Zuwendung zu geben, die ihre Mutter so schmerzlich vermissen ließ.

Es imponierte Olga sehr, ihren Vater hoch zu Roß vor der Truppe laute Befehle geben zu sehen. *Draußen* war sie immer stolz auf ihn, doch daheim tat er ihr leid, da er von seiner „Generalissima" oft Vorhaltungen gemacht bekam.

Olga merkte schon als Kind sehr bald, dass Mutters Verhalten draußen und daheim grundverschieden war. In der Öffentlichkeit, bei zahlreichen Besuchen sowie unter Bekannten spielte sie die Rolle einer Lady mit gepflegter Sprache und gekünstelter Wortwahl, einer turtelnden, liebenden Ehefrau und besorgten Mutter, doch kaum wurde die Hausschwelle überschritten, hörte ihre überschwängliche Herzlichkeit meistens auf und fing die bedingungslose Unterdrückung an ... Da sich Olga schon als Kleinkind dem narzisstischen Kommando und den wechselnden Launen ihrer Mutter nicht unterordnen wollte, vor ihr nicht buchstäblich kroch, stand sie bei ihr oft auf der Abschussrampe. Die Beziehung zwischen ihnen war ein Leben lang angespannt und endete in einem Psychodesaster, da es der Mutter einfach nicht gelingen wollte, Olgas gesunden natürlichen Stolz zu brechen.

Olgas Vater, Eduard Přibyl als Befehlshaber vor seiner Truppe

Olgas Vater als entschiedener Grenzwächter

Der Gerechtigkeit halber muss hier aber auch festgehalten werden, dass Olga bei Konflikten später in ihrer eigenen Familie manchmal ebenfalls als Hausdrache auftrat, was sie ohne Umschweife zugibt. Ihr Mann und ihre Kinder können auch ein Lied davon singen ... Erst in ihren reifen Jahren und eigentlich zu spät hat sie sich für familiäre Krisenmomente die Haltung angeeignet: „In der Ruhe liegt die Kraft." Aber es ist nie zu spät für einen Neuanfang ...

Im gleichen Jahr 1960, als Olgas Vater das Kommando über ein Regiment der Grenztruppe in Eger übernahm, wurde Olgas Schwester Eva geboren. In Eger wurde Olga ein Jahr später auch eingeschult. Nach dem Schulunterricht musste Olga in den Kinderhort. Mittagessen gab es in der riesigen Schulkantine: Es war ein Fraß, dessen

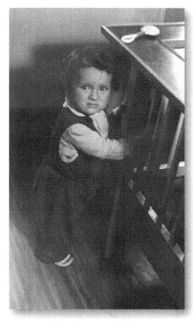

Olga als verzweifeltes Krippenkind – im Volksmund „Kinder-KZ" genannt

Qualität genauso zweifelhaft war wie das politische Regime im Lande ...

Als Olga nach den Ferien im militärischen Kinderlager in die dritte Klasse kam, ging ihre Mutter wieder arbeiten, obwohl der Vater als hoher Offizier ein Spitzengehalt bekam. Mit zwei Kindern allein daheim zu sitzen war ihr zu langweilig. Da fing sie lieber in einer Telefonzentrale zu arbeiten an, als zuhause zu „versauern".

Ab sofort musste daher Olga in der Frühe ihre kleine Schwester wecken, sie anziehen, ihr das Frühstück machen und sie zum Kindergarten bringen. Eva ging nicht gern zum Kindergarten, da sie dort von den Kindern verspottet wurde. Oft weinte sie gleich am Morgen bitterlich und flehte, nicht in den

66

Kindergarten zu müssen. Dann musste Olga sie trösten und alle ihre Überredungskünste anwenden, um ihre kleine Schwester zum Abmarsch in den Kindergarten zu bewegen. Meist half es, wenn Olga der Eva versicherte: „Sag mir, wer dich hänselt, den schlage ich dann kurz und klein!"

So wuchs Olga allmählich in die neue Generation der sogenannten Schlüsselkinder hinein: Sie bekam von ihrer Mutter einen eigenen, an einem Schnürchen hängenden Wohnungsschlüssel, den sie dann ständig am Hals trug. Hort wie Kindergarten schlossen beide um fünf Uhr nachmittags, sodass Olga den Hort früher verlassen musste, um ihre Schwester rechtzeitig vom Kindergarten wieder abzuholen. Zuhause angekommen, fanden sie meistens in der Wohnung alles so, wie sie es in der Frühe verlassen hatten, nämlich unaufgeräumt. Von gutem warmem Essen, von Mutterhand zubereitet, konnte keine Rede sein. Ach, wie Olga die Nachbarskinder beneidete, deren Mütter daheim waren und jeden Tag kochten! Man konnte es im Hausflur riechen ...

Postscriptum:

„Lufthoheit über den Kinderbetten"

(SPD-Generalsekretär Olaf Scholz, 3. November 2002)

Das Ziel, flächendeckend Kinderkrippen einzuführen, ist ein alter sozialistischer Traum, um die Kinder möglichst früh aus der Bindung an ihre Eltern zu lösen und sie von klein auf im Sinne des Staates prägen und indoktrinieren zu können. Denn auf die Kinderkrippe folgte in den Ostblockstaaten der Kinderhort, die Schule, die Kinder- und Jugendorganisationen der Partei. Propagandistisch begründet wurde dies mit dem realsozialistischen Ideal von der

„werktätigen Frau". Von da übernahmen es die neomarxistischen Ideologen des Westens und übersetzten es für sich als Ideal für die „emanzipierte Frau", die nicht länger auf die erniedrigende Rolle einer „nur Hausfrau" reduziert bleiben sollte. In der Tat lag die Erwerbsquote in der DDR und auch der UdSSR bei rund 90 Prozent. Geflissentlich übersehen wurde dabei jedoch, dass es sich im Ostblock um eine gesetzliche Arbeitspflicht und nicht um ein Recht der Frau handelte. Das in 68er-Kreisen geprägte abschätzige Wort von der „Gebärmaschine", die durch das Abtreibungsverbot zum Hausfrauendasein verurteilt war, trifft in Wahrheit auf die heutige Frau mit Kinderwunsch zu. Die „patriarchalischen Zwänge der Kleinfamilie" haben sich in den Arbeitszwang für beide Elternteile verwandelt, da ein Durchschnittsgehalt zur Ernährung einer Familie heute kaum noch ausreicht. Gezwungen, arbeiten zu gehen und ihre eigenen Kinder in Fremdbetreuung zu geben, wird die Frau *de facto* des Rechtes und damit des eigentlichen Mutterglücks beraubt, ihre Kinder selbst zu prägen, zu erziehen und aufwachsen zu sehen. Dem Salzburger Weihbischof Andreas Laun ist in der Tat recht zu geben, wenn er in einer Fernsehdiskussion äußerte: „Die Elternschaft wird so fast gänzlich auf das ‚zur Welt bringen' reduziert und die Frauen sind in diesem System wirklich bis auf einen kleinen Rest ‚Gebärmaschinen'."[13] Angesichts der fehlenden Nestwärme bleiben bei den Kindern erwiesenermaßen psychophysische Schädigungen nicht aus, die häufig in Form von Essstörungen, Depressionen, Störungen des Sozialverhaltens, Drogenkonsum, Gewalt- und Diebstahlskriminalität im späteren Jugendalter zutage treten. Falls hinter der Idee der „Vollbeschäftigung" von Frauen neben den Alt-68ern die Industrie mit ihrem Begehren nach billigen Arbeitskräften steht, so fördert sie damit zunehmend Erwerbsminderung und Arbeits-

---

13 zitiert nach http://www.kirche-heute.de/ausgaben/alle-ausgaben/ausgaben-erweiterungen/2007/mai-2007.html, Printausgabe: *Kirche heute*, Nr. 5/2007

unfähigkeit unter den potenziellen Nachwuchskräften. Würde der Staat, statt mit Steuergeldern Kinderkrippen zu subventionieren, den Müttern ein vollwertiges Müttergehalt zahlen – Muttersein als emanzipierte Selbstverwirklichung und eigenständiger Beruf! – so wäre auch der erste Arbeitsmarkt spürbar entlastet und Lohndumping erschwert. Der sich hieraus ergebende Anreiz, wieder mehr Kinder zur Welt zu bringen, würde die die Industrieländer schwer belastende demografische Krise, die mit bildungslosen und schwer integrierbaren Zuwanderern kaum zu bewältigen ist, wie von selber lösen. Ein erneuter Blick nach Russland offenbart uns nach den verheerenden Verwerfungen des Sowjetstaates eine ganz neue „russische Idee": Hier hat man erkannt, dass der anhaltende allgemeine Kindermangel auf die Dauer ganz Sibirien und die fernöstlichen Landesteile entvölkert, wohin China mit seinem Bevölkerungsüberschuss vordringen könnte. Dementsprechend wurden Maßnahmen gegen das Aussterben des russischen Volkes als höchstrangig für die nationale Sicherheit eingestuft: Ein Überdenken der liberalen Abtreibungspraxis gehört ebenso dazu wie die Bekämpfung der aggressiven Homo-Lobbys. *Vox populi – vox Dei*: Man möge doch hierzu mal eine allgemeine Volksbefragung durchführen, und zwar nicht durch den Filter der meist linkslastigen Meinungsforschungsinstitute: Was ist hier kompetenter als die Lebenserfahrung vieler Mütter mit ihren Familien!

„Für ein Huhn in der Legebatterie gibt es inzwischen – zum Glück – eine Mindestvorschrift des Platzangebotes. Dafür sind viele Leute auf die Straße gegangen und haben sich nachhaltig dafür eingesetzt. Für unsere Kinder in der Krippe existieren keine derartigen Vorgaben, unser Betreuungsschlüssel sieht manchmal zwanzig und mehr Kinder pro Betreuerin auf engstem Raum vor. Hundewelpen dürfen vom Züchter nicht vor Vollendung der zwölften Lebenswoche von der Mutter getrennt und in fremde Hände gegeben werden, weil sie ansonsten seelischen Schaden nehmen und durch diese negative Erfahrung später zum Beißer werden könnten. Auch wird einem Hundehalter, der ein Tier aus dem Tierheim holt, häufig nahegelegt, nicht in Vollzeit zu arbeiten, weil die Seele des Tieres nicht mit der langen Abwesenheit vom Herrchen klarkommen kann. Und unsere Kinder? Kein Hahn kräht danach, wie es ihnen geht, wenn beide Elternteile Geld verdienen gehen und sie nach Krippe und Kindergarten zu Schulkindern werden, denen ein Schlüssel am Hals hängt, damit sie nach einem anstrengenden Schultag in die leere Wohnung gelangen und sich das Essen in der Mikrowelle warm machen können."[14]

„Nachgewiesenermaßen liegt in den Bundesländern, wo viele Krippen existieren, die Geburtenrate mit am niedrigsten. Während in Baden-Württemberg oder Bayern, wo es entschieden weniger Krippenplatzangebote gibt, die Geburtenraten die höchsten sind. (...) Die Antwort liegt darin begründet, dass in Gesellschaften, die traditionsbewusst sind, die ihr Land lieben, die ihre Kultur pflegen, die sich für Werte einsetzen und die vor allem ein festes Glaubensfundament haben, dass dort genügend Kinder geboren werden, um auch die weitere Gesellschaft am Leben zu erhalten. In den Ländern, wo man ohne Gott auszukommen glaubt, wo das superhypermoderne Leben Einzug gehalten hat und nicht unbedingt eine Ehe das feste Fundament einer Beziehung sein muss, wo auch Kinder eher als Problem gesehen werden denn als Reichtum, da haben wir in der Regel die wenigsten Geburten. Das heißt, der Geburtenrückgang einer Gesellschaft beginnt zuerst in den Köpfen und in den Herzen der Menschen."[15]

---

14 Eva Herman: Das Überlebensprinzip. Warum wir die Schöpfung nicht täuschen können. Holzgerlingen (Hänssler) 2008, S. 126-127
15 ebenda, S. 131

Ein Panoptikum

Für unser Fotoshooting, ein paar Posen mit Ball und Gummiband als Krankengymnastikaufnahmen für eine Krankenkassenbroschüre, war eine Turnhalle in einer Reha-Einrichtung in Norddeutschland angemietet worden. Diese Halle sollte uns nur eine Stunde zur Verfügung stehen und so mussten wir uns mit den einzelnen Fotoeinstellungen ziemlich beeilen.

Als die Zeit um, unser Fototermin absolviert war und wir gerade in der Ecke der Turnhalle unsere sieben Sachen packten, strömten schon die Patienten der Reha-Klinik, etwa zwei Dutzend Männer und Frauen in Turnanzügen, zu ihrer „Bewegungstherapie" herein.

Das Durchschnittsalter dieser Gruppe war um die 50; manche waren aber bestimmt auch über 70 und darüber.

Die flotte Therapeutin schaltete die Stereoanlage ein und schon jaulte lautstark Michael Jackson durch den Raum. Die Senioren fingen nach dem Beispiel der jungen, hübschen Physiotherapeutin zu „tanzen" an.

Besonders ins Auge fiel ein Opa, dem beim wilden Zucken à la Michael Jackson seine Zahnprothese herausflog. Sein Mitpatient wollte sie aufheben, aber dabei fiel ihm seine Baseballmütze herunter, die er zuvor keck mit dem Schirm nach hinten getragen hatte.

Eine Oma in hautengen schwarzen Leggins, die knallhart ihre wahrscheinlich durch eine Erkrankung verformten O-Beine zeigten, begann mit ihrem karminrot geschminkten Mund zu lachen. Dabei sah die Arme aus wie ein Clown.

Der zahnlose Patient steckte schnell wieder sein Gebiss in den Mund und zuckte, ach Pardon, „tanzte" nach dem ohrenbetäubenden Staccato von Michael Jackson weiter.

Diese Szene spielte sich innerhalb nur weniger Minuten ab. Wir waren mit dem Einpacken schon fertig. Jörg, unser Fotograf, ließ angewidert die kurze Bemerkung fallen: „ein Panoptikum".

Und ich dachte mir dabei nur: „Ihr Alten, wo ist eure Würde geblieben?"

Erleichtert und mit einem seltsamen Gefühl in der Magengegend verließ ich mit Jörg und seinem Assistenten die Halle.

Postscriptum:

Die Infantilisierung der Gesellschaft

Die deutsche Gesellschaft wird immer infantiler! Früher brachte man das Greisenalter mit Lebensweisheit in Verbindung. Noch vor drei Generationen gab es die Großfamilie, bei der die Großeltern ihre Enkelkinder oft im selben Haus aufwachsen sahen und den Eltern bei Erziehung und Haushalt unter die Arme griffen. Die Enkelkinder schauten zu Oma und Opa auf, die ihnen viel von früher erzählten, die ihnen oftmals einiges durchgehen ließen, denen sie sich anvertrauen konnten und die ihre Spielkameraden waren, wenn die mit Hausarbeit beschäftigten bzw. berufstätigen Eltern keine Zeit für sie hatten. Auch noch in der Babyboom-Generation, Anfang der 1960er-Jahre waren die Großeltern, so sie denn den Zweiten Weltkrieg überlebt hatten, von zahlreichen Enkelkindern umgeben. Seit den Deutschen jedoch mit dem sog. Pillenknick in den 1970er-Jahren der Kinderreichtum abhandengekommen ist, haben sich die Verhältnisse zugleich mit der Bevölkerungspyramide auf den Kopf gestellt. Die Alten sind nutzlos und somit lästig geworden und werden in Altersheime abgeschoben. Man kann deren Kindern daraus aber schwerlich einen Vorwurf machen, denn heute reicht das durchschnittliche Gehalt eines Familienvaters allein kaum mehr für den Unterhalt selbst einer Einkindfamilie aus. Mütter sind daher zumeist gezwungen, ebenfalls arbeiten zu gehen. Da bleibt kaum Raum und Zeit für die eigenen Kinder, die in Ganztagsbetreuung abgegeben werden, geschweige denn für die Alten, die sich überflüssig vorkommen. Die schnelllebige Zeit der flexiblen Berufstätigkeit, der Scheidungsraten, Alleinerziehenden, Patchworkfamilien und sog. alternativer Lebensentwürfe ist hereingebrochen und hat jeglichen Zusammenhalt zerstört. Das scheint politisch gewollt, denn isolierte Einzelindividuen lassen sich besser kontrollieren und auch manipulieren ...

Die Rentner – sich selbst überlassen – verbringen viel Zeit vor dem Fernseher: Hier greift eine aggressive Werbe- und Unterhaltungsindustrie, die schon seit Jahren den Jugendkult forciert, während die deutsche Gesellschaft immer mehr vergreist. Man wird heute aufgrund besserer Lebenserwartungen nicht nur älter, man fühlt sich auch jünger – gleichzeitig will man aber auch das Altern nicht wahrhaben und zulassen, denn das ist *mega-out*! Lieber trimmt man sich in Kleidung und Schminke auf jugendlich, geht mit Kindern und Enkelkindern auf Rockkonzerte oder übernimmt sich in Sport- und Freizeitevents. In einem geistigen Klima, in dem nur noch Erfolg, Schönheit und Fitness zählen, will man nicht zurückstehen, sondern möglichst mithalten. So werden altersgemäße Grenzen nicht mehr wahrgenommen. Mit den herkömmlichen Alterszuordnungen werden auch die typischen Merkmale des Erwachsenseins über Bord geworfen: Selbstbeherrschung, Einfühlungsvermögen, Rücksichtnahme, Diskretion und Taktgefühl. Die Folge: Die Alten legen ein zunehmend kindisches Verhalten an den Tag. Die Unterhaltungsindustrie lockt mit immer raffinierteren Werbestrategien und schafft künstliche Bedürfnisse, über deren Befriedigung die alten Menschen gar nicht mal mehr merken, wie lächerlich sie damit auf die Jugendlichen wirken, denen sie sich anbiedern. Noch haben wir es mit den sog. fetten Jahrgängen zu tun: Die gut verdienenden Alt-achtundsechziger sind ins Rentenalter gekommen. Aber dann kommen als Nächstes die dürren Jahrgänge, die in Altersarmut leben und mit immer zweifelhafteren Angeboten an Brot und Spielen bei Laune gehalten werden müssen ... Kurz: Die deutsche Gesellschaft wird insgesamt immer infantiler!

Leibesübungen

Im paramilitärischen Lager „Grenzwächter" waren die Kinder in Flecktarn-Zelten der Armee untergebracht. Punkt 6 Uhr wurde man mit der Trompete geweckt, dann gab es Morgenturnen, anschließend Appell in Uniform. Und während die Fahne am Mast hochging, wurden der Partei und der Sowjetunion der Treueeid geschworen und kommunistische Lieder gesungen. Der rechte Arm musste angewinkelt, die rechte Hand zum Gruß vor die Stirn, der linke mit geballter Faust am Körper gehalten werden. Es wurde streng darauf geachtet, dass die Kinder immer kerzengerade standen.

„Seid bereit!", brüllte der Kommandant vor den angetretenen Kindern.

„Immer bereit!", hallte es auf seinen Befehl hin ebenso lautstark, von Kinderstimmen skandiert, zurück.

Nach dem Frühstück aus dem militärischen Essgeschirr (in einem Germanismus *Eschuss* genannt) folgte die sogenannte „Kampfeinteilung", indem Gruppen zu allerlei militärischen Übungen gebildet wurden: Es gab Schießen, Robben unterm Stacheldraht mit oder ohne Gasmaske, Handgranatenwerfen, Nahkampf, Schützengräben mit Feldspaten ausheben sowie Sportübungen wie Schwimmen, Weitsprung, Speerwerfen, Wettlaufen, Seilklettern usw. Die Übungen mit der Gasmaske mochte Olga gar nicht: Sie hatte jedes Mal ein stark beklemmendes Gefühl, gemischt mit panischer Angst, die sie nur schwer überwinden konnte, wenn sie die Gasmaske über ihren Kopf auf das Gesicht ziehen musste.

Nachtwachen und Märsche gehörten ebenso zum Programm. Bei den Märschen wurden wieder kommunistische Lieder gesungen. Olgas Lieblingslied war: *Poručíme větru dešti, kdy má pršet a kdy vát* („Wir werden dem Wind und Regen befehlen, wann er wehen und wann es regnen soll ...“ – was heute mit Geo-Engineering und Chemtrails tatsächlich möglich geworden ist). In den Ohren eines gläubigen Menschen müssen diese Worte ganz schön anmaßend geklungen haben, aber der kleinen Olga gefiel dieser Refrain besonders gut, weil sie dahinter eine große geheimnisvolle Macht erahnte ...

Eine alles andere als saubere Feldküche mit Gulaschkanonen war für die Essensversorgung der Kinder eingerichtet. Die Kinder mussten sich abwechselnd auch an Küchendiensten beteiligen. Wegen der vielen Speisereste und Abfälle am Boden wimmelte es vor Ort nur so von Ratten. Nicht weit von der Feldküche befand sich die Toilette: eine Grube mit einem Donnerbalken – für Jungen und Mädchen gemeinsam. Gewaschen hat man sich im See.

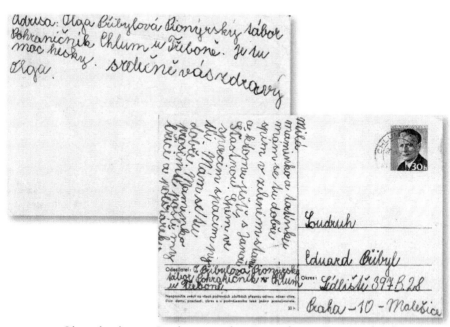

Olga schreibt eine Postkarte aus dem Pionierlager „Grenzwächter“
an den *Soudruh* (= „Genossen“) Vater

76

Alles in allem herrschte im „Grenzwächter" ein totalitärer Geist, der durchaus mit Adolf Hitlers Vision von der Schaffung eines „neuen Menschen" zu vergleichen wäre. Die Pädagogik und Zucht in den kommunistischen Kinderlagern war hart: Das Schwache sollte ausgehämmert und weggemeißelt werden. Es sollte eine elitäre Jugend herangezogen werden, vor der die imperialistische Welt erzittern würde: eine gewalttätige, herrische und unerschrockene Jugend, die auch Schmerzen ertragen können musste. Es durfte nichts Schwaches und Sentimentales mehr an ihr sein. In allen Leibesübungen gedrillt und gestählt, dressiert und abgerichtet, sollte die athletische Jugend auch hart gegen sich selbst sein können.

Postscriptum:

Kinder in der Söldnertruppe

Es klingt fast paradox: Wo die Alten immer infantiler werden oder bereits in Betreuung oder gar Vormundschaft ihren Lebensabend fristen, da wird den Kindern ihre Kindheit geraubt und ihnen eine Lebensweise aufgenötigt, die ihnen Erwachsenenreife abverlangt. Wir entsetzen und empören uns zu Recht über das, was die Diktaturen – rechts wie links – Kindern und Jugendlichen zugemutet haben. Aber sind die sog. liberalen Demokratien in dieser Hinsicht so viel besser? Beispielsweise werden immer mehr Minderjährige in die *Söldnertruppe* namens „Bundeswehr" rekrutiert ...

Am 1. Juli 2011 wurde in Deutschland – vollkommen unbegreiflich – die allgemeine Wehrpflicht abgeschafft, die das Soldatentum auf reife, volljährige Männer in einem bestimmten Alter begrenzte und auch den Einsatz der Soldaten weitestgehend für die Verteidigung des eigenen Landes vorsah. In Zeiten des Kalten Krieges, der jederzeit zu einem „heißen" werden konnte, schien die Vorbereitung auf den Verteidigungsfall auch gar nicht so abwegig und wirklichkeitsfern – Deutschland war schließlich ein geteilter Frontstaat zum kommunistischen Ostblock. Man erinnert sich gewiss noch, jahrelang von deutschen Politikern – vornehmlich der SPD, von Willy Brandt über Helmut Schmidt, Oskar Lafontaine bis hin zu Johannes Rau – gehört zu haben, die Bundeswehr sei eine reine Verteidigungsarmee und dass „von deutschem Boden nie wieder Krieg ausgehen" dürfe ... Man stützte sich dabei auf das Grundgesetz (Art. 26,1: Verbot der Führung eines Angriffskrieges), das deutsche Strafgesetzbuch (§ 80: Verbot der Vorbereitung eines Angriffskrieges) und sogar auf den 2+4-Vertrag, in dem erklärt wird, dass „das vereinte Deutschland keine seiner Waffen jemals einsetzen wird, es sei denn in Übereinstimmung mit seiner Verfassung und der Charta der Vereinten Nationen". Warum mit dieser Beschwörung der friedlichen Absichten Deutschlands ab 1999 gebrochen wurde, bleibt bis heute unerfindlich – es lässt sich allenfalls spekulieren, dass dahinter die Interessen der amerikanischen Ostküste stehen, die Deutschland als US-Vasallenstaat willig bedient. 1999 führte die rot-grüne Bundesregierung deutsche Bodentruppen mit der Beteiligung am Einsatz der NATO im völkerrechtlich umstrittenen Kosovokrieg erstmals nach dem Zweiten Weltkrieg wieder in einen Kriegseinsatz. Bundesaußenminister Joschka Fischer von den angeblich so friedensbewegten Grünen rechtfertigte dies auf dem Kosovo-Sonderparteitag in Bielefeld 1999 mit den Worten: „Ich stehe auf zwei Grundsätzen, nie wieder Krieg, nie wieder Auschwitz, nie wieder Völkermord, nie wieder Faschismus. Beides gehört bei mir zusammen."[16] Nach diesem Dammbruch beteiligte sich die Bundeswehr ab 2002 am Krieg in Afghanistan im Zusammenhang mit dem von den Amerikanern – unter Berufung auf Artikel 6 des Nordatlantikvertrags –

---

16 Wortlaut: Auszüge aus der Fischer-Rede, in: *Der Spiegel*, 13. Mai 1999

ausgerufenen „Kreuzzug gegen den Terror", betreffend die arabische Halbinsel, Mittel- und Zentralasien und Nordost-Afrika sowie die angrenzenden Seegebiete, wozu Kanzler Schröder dem Parlament im November 2001 das entsprechende Mandat abgepresst hatte.[17] Verteidigungsminister Peter Struck (SPD) rechtfertigte damals diesen Afghanistan-Einsatz vom 4. Dezember 2002 mit dem fragwürdigen Satz: „Die Sicherheit der Bundesrepublik Deutschland wird auch am Hindukusch verteidigt."[18] Als sich die Bundesregierung aber 2003 weigerte, den Irakkrieg der USA zu unterstützen, bauten diese unvermittelt eine Drohgebärde für Sanktionen gegen Deutschland auf. Es folgten dann schließlich ab 2008 die Beteiligung der Bundesmarine am Krieg gegen die Piraten vor der Küste Somalias, ab 2013 die Unterstützung der französischen Streitkräfte im Krieg in Mali, ab 2015 die Ausbildungsmission im Irak und der Kampf gegen den Islamischen Staat in Syrien, ab Januar 2017 der Aufbau der NATO-Battlegroup *Lithuania* unter Beteiligung Belgiens, der Niederlande, Norwegens u. a. unter Führung der Bundeswehr mit einer Endstärke von 1200 Mann, davon 450 Bundeswehrsoldaten zur Sicherung und Abschreckung an der NATO-Ostflanke sowie unzählige kleinere Missionen und Einsätze bzw. kriegerische Unterstützungsmaßnahmen im Rahmen angeblicher Bündnisverpflichtungen. Die Verlegung von Bundeswehrpanzern und -truppen nach Litauen, direkt an die russische Grenze, weckt ungute Assoziationen zum einstigen „Unternehmen Barbarossa" ...

Was mit der allgemeinen Wehrpflicht so nicht umsetzbar gewesen wäre – die Söldnertruppe macht's möglich: In solche oben beschriebenen politisch-militärischen Abenteuer, die Wegmarken

---

17 Deutscher Bundestag, 14. Wahlperiode, Drucksache 14/7296 vom 7.11.2001
18 Dirk Eckert: „Die Sicherheit Deutschlands wird auch am Hindukusch verteidigt", in: *Telepolis*, 13. Dezember 2002

zum Dritten Weltkrieg sind, werden nun auch Minderjährige geschickt! Denn die Bundeswehr kämpft seit ihrer Umwandlung in eine Söldnertruppe mit Nachwuchsproblemen. Hans-Peter Bartels stellte in einem Interview mit dem *Handelsblatt* fest: „Im Juni 2016 hatten wir die kleinste Bundeswehr aller Zeiten." Dementsprechend konzentriert man sich bei der Rekrutierung in einer neuen Kommunikationsstrategie nun erkennbar auch auf die Zielgruppe der Jugendlichen und jungen Erwachsenen, wobei die neue Webserie *Die Rekruten* geschickt als Lockmittel eingesetzt wird. Zusätzlich werden sogenannte Jugendoffiziere an Schulen geschickt, um Praktikumsangebote zu unterbreiten und mit „einer sicheren Lebensgrundlage" in Form einer Ausbildung oder einem Studium zu werben. Ein Schülerpraktikum schon ab 14 Jahren von zwei bis drei Wochen findet neben dem zivilen Bereich auch in den militärischen Einrichtungen des künftigen Arbeitgebers „Bundeswehr" selbst mitten unter den ausgebildeten Soldaten statt. Laut einem Bericht von *Russia Today online* verfehlt die neue Rekrutierungskampagne ihre Wirkung nicht: Traten im Jahr 2010 noch 496 Minderjährige in die Bundeswehr ein, wurden allein 2016 schon 1576 Minderjährige rekrutiert. So steigt die Zahl der an der Waffe ausgebildeten Minderjährigen kontinuierlich weiter an. Vom „Tag der Bundeswehr" 2016 wurden gar Fotos veröffentlicht, auf denen freundlich lächelnde Soldaten Kindern den Umgang mit einem Sturmgewehr zeigen.[19] Die ehemals durchaus effektive und bündnisverlässliche Verteidigungsstreitmacht Bundeswehr ist inzwischen nicht nur marode und heruntergewirtschaftet, sondern auch zu einem gefährlichen Spielzeug in der Hand der Politiker geworden: Unsere Kinder kehren von solchen „Abenteuerspielplätzen" unter Umständen schwer traumatisiert oder gar tot zurück!

---

19 vgl. Militarisierung der Gesellschaft. Immer mehr Minderjährige bei der Bundeswehr, in: RT (*Russia Today*) Deutsch, 11.12.2016

Erziehungsideale

Unseren Nachbarsjungen Manuel konnte ich einmal dabei beobachten, wie er auf seinem Dreirad um das Rondell unserer Spielstraße fuhr und dabei sang: „Schwul ist cool, schwul ist cool, schwul ist cool ..." Und im Rhythmus seines Gesangs trat er fest mit seinen stämmigen Beinchen in die Pedale des Dreirades, an dessen Lenker eine Mickey-Mouse-Hupe befestigt war, die er ebenso rhythmisch im Takt seines Schwulen-Lieds energisch betätigte. Seine Mami hängte nur ein paar Meter von ihm entfernt Wäsche im Vorgarten auf. Von seiner Gestalt her erinnerte mich der kleine Wicht an meinen Gartenfaun.

Manuel war ein Einzelkind und spielte gern mit unseren Buben. Er blühte richtig auf, wenn er sich von meinen Söhnen einen Cowboy-Colt, ein Old-Shatterhand-Gewehr oder eine Polizeipistole aus Plastik leihen durfte. Und dann ging's richtig zur Sache: Es wurde aus diesen Plastikflinten geschossen, was das Zeug hielt! Während eines solchen „feurigen" Räuber-und-Gendarm-Gefechts unter den Buben in unserer Spielstraße klingelte überraschend Manuels Mutter bei mir und teilte mir sichtlich erbost mit, dass sie nicht wünsche, dass ihr Sohn mit Waffen spielt.

„Warum?", fragte ich überrascht.

„Weil man auf Menschen nicht schießt!", war die kategorische Antwort.

„Es kommt darauf an, manchmal muss man sehr wohl auf Verbrecher oder Angreifer schießen", hielt ich zwischen Tür und Angel dagegen und ließ meine Söhne mit ihren Kameraden weiter schießen ...

Der kleine Manuel musste zu seinem Leidwesen jedoch sofort nach Hause. Mit gesenktem Köpfchen und Tränen in den Augen wegen des unterbrochenen Spiels folgte er gehorsam seiner Mama. Mir kam die ganze Situation damals irgendwie verkrampft vor.

Postscriptum:

Die Homosexualisierung der Gesellschaft

Bereits vom zweiten Lebensjahr an entwickelt das männliche „Kind beim Spielen spezifische Vorlieben: Bauen, Erfinden, Kombinieren, Kämpfen, Spiele mit Autos und anderen beweglichen Materialien dominieren. Die Grobmotorik vervollständigt sich. Da der kleine Junge zudem sehr viel stärker dazu neigt, seinen Willen mit Muskelkraft durchzusetzen, und sich nicht selten auch durch unverfrorene Raubzüge von Spielzeug zu behaupten sucht, erregt er in seiner Umwelt viel häufiger Anstoß als die Mädchen. Dadurch ist er im Allgemeinen mehr dem Tadel ausgesetzt. Er wird auch häufiger geschlagen, was sowohl seine Aggressivität als auch ein verstecktes Minderwertigkeitsgefühl weckt. Seelisch gesunde Jungen lassen sich allerdings nicht in die Ecke drängen. Sie entwickeln Strategien, um sich durchzusetzen, wobei Ausscheidungskämpfe mit gleichaltrigen Jungen um den höheren Rang ihnen mit zunehmendem Alter immer wichtiger werden. Viele kleine Buben versuchen ihr Ansehen durch motorisches Können oder durch auffälliges Verhalten zu verstärken. Das dient dem Zweck, das bereits geschwächte Selbstwertgefühl aufzupolieren."[20]

---

20 Christa Meves: Verführt. Manipuliert. Pervertiert. Die Gesellschaft in der Falle modischer Irrlehren. Ursachen – Folgen – Auswege. Gräfelfing (Resch) 2003, S. 54-55

Dazu kommt die „Neigung zur Homosexualität heute umso häufiger vor, als im Trend der Zeit und der vielfältigen Thematisierung der Homosexualität in der Öffentlichkeit diese als etwas ganz Besonderes, Rühmenswertes, Originelles dargestellt wird. Eigentlich ganz normale, nur ein wenig spät entwickelte Jugendliche können dadurch unversehens in die Homosexualität geraten, denn der Tenor der Ideologisierung, ja der Indoktrination wurde in der deutschen Öffentlichkeit von Beginn der 70er-Jahre an eben von der umfänglichst verbreiteten einhelligen Vorstellung geprägt, dass – da sie angeboren sei – Homosexualität genauso normal sei wie Heterosexualität und dass ein humanes Zeitalter die Pflicht und Schuldigkeit habe, diese Art zu leben vom Makel des Unnormalen, der Benachteiligung und Diffamierung zu befreien."[21]

„Die sogenannte ‚Neue Linke' machte daraufhin die Erziehung zu einer ‚polymorph-perversen Sexualität' geradezu zu einem Vehikel der mit dem ‚Marsch durch die Institutionen' angestrebten Gesellschaftsveränderung."[22]

„Die Homosexualisierung in der Bevölkerung der Industrienationen ist seit 1969 ein Programmpunkt der IPPF (*International Planned Parenthood Federation*). Sie ist international flächendeckend und in Deutschland mit der Unterorganisation ‚Pro Familia' bestens installiert. Interessanterweise sind diese Verflechtungen kaum jemandem bekannt. Sie werden in den Medien systematisch verschwiegen. Die Vermehrung der Homosexualität gehört – wie der Vizepräsident dieser Vereinigung, Frederick S. Jaffe [!], 1969 verlautbarte – mit zu dem Ziel dieser Initiative: der Bekämpfung der Überbevölkerung."[23]

---

21 ebenda, S. 129
22 ebenda, S. 127
23 ebenda, S. 131

„Diese Bemühungen wurden in den folgenden Jahren in der internationalen Öffentlichkeit nachhaltig unisono verstärkt und ausgebaut: 1976 strich die Weltgesundheitsorganisation die Homosexualität aus dem Katalog der seelischen Erkrankungen. (...) Seit der Strafrechtsreform der Bundesrepublik Deutschland von 1976 begann eine erste Aufweichung des § 175: Praktizierte Homosexualität war seitdem nur noch von Erwachsenen mit Jugendlichen und ab 1993 – nach einer erneuten Gesetzesänderung – nur noch mit Kindern strafbar."[24]

„In dieser die Homosexualisierung fördernden Situation ist es nicht verwunderlich, dass nun auch ein Vorstoß vorgenommen wurde, die Homosexualität rechtlich festzuschreiben. In Deutschland wurde deshalb im Jahr 2001 ‚um der Gerechtigkeit willen‘ eine gesetzliche Gleichstellung homosexueller Partnerschaft mit der Ehe, das sogenannte ‚Lebenspartnergesetz‘, eingeführt."[25]

Am 1. Oktober 2017 trat in Deutschland schließlich das Gesetz zur Zulassung der „gleichgeschlechtlichen Ehe" (sog. *Homoehe*) in Kraft, nachdem Bundeskanzlerin Angela Merkel die Frage zu einer „Gewissensentscheidung" gemacht hatte: Gleichgeschlechtliche Paare kamen neben den gleichen Pflichten der bisherigen „eingetragenen Lebenspartnerschaft" mit der Zivilehe nun auch in den Genuss der gleichen Rechte, vor allem des Adoptionsrechtes von Kindern!

---

24 ebenda, S. 130
25 ebenda, S. 136

Militarismus

*D*ie Wehrtüchtigkeit gehörte zu den wichtigsten Kampfparolen des sozialistischen Staates, der sich damals in einer Dauerbedrohung nach der Devise „ringsum nur Klassenfeinde" zu befinden glaubte. Es herrschte ein permanenter Ausnahmezustand, der sich auch in den paramilitärischen Zeltlagern der kommunistischen Partei wie dem „Grenzwächter" widerspiegelte: Alles wurde als ernsthafter Befehl verstanden, aufgenommen und eiskalt durchgeführt; die Jugend wurde damit zum absoluten Gehorsam für den Ernstfall dressiert. Den Kindern wurde dabei eingeflößt, sie seien zur Bekämpfung des Feindes „auserwählt", und dementsprechend ihr Selbstbewusstsein geprägt, ihr Wille auf Sieg hin ausgerichtet.

Das Lager „Grenzwächter" befand sich im Umland des Grenzortes Stankau am Ufer eines gleichnamigen Sees, hinter dem schon die Grenze zu Österreich verlief. Um ins Lager zu gelangen, musste man einen Schlagbaum passieren, an dem immer ein bewaffneter Wachposten stand. Daneben warnte ein großes Schild: „Achtung Grenzsperrgebiet! Bei Betreten wird von der Waffe Gebrauch gemacht!" Im Lager und auf dem Gebiet ringsherum durfte nicht fotografiert werden. Die fieberhaft agitierenden – *Politruks* genannten – Politoffiziere schüchterten die Kinder mit immer derselben Angstmache ein: „Der Feind wartet auf seine Revanche und lauert hinter der Grenze!" So oder ähnlich wurden die Kinder Tag für Tag der permanenten kommunistischen Kriegspsychose ausgesetzt.

Die Schießübungen mochte die kleine Olga von allen Disziplinen am liebsten. Die innere Ausrichtung auf den gegenüberstehenden Feind (natürlich den deutschen Faschisten!) sowie die Konzentration vor dem Abdrücken des Laufes wurden konsequent geübt. Die Kinder wurden von den Ausbildern regelrecht waffenaffin erzogen.

Die Zielscheiben hatten Form und Größe eines menschlichen Körpers. Für einen Kopfschuss oder einen Schuss in die Herzgegend bekam man die volle Punktzahl und dabei heimste die vorwärtsstrebende Olga ehrgeizig die meisten Punkte ein. Es war für sie aufregend, eine Kalaschnikow in ihren Händen zu spüren. Der schwere und kühle Stahl, der nach Öl roch, war für sie ein handfestes Symbol der Macht über Menschenleben. Dies imponierte ihr, denn dies passte alles gut zu ihrer ausgesprochen kämpferischen Natur, die sie trotz ihrer gesundheitlichen Schwäche besaß. Die Wehrhaftigkeit ging Olga auf diese Weise in Fleisch und Blut über und sollte sie für das ganze Leben prägen.

Eduard Přibyl kurz nach Abschluss der Militärakademie

Nur wenn sie zur Nachtwache eingeteilt war, hatte sie stets Angst. Glücklicherweise waren die Kinder hier aber immer zu zweit. Olga pflegte von ihrer Angst jedoch geschickt abzulenken, indem sie ihrer Mitwächterin Jana Mut machte, sie brauche sich vor nichts zu fürchten …

Ihr Vater, der junge und attraktive Offizier Eduard Přibyl, genoss außerhalb seiner Ehe – in der, wie gesagt, die Frau die Hosen anhatte – einen natürlichen Respekt von seinen Untergebenen und war recht beliebt, da im Umgang mit ihnen stets freundlich. Er war von athletischer Gestalt und sehr sportlich. Immerhin hatte er an der Militärakademie in Prag eine Elite-Ausbildung erhalten. Als ausgezeichneter Reiter und Fechter behauptete er sich bei etlichen Pferderennen und im Fünfkampf.

Eduard Přibyl zu Pferd

Vielleicht auch deswegen legte er bei der Erziehung von Olga großen Wert auf Abhärtung und Disziplin. Sein Lieblingsspruch war:
„Ein gesunder Geist in einem gesunden Körper" (*mens sana in cor-
pore sano*). Jeden Samstag und Sonntag in der Frühe musste Olga
mit ihm turnen.

Daher liebte Olga es auch, in Vaters Reitstiefel zu schlüpfen oder
mit seinem Degen das Fechten zu üben sowie mit den Nachbars-
kindern einen Bunker zu bauen. In der Klasse „erkämpfte" sie sich
bald den ersten Rang. Sie beherrschte die Befehlssprache schon gut
und konnte sich somit immer Respekt verschaffen.

Olga wusste auch ganz genau, wo ihr Vater seine Dienstwaffe hatte.
Wenn sie allein daheim war, holte sie manchmal das Schießeisen aus
dem Fach im Kleiderschrank und probierte in einem aufregenden
Gefühl mit der Waffe wie im Lager „Grenzwächter" zu zielen. Zum
Glück ließ ihr Vater jedoch nie Patronen in der Schachtel zurück!
Und so zielte Olga aus dem Fenster im zweiten Stock des Platten-
baus mit der nicht geladenen Waffe einfach so auf die Passanten, als
wären sie die deutschen „Ratten" ...

Und wenn ein Zirkus am Rande der riesigen Plattenbausiedlung seine Zelte und Attraktionsbuden aufbaute, zog es Olga nicht etwa zum Karussell oder zur Schaukel, sondern sie hing dauernd an der Schießbude ...

Olgas Großvater, Eduards Vater Josef, ein stockfinsterer Kommunist, hatte Olga einmal zu einer Militärparade auf den Prager Sommerberg (Letná) mitgenommen. Sie saßen auf einer Tribüne und betrachteten die unten fahrenden Panzer, Kanonen, Kampfwagen und Raketen. Dazwischen marschierten ganze Regimenter im russischen Stechschritt.

„Wir sind stark", ging Olga nicht zuletzt deshalb durch den Kopf, weil ihr Vater eine dieser vorbeiziehenden Formationen von tapferen Soldaten als Befehlshaber hoch zu Ross anführte! Er kam ihr damals vor wie ihr Ideal Alexander der Große, auf seinem Kampfross Bukephalos reitend: stolz und kämpferisch ...

Neben Olga saß eine sowjetische Frau, die ihr ein *Snatschók*, ein Abzeichen, mit dem Bild von Lenin schenkte. Mit Lenins Kopf aus goldfarbenem Metall, umrahmt von Rotlack war es wunderschön anzusehen. Lange Freude hatte Olga daran jedoch nicht, da ihr jemand in der Schule dieses Prunkabzeichen Lenins stahl ...

Als im Jahr 1968, während des sog. Prager Frühlings die sowjetische Armee in die Tschechoslowakei einmarschierte, war Olga 13 Jahre alt. Vater Eduard wurde aus der Armee entlassen, weil er mit dem Einmarsch der Sowjets in die ČSSR nicht einverstanden war, und arbeitete in der Folge als einfacher LKW-Fahrer.

Olgas linientreuer Großvater Josef begrüßte als Volksmilizionär dagegen den Einmarsch der Russen 1968 aus ganzem Herzen. So gab es Zwist in der Familie, an den sich Olga schon gewöhnt hatte, weil es ein Dauerzustand war.

Postscriptum:

Kriegsromantik

Wohin der Militarismus führt, lässt sich am Beispiel des Nationalsozialismus gut nachvollziehen: Zunächst war da eine aus Abenteuerlust entsprungene Kriegsromantik, verbunden mit einer verschworenen Gemeinschaft, die gegen innere und äußere Feinde zusammenstehen wollte – Kameradschaft, Volksgemeinschaft und Vaterland hieß die Losung:

„Wenn der deutsche Jüngling ein Mann werden wollte, mußte er auf die Ziehung: so hieß der Volksmund den Tag, da die Jungmänner gemustert wurden, ob sie zum Heeresdienst taugten. Die es traf, weil sie gesunden Leibes und gut bei Sinnen waren, kamen mit bunten Bändern am Hut nach Haus; und hatten die Kehlen heiser an den alten Soldatenliedern gesungen. Denn Soldat hieß nicht mehr Söldner sein, der um Sold in den Krieg ging; Soldat sein war eine stolze Pflicht, die dem Gesunden zufiel, und den Rock des Königs zu tragen, war eine Ehre. Ob sie mit langen Schritten hinter dem Pflug gegangen waren oder mit flinken Händen im Laden bedient hatten; ob sie vom Handwerk kamen oder aus der Fabrik; ob sie sanft oder rauh, in der guten Stube verzärtelt oder schon von den Hunden der Not gehetzt worden waren: die Kaserne raffte sie in ihre Kameradschaft. Da hießen sie alle Rekruten und lernten den gleichen Schritt aus dem Vielerlei ihrer Herkunft (...). Statt schmieden und sägen, mauern, schreiben und nähen lernten sie die Beine werfen im Gleichschritt und die harten Griffe mit dem Gewehr, lernten sie den Befehl mit dem unbedingten Gehorsam. Wenn sie dann in den ersten Urlaub kamen, waren sie in die Uniform eingewachsen und warfen den Augen der Mädchen die stolzen Blicke zurück; sie hatten den Schritt des Mannes gelernt, der im Dienst geht. Denn zu schmieden und sägen, mauern, schreiben und nähen war längst aus der ehrbaren Zunft in den Alltag des Lohnes geraten; das Handwerk hatte nicht nur seinen goldenen Boden, sondern auch seinen Stolz verloren: es gab dem einzelnen Dasein Unterschlupf; aber Soldat sein raffte den Einzelnen in die Gemeinschaft. (...) So hing ein Glanz um den Schritt des Soldaten, den der Alltag vermißte; und wenn die Herbstmanöver den Schritt aus der Garnison hinaus führten in die Dörfer und verschlafenen Städte der Landschaft, hing sich dem Glanz die Romantik heißer Marschtage und fröhlicher Einquartierung an. Ein anderer Jungmann als der aus den Händen der Mutter kehrte nach seinem Dienst in die Herkunft zurück; er hatte erfahren, daß die Heimat nicht nur das Dorf oder die Stadt seiner Eltern, sondern das Vaterland war. Er war in der Schule des deutschen Volkes gewesen; und wie ihn danach der Alltag in seine Hände bekam, die Schulzeit konnte er nicht mehr vergessen: dem gedienten Mann blieb die schönste Lebenszeit jene, da er den Tornister trug; und noch dem Greis wurden die Augen hell, wenn er von seinem Hauptmann erzählte."[26]

Als der Krieg dann wirklich zum Ernstfall geworden war, stand man vor dem Scherbenhaufen seiner Romantisierung – Millionen von Kriegsversehrten und Toten waren zu beklagen:

„Jahrelang trug ich den Tornister. Marschierte in Rußland und Frankreich, und als ich ihn im Jahre 1919 dem Kammerunteroffizier zurückgab, war wohl die Last auf dem Rücken fort – aber dort, wo der Fahneneid saß, war die Last noch schwerer geworden. Das kam wohl daher, weil man zu viele Kameraden unter den hölzernen Kreuzen zurücklassen mußte, kam wohl daher, weil keine Mädchenhand mit Rosen grüßte und keine Fahnen [mehr] wehten. In grüblerischen Stunden gedachte ich der Toten und schrieb in

---

26 Der deutsche Soldat, in: Wilhelm Schäfer: Die dreizehn Bücher der deutschen Seele. München (Albert Langen / Georg Müller) 1934, S. 376-377

stillen Nächten einen Dank für sie vom ewigen Muskotentum, ,Die letzte Schlacht'. Er war ein Kranz aus bunten Bauernblumen auf ihren Gräbern."[27]

Schließlich folgte dann die Verbrämung der Schrecken und des Leids des Krieges in der Verherrlichung der Gefallenen. Im Laufe des Krieges wurde der Nationalsozialismus immer mehr zu einem Totenkult – Volk und Vaterland wurden in die Ewigkeit gerückt.

Hitler verband sein eigenes Schicksal krankhaft mit dem des deutschen Volkes, das er nicht als eigenständige Größe begriff. Scheiterte er mit seiner Vision, für die er Krieg führte, so sollte auch das Volk mit ihm untergehen. Als der deutsche Angriff vor Moskau, Leningrad und Kiew zum Erliegen kam, sagte Hitler in Vorahnung einer Niederlage am 27. November 1941 in einem Gespräch mit dem dänischen Außenminister Erik Scavenius und dem kroatischen Außenminister Lorkowitsch: „Ich bin auch hier eiskalt. Wenn das deutsche Volk einmal nicht mehr stark und opferbereit genug ist, sein eigenes Blut für seine Existenz einzusetzen, so soll es vergehen und von einer anderen stärkeren Macht vernichtet werden ... Ich werde dann dem deutschen Volk keine Träne nachweinen."[28]

Als dann im Kriegsjahr 1945 die endgültige Niederlage absehbar war, erließ Hitler am 19. März 1945 den sog. Nero-Befehl, den Alliierten bei der Eroberung Deutschlands „verbrannte Erde" zu hinterlassen. Albert Speer zitierte ihn in seiner Bedenken vortragenden Antwort vom 29. März 1945: „Wenn der Krieg verloren geht, wird auch das Volk verloren sein. Dieses Schicksal ist unabwendbar. Es sei nicht notwendig, auf die Grundlagen, die das Volk

---

27 Theodors Jacobs: Die letzte Schlacht und der Löwe von Brzeziny. Hamburg (Deutsche Hausbücherei) 1939, S. 5

28 zitiert nach Sebastian Haffner: Anmerkungen zu Hitler. München (Kindler) 1978, Lizenzausgabe: Frankfurt a. M. (Fischer TB), 1981, [32]2017, S. 139 f.

zu seinem primitivsten Weiterleben braucht, Rücksicht zu nehmen.
Im Gegenteil sei es besser, selbst diese Dinge zu zerstören. Denn
das Volk hätte sich als das schwächere erwiesen und dem stärkeren
Ostvolk gehöre dann ausschließlich die Zukunft. Was nach dem
Kampf übrigbliebe, seien ohnehin nur die Minderwertigen; denn
die Guten seien gefallen."[29]

---

29 Quelle: Schreiben Speers an Hitler vom 29. März 1945 (Beweisstück
   Speer-24): Ersuchen um Aufhebung des Zerstörungsbefehls Hitlers vom
   19. März 1945 (Dokument Speer-30), Beweisstück Speer-24, in: Der Prozess gegen die Hauptkriegsverbrecher vor dem Internationalen Militärge-
   richtshof. Nürnberg, 14. November 1945 – 1. Oktober 1946, Bd. XLI,
   Amtlicher Text – Deutsche Ausgabe, Urkunden und anderes Beweismaterial. Nürnberg 1949. Fotomechanischer Nachdruck: München (Delphin)
   1989, S. 425-429

Die Flintenweiber in Berlin

Nach einem erfolgreich abgeschlossenen Shootingtag in den Alpen saß unser Team noch gemütlich in einer Luxushütte bei einem vorzüglichen Abendessen beisammen.

Unsere Fotografen, der Deutschtürke Emin und Jan aus dem Berliner Umland – der eine spezialisiert auf Porträts, der andere auf People-Image-Filme –, genossen sichtlich den Feierabend und tranken anschließend nach Herzenslust ein Glas Rotwein nach dem anderen. Unser Kunde war bereits abgereist. Der Stylist und die Visagistin waren auf ihre Zimmer hochgegangen, um ihre Sachen für die Abreise am nächsten Tag zu packen.

Ich selbst hatte mich noch ans lodernde Kaminfeuer gesetzt, um meine ewig kalten Füße die wohltuende Wärme des Feuers spüren zu lassen. Dabei hatte ich meinen Laptop aufgeschlagen und wollte noch meine E-Post erledigen. Dazu kam ich allerdings nicht mehr, weil das ansteckende laute Gelächter von Jan und Emin mich ablenkte.

Die beiden unterhielten sich – bereits angeheitert – über die Lage in der Fotobranche und über ihre Aufträge. Unter dem Einfluss von Alkohol bekam ich von ihnen Dinge zu hören, die sie bestimmt aus Diskretionsgründen sonst nie geäußert hätten.

Ich gebe hier also den Originalton von Emin und Jan zum Besten:

„Berlin ist Scheiße!" – Mit diesem Ausruf von Emin fing die Schimpfkanonade an.

„Da kriegst du für die Aufträge nur die Hälfte der Kohle als anderswo."

„Ha, ha, ha, da kann man doch nischt G'scheiteres erwarten! Die Schwuchtel von Bürgermeister hat doch gesagt: Berlin ist arm, aber sexy", ließ Jan seinem Spott freien Lauf.

Emins Augen nahmen vor Lachen die Form von zwei Schlitzen an, er klatschte sich auf die Schenkel, erhob sein Glas zum Prosit und fuhr fort, auf Berlin einzudreschen: „Aber letzte Woche hat es bei mir richtig geknallt, habe ausgerechnet die Flintenweiber von der Regierung fotografieren müssen."

„Na, wenn die auch nicht unbedingt sexy waren, so hat doch wenigstens die Kohle gestimmt, oder?", rief fast schon brüllend Jan aus. „Und? Wie war es?", wollte er weiter wissen.

„Erste Sahne!", antwortete Emin, „ein tolles, leckeres Catering vom Feinsten als Entschädigung für das Flintenweibermaterial, das ich fotografieren musste." Emin fing vor Lachen schon zu husten an, setzte aber gleich hinzu: „Ich frage mich nur, wer den Regierungsweibern die unmöglichen Klamotten immer aussucht. Das ist ja ein Anblick, der einen noch normal funktionierenden Mann in ihrer Nähe k. o. machen kann. Unsere Politbonzinnen sind doch chronisch hybrid *overdressed* und haben alle eine bigeschlechtliche Ausstrahlung!"

„Prosit! Auf unsere Hybridinnen! Hauptsache, die Kasse klingelt!", rief Jan keuchend vor Lachen aus.

„Ja, diese Männerattrappen haben doch ihre Kohle sicher für den scheiß Gender-, Krippen- und Quotenquatsch, den sie im Bundestag zusammenpanschen", offenbarte Emin seine Meinung über die Regierungschefinnen und schenkte sich dabei ein neues Glas ein.

Postscriptum:

Das Halbweib

Fräulein Julie ist ein moderner Charakter, nicht als wenn es das „Halbweib, die Männerhasserin, nicht zu allen Zeiten sollte gegeben haben, sondern darum, weil es jetzt entdeckt, hervorgetreten ist und Lärm gemacht hat. Das Halbweib ist ein Typus, welcher sich hervordrängt, sich jetzt für Macht, Ansehen, Auszeichnungen und Diplome, sowie früher für Geld, verkauft und die Entartung andeutet."[30]

Wohlgemerkt ist dieses Zitat immerhin 129 Jahre alt!

Für das Synonym „Mannweib" habe ich im *Wörterbuch sinnverwandter Ausdrücke* von Thomas Schreiber[31] unter anderen folgende sinnähnlichen Wörter gefunden: „Unnatur, Amazone, Zwitter, Unweiblichkeit, Schnurrbartsweib, Kraftweib"; weiter wird dort auf „Bastard" verwiesen. Das Wort „Zwitter" liefert darüber hinaus: „Unnatur ..., Ungeheuer, Hydra, Zwischending, Mannweib, Doppelgeschöpf, Hermaphrodit, Minotauros, Kentaur, Zyklop, Sphinx, Greif, Wasserjungfer"[32] und als Zusatzbedeutung „Einhundertfünfundsiebziger" (benannt nach dem ehemaligen § 175) – eine fürwahr illustre Gesellschaft!

Dass die beiden oben beschriebenen Herren schon eine Menge Alkohol intus hatten, entschuldigt sie in meinen Augen schon. Sonst

---

30 zitiert nach: August Strindberg: Fräulein Julie. Naturalistisches Trauerspiel. Aus dem Schwedischen von Ernst Brausewetter. Autorisierte deutsche Ausgabe. Leipzig (Reclam) o. J. [1888]

31 Thomas Schreiber: Treffend Schreiben – Treffend Sprechen. Wörterbuch sinnverwandter Ausdrücke. München (Compact Verlag) 1982, S. 383

32 ebenda, S. 670

fällt mir in diesem Zusammenhang ein Spruch des Propheten Jesaja ein, der schon 2750 Jahre alt ist: „Mein Volk! Seine Zwingherrn sind Buben und Weiber beherrschen es" (Jesaja 3,12). Den kann sich jeder auslegen wie er will ...

Soldatin oder Prinzessin?

ls Schulkind schlägerte Olga gerne und gut und zeigte dabei keinerlei Furcht, nicht einmal vor einem älteren und größeren Jungen. Wenn sie sich kloppte, besiegte sie ihre Gegner nicht durch Schlagkraft, die sie sowieso nicht besaß, sondern mittels einiger der gut eingeübten „Profitricks", die sie beim Nahkampf im Lager erlernt hatte. Es waren einige spezielle Griffe, die sie blitzschnell anzuwenden wusste, um damit den überraschten Gegner aus dem Konzept zu bringen.

Von Vater Eduard *La Gardera* genannter Griff

Darunter war z. B. der von Vater Eduard „la Gardera" genannte Griff, den er ihr beim Fechten beigebracht hatte: Man täuscht einen Rückzug vor, bei dem sich der Fechter schnell um die eigene Achse dreht und den Degen rücklings dem Duellanten entgegenstellt, der sich dann in der Wucht der Verfolgung selbst daran aufspießt (statt eines Degens benutzte Olga dafür einen einfachen Stecken oder einen Ast). Wenn man Olga beim Kämpfen bzw. Raufen zusah, wirkte sie dabei wie eine Balletttänzerin. Es war erstaunlich, mit welcher Leichtigkeit, ja fast Eleganz, sie ihre Arme und Beine dem Gegner entgegenzustellen wusste.

Als sie einmal vom Ballettunterricht nach Hause ging, bekam sie unterwegs mit einem ihrer Mitschüler aus der Nachbarschaft Zoff. Er hatte sie nämlich als „lahme Ente" verspottet, aber das sollte er sogleich bereuen ... Zunächst tat Olga so, als ob ihr sein Spott gar nichts ausmachte, aber in einem für den ersten Schlag günstigen Winkel sprang sie unversehens zu ihm herbei, schlug mit den Ballettschuhen, die in der Spitze mit Holzklötzchen gefüllt waren, blitzartig zu und erwischte ihn derart im Gesicht, dass er aus der Nase blutete. Dies geschah alles so unerwartet, dass der Junge gar nicht dazu kam, sich zu wehren. Und im Nu war sie weg ...

Olga mit ihrem lieben
Papa Eduard in Eger

Am folgenden Tag beschwerte sich die Mutter des Jungen in der Schule. Olga musste nachsitzen und hundertmal schreiben: „Ich werde meinen Mitschüler nicht mehr schlagen." Aber während des Nachsitzens plante sie schon die Rache an dem Petzer: Am vorangegangenen Sonntag hatte ihr der Papa nämlich gezeigt, wie man eine Steinschleuder aus Omas Einkochglasgummi und einem verzweigten Ast baut ...

Die Kinder aus der Siedlung spielten auf der Straße oft „Krieg", was man sich heute kaum noch vorstellen kann. Es gab eigentlich immer nur zwei Parteien: die Russen und die Deutschen. Olga spielte nie einen Deutschen. Sie verkörperte also mit Leib und Seele im Spiel nur den edlen, brüderlichen und tapferen Sowjetsoldaten! Die Rolle des grausamen, hinterhältigen und feigen

deutschen Soldaten – wie sie ihr im Lager „Grenzwächter" eingetrichtert wurde – wies sie den anderen Kindern zu. Dabei duldete
sie keinen Widerspruch, nicht einmal im Spiel. Entweder spielte
sie andernfalls nicht mit oder drohte und prügelte sich einfach mit
jedem, der sich ihr nicht unterordnen wollte.* Dies waren offensichtlich die Früchte der kommunistischen Erziehung, die sie vom
Kinderhort an in Kindergarten, Volksschule, Kinderlager und daheim eingesogen hatte ... Später lachte sie mit ihrem Mann herzhaft
darüber, als sie erfuhr, dass er als Bub etwa 10 Jahre früher am anderen Ende von Prag bei ähnlichen „Straßenschlachten" immer nur
den Anführer der Deutschen spielte, wofür er einmal in der Schule
eine „Drei" fürs „Benehmen" samt Direktionsverweis kassiert hatte.

Wenn damals jemand die Olga gefragt hätte, was sie denn später
einmal von Beruf werden wolle, so wäre die Antwort selbstverständlich gewesen: „eine Soldatin!"

Zwar wäre dazu tief in ihrem Herzen eine Alternative vorhanden
gewesen – nämlich eine Prinzessin
mit vielen schönen Kleidern! –,
aber die damalige Tschechoslowakei war eben kein Königreich. Von dem einst
stolzen Königreich Böh-
men war im Namen des
neuen Staates nur das
„Tschecho-" übrig ge-
blieben. Also musste sie
sich mit der Soldatin be-
gnügen.

Schon als Kleinkind gerne Prinzessin

Eines steht jedoch fest: Wenn Olga in der heutigen Zeit ein Junge gewesen wäre, wäre sie bestimmt kein Wehrdienstverweigerer geworden! Dann wäre die Spezialeinheit der Bundespolizei GSG 9 oder das *Kommando Spezialkräfte* (KSK) der Bundeswehr ihr Traum gewesen. Die Abschaffung der Wehrpflicht in Deutschland konnte sie später gar nicht begreifen. Sie war für sie nur ein weiterer Schritt zur sowieso schwindenden Mann- und Wehrhaftigkeit in Deutschland – ein Rohrkrepierer sowohl für die Männer als auch für die Frauen ...

*Apropos „Herumkommandieren" bzw. „Befehlssprache": Recht spät – zu spät – hat Olga sie freiwillig abgelegt. Inzwischen hat sie für sich die Schönheit der „gewaltlosen Kommunikation" entdeckt. Leider waren ihre Kinder zu diesem Zeitpunkt schon aus dem Haus ...

Postscriptum:

Weiblichkeit und Wehrhaftigkeit – die Weiber von Weinsberg

Damals schwebte mir als Ideal eine Mischung zwischen der Wehrhaftigkeit von Soldaten und dem Charme einer Prinzessin vor. Beide Regungen fand ich in meiner Seele vor und wurde doch oftmals zwischen beiden hin- und hergerissen. Dabei gibt es ein schönes Beispiel aus der deutschen Geschichte, das beide harmonisch miteinander verbindet und als Inbegriff mannhafter Tugenden bei Frauen gelten kann: die Sage von den Weibern von Weinsberg. Hierzu hat der Dichter Adelbert von Chamisso (1781–1831) ein wunderschönes Gedicht verfasst, welches ich meinen Lesern nicht vorenthalten will.

Vorab jedoch einige Worte zum Hintergrund der Geschichte: Die Burg Weinsberg, vermutlich im frühen 11. Jahrhundert für militärische Zwecke errichtet, befand sich zum Zeitpunkt der Handlung der Sage im Besitz der Welfen, die sich mit den Staufern um die Macht im Reich stritten. König Konrad III., in seinem Gefolge sein Bruder Friedrich II. von Schwaben und mehrere Bischöfe und Fürsten, darunter der Markgraf Hermann III. von Baden, belagerten die Burg mehrere Wochen lang und schlugen am 21. Dezember 1140 in offener Feldschlacht den zum Entsatz heraneilenden bayerischen Herzog Welf VI. Kurz darauf ergab sich die Burg, in der die Belagerten bereits Hunger litten. Konrad drohte, am nächsten Morgen die Feste einzunehmen und alle Burgbewohner zu töten. In der Nacht vor dem Sturm schlich sich der Sage nach eine junge Weinsbergerin ins feindliche Lager, um Konrad um Schonung zu bitten. Weil die junge Frau so hübsch anzusehen war, ließ sich der König gnädig stimmen und gewährte den Frauen auf der Burg Weinsberg freien Abzug und gab die Erlaubnis, „dass jede forttragen dürfte, was sie auf ihren Schultern zu tragen vermöchte". Auf die Männer wartete indes der Tod. Doch am folgenden Morgen bot sich Konrad und seinen Mannen ein seltsames Schauspiel: Durchs Burgtor den Berg herab kam ein langer Zug von Frauen, und eine jede trug ihren Mann auf dem Rücken. Friedrich wollte schon lautstark Einspruch erheben, da jedoch musste der König über die List der Frauen lächeln und befahl: „Lasst sie in Frieden ziehen. Am Wort des Königs soll man nicht drehen und deuteln!" Auf diese Weise hatten die Frauen tapfer das Leben ihrer Männer gerettet und sind als „Treue Weiber von Weinsberg" in die Geschichte eingegangen. Die Burg erhielt später, vermutlich im Lauf des 18. Jahrhunderts, in Erinnerung an diese Begebenheit den Namen „Weibertreu" und bis heute hat die verbliebene Ruine diesen Namen behalten.

Die Weiber von Winsperg

Der erste Hohenstaufen, der König Konrad lag
Mit Heeresmacht vor Winsperg seit manchem langen Tag,
Der Welfe war geschlagen, noch wehrte sich das Nest,
Die unverzagten Städter, die hielten es noch fest.

Der Hunger kam, der Hunger! das ist ein scharfer Dorn,
Nun suchten sie die Gnade, nun fanden sie den Zorn:
„Ihr habt mir hier erschlagen gar manchen Degen wert,
Und öffnet ihr die Tore, so trifft euch doch das Schwert."

Da sind die Weiber kommen: „Und muß es also sein,
Gewährt uns freien Abzug, wir sind vom Blute rein."
Da hat sich vor den Armen des Helden Zorn gekühlt,
Da hat ein sanft Erbarmen im Herzen er gefühlt.

„Die Weiber mögen abziehn, und jede habe frei,
Was sie vermag zu tragen und ihr das Liebste sei;
Laßt ziehn mit ihrer Bürde sie ungehindert fort,
Das ist des Königs Meinung, das ist des Königs Wort."

Und als der frühe Morgen im Osten kaum gegraut,
Da hat ein seltnes Schauspiel vom Lager man geschaut;
Es öffnet leise, leise sich das bedrängte Tor,
Es schwankt ein Zug von Weibern mit schwerem Schritt hervor.

Tief beugt die Last sie nieder, die auf dem Nacken ruht,
Sie tragen ihre Eh'herrn, das ist ihr liebstes Gut.
„Halt an die argen Weiber!" ruft drohend mancher Wicht; –
Der Kanzler spricht bedeutsam: „Das war die Meinung nicht."

Da hat, wie er's vernommen, der fromme Herr gelacht:
„Und war es nicht die Meinung, sie haben's gut gemacht;
Gesprochen ist gesprochen, das Königswort besteht,
Und zwar von keinem Kanzler zerdeutelt und zerdreht."

So war das Gold der Krone wohl rein und unentweiht.
Die Sage schallt herüber aus halbvergeßner Zeit.
Im Jahr elfhundert vierzig, wie ich's verzeichnet fand,
Galt Königswort noch heilig im deutschen Vaterland.

Jost Perfahl: Adelbert von Chamisso.
Sämtliche Werke in zwei Bänden.
Bd. 1, München (Winkler) 1975, S. 734-735

Das Glotzeum

An einem schönen Sommernachmittag pflückte ich in unserem Garten Himbeeren, um Marmelade zu kochen. Am Zaun vorbei ging das kleine Nachbarsmädchen Amelie, blieb stehen und fixierte ihren Blick auf die saftigen roten Himbeeren. Gutwillig bot sie mir an, mir beim Beerenpflücken zu helfen. So ließ ich sie gerne zu mir in den Garten. Kaum drinnen, fragte sie mich, den Mund voller reifer, saftiger Himbeeren: „Hast du gestern Harry Potter im Fernsehen gesehen?"

„Nein, Amelie, wir haben keinen Fernseher, außerdem mag ich den Harry Potter gar nicht."

Das Mädchen stand auf einmal da wie versteinert. Mit weit aufgerissenen Augen sah sie mich an: „Waaas? Ihr habt keinen Fernseher?!! Und was läuft bei euch? Habt ihr eine Waschmaschine?"

Diese ihre intuitive Parallele, die auch eine Definition sein könnte (Fernseher = Waschmaschine), fand ich genial. Wahrlich umwerfend – diese kindlich spontane Direktheit! Fazit: Die besten Witze kriegen doch die Kinder hin ...

Es ist schon gut 25 Jahre her, als ich die „Institution" Fernsehen aus unserem Haus verbannte. Es war eine Art Befreiung, die mir, meinem Mann und vor allem unseren Kindern bis heute gut tut.

Seit meiner Wallfahrt, die ich, allein, vor etwa 10 Jahren mit unserer Kirchengemeinde nach Rom unternommen hatte, nannte ich dieses Medium „Glotzeum", denn es erfüllte voll und ganz dieselbe Funktion wie das Kolosseum im alten dekadenten Rom. Schon damals wurde das Volk mit *panem et circenses* („Brot und Spielen") ruhiggestellt, auch dann noch, als die Generalstäbe der Legionen bereits fest in germanischer Hand waren. Heute geschieht dies allerdings ohne Zweifel noch viel raffinierter als vor 2000 Jahren.

„Brot und Spiele" lassen dann den Geist baden gehen ... Genau das wollen doch die medialen Drahtzieher der Geschichte!

Ein Kind vor der Glotze, das – von den Eltern unkontrolliert – das Fernsehprogramm Tag ein Tag aus ungefiltert konsumiert, ist der Gefahr ausgeliefert, nicht nur ein medialer Voyeurist, sondern sogar traumatisiert zu werden, wenn es etwas zu sehen bekommt, was es in seinem Alter noch nicht verarbeiten kann. Eine der stärksten Eigenschaften von Kindern ist ja ihre Neugier ... Das Gleiche gilt für das Internet.

Ich bin zudem der festen Überzeugung, dass die Kinder vom Fernsehen und den elektronischen Medien „*de*naturiert" werden: Ihre Talente verkümmern, ihr gesunder Menschenverstand wird angegriffen und darüber hinaus werden sie durch das tägliche „Angebot" schon früh sexualisiert. Durch die Medien wächst uns eine Porno- und *Smombie*[33]-Generation heran!

Selbstverständlich gibt es auch gute Sendungen, aber die stets lauernde Gefahr war mir einfach zu hoch ... Durch das viele Fernsehen und Surfen im Internet geht den Kindern darüber hinaus die elementare und doch so lebenswichtige Bindung zur Natur verloren – nicht zuletzt der natureigene Bezug zur *Schöpfung*, die ohne den allmächtigen Gott als Schöpfer gar nicht da wäre.

Oft genug wird im Fernsehen gerade das Gotteslästerliche als „Kunst" verkauft oder gar als „Avantgarde" proklamiert, das Widernatürliche zur „Aufgeklärtheit" stilisiert oder als vollkommene

---

33 *Smombie* ist ein Kofferwort aus den Begriffen „Smartphone" und „Zombie": Gemeint sind Personen, die durch den ständigen Blick auf ihr Smartphone so stark abgelenkt sind, dass sie ihre Umgebung – und damit oft auch die Realität – kaum noch wahrnehmen.

„Normalität" deklariert. (Es gehört leider nicht mehr zum Alltag, sich auf Gott, unseren Schöpfer zu berufen, Ihn um Hilfe zu bitten, Ihm Dankbarkeit zu zeigen und Ehre zu erweisen.)

Aus diesen und weiteren Gründen verzichteten wir gerne auf dieses Medium.

Postscriptum:

Die Scheinwelt des Fernsehens

Wie treffend schrieb doch am 31.05.1996 der Publizist Johannes Gross (1932–1999) in der 49. Folge seines *FAZ-Notizbuches* unter dem Titel „Im Reich des Scheins": „Das Fernsehen ist unter allen Medien das unsensibelste für Fälschungen – weil es selbst auf Täuschung beruht. Alles ist artifiziell. Die Auftretenden sind geschminkt; der seltene Vogel, den die Dokumentation über den Anden schwebend zeigt, wird in der Nahaufnahme durch einen im Zoo ersetzt; aktuelle Vorgänge sind mit Archivbildern illustriert; unter Experten wird so lange herumtelefoniert, bis derjenige gefunden ist, der sich zum Beleg des Vorurteils der Redaktion am besten eignet; der wie spontan oder auswendig aufgesagte Text ist vom *AutoCue* abgelesen; die Wetterkarte, auf der die Meteorologin kundig fuchtelt, ist ihr selber unsichtbar; weil sie auf *Bluebox* eingespielt wird; die Heldentat des Stars wird von einem Stuntman vollbracht, und wie beim Film kann die Nachtaufnahme am hellichten Tag gedreht sein; das Wagenrennen durch San Francisco ist aus einem älteren Film hineingeschnitten. Eine Sendung heißt heute live, wenn sie unter Live-Bedingungen aufgezeichnet und nicht mehr ediert wird. Die wirkliche Live-Sendung wird von deutschen Fernsehschaffenden mit dem Wort live-live bezeichnet, das man nicht mehr häufig verwenden muss. – In dieser artifiziellen Welt kommt es nicht auf Geist, sondern auf Geistesgegenwart an, nicht auf Authentizität, sondern Glaubwürdigkeit, nicht auf faktische Genauigkeit, sondern technische Präzision. Sie ist nicht das Reich der Wahrheit und nicht das Reich der Lüge, sondern des Scheins. Ein Narr, wer mehr darin sucht."[34]

---

34 Johannes Gross: Im Reich des Scheins. 49. Folge des FAZ-*Notizbuches*, in: *F.A.Z.-Magazin*, 31.05.1996; vgl. auch Johannes Gross: Nachrichten aus der Berliner Republik. Notizen aus dem inneren und äußeren Leben 1995–1999. Berlin (Siedler) 1999, Nr. 270, S. 90

Potemkinsche Dörfer

Als Olga in die zweite Klasse kam, wurde ihr Vater Eduard Přibyl nach Prag abkommandiert, wo er eine Dienstwohnung in einer Plattenbausiedlung bekam: Maleschitz (Malešice) hieß dieser Ort an der damaligen östlichen Peripherie von Prag. Der Familie Přibyl reichte die neue Zweizimmerwohnung mit winziger Küche und Warmwasser – das allerdings während der Sommerferien zentral abgeschaltet wurde.

Müllabfuhr gab es die ersten drei Jahre keine, da die Zufahrtstraßen noch nicht ausgebaut waren. Infrastruktur war für die Kommunisten zweitrangig, sodass jedes bequeme Erreichen des Hauses einem Fremdwort ähnelte. Überall waren noch Erdhalden und Haufen von Bauschutt mit herumliegenden Resten von Baumaterial. Da das Betreten der Häuser insbesondere bei Regenwetter in der ersten Zeit einer einzigen „Schlammschlacht" gleichkam, schlossen sich die Genossen Hausmitbewohner zu einer sog. „Brigade der sozialistischen Arbeit" zusammen und „pflasterten" sich den Weg zum Hauseingang aus den vorhandenen Bauresten selbst. Sie benutzten dabei buchstäblich den Baumüll, verwendeten dazu gebrochene Betonplatten, hart gewordene Zementsäcke, zerbrochene Ziegelsteine, verbogene Traversen und Ähnliches, die überall noch so herumlagen, wie sie nach der Fertigstellung des Plattenbaus nicht weggeräumt worden waren.

Mülltrennung war in der neuen Plattenbausiedlung selbstredend kein Thema. Der gesamte Müll dieser großen Neubausiedlung wurde einfach in die zwischen den einzelnen Blockhäusern ausgehobenen Gruben von ungefähr 25 Metern Länge und 10 Metern Tiefe geworfen. Im Hochsommer stiegen dementsprechend allerlei stark unangenehme Gerüche direkt in die Fenster der Bewohner. Das war damals gang und gäbe.

Angesichts solcher Zustände hätte das Umweltschutzamt in Deutschland längst Alarm geschlagen. Na ja, damals gab es keine solchen Ämter. Die sozialistische Tschechoslowakei, von Kommunisten geführt, hatte andere Sorgen: den Kampf gegen den Klassenfeind im Lande und gegen den westlichen Imperialismus.

Da aber Maleschitz irgendwann einmal ein „Vorzeigeviertel" der kommunistischen Schickeria werden sollte, wurde mit einem Mal alles um die Hauptstraße herum quasi „über Nacht" instand gesetzt, zumal bekannt geworden war, dass der sowjetische Ministerpräsident und Regierungschef Nikita Sergejewitsch Chruschtschow bei seiner bevorstehenden Staatsvisite in Prag hier vorbeifahren sollte.

Die Schulkinder bekamen frei und säumten, mit roten Fähnlein mit Hammer und Sichel dem hohen Staatsgast winkend, die Straße. In den ersten Reihen entlang der Straße riefen uniformierte Pioniere frenetisch auf Russisch: *Sdráwstwujtje, Towárischtsch Chruschtschów!* („Sei gegrüßt, Genosse Chruschtschow!"). Darunter befand sich natürlich auch Olga, die sich mit einem eigenen, selbst gebastelten Plakat in der Hand ganz nach vorne gedrängt hatte. Darauf stand zu lesen: *Sso Ssowjétskim Ssojúsom na wjétschno!* („Mit der Sowjetunion auf ewig!"). Chruschtschow fuhr gönnerhaft freundlich lächelnd in einem offenem Wagen auf der Hauptstraße, wo am Vorabend noch schnell Bäume und Blumen eingepflanzt worden waren. Letztere gingen jedoch bald wieder ein, weil sie hinterher niemand mehr goss. Das Ganze erinnerte an die traurig berühmten „Potemkinschen Dörfer" – auch die hatte man von den Russen übernommen ...

Olgas damaliger Eifer für die Kommunistische Partei war jedenfalls echt, so echt, wie nur ein Kind echt sein kann. Sie war Mitglied der *Jungen Pioniere*, die ideologisch eine Parallele zur Hitlerjugend waren, nur mit dem kleinen farbigen Unterschied: *Rot* statt braun. Als Tochter ihres Vaters trug Olga auch die Uniform mit dem blutroten Halstuch und lernte Russisch, um einmal das hochgelobte Land der

Werktätigen, die Sowjetunion, „wo morgen schon gestern bedeutet", zu besuchen.

Am Abend dieses großartigen Festtages bekam Olga von ihrer Mutter einen wunderschönen modernen Pulli vom Schwarzmarkt geschenkt, paradoxerweise aus den USA, dem Hauptfeind des kommunistischen Ostblocks! An diesem Tag war sie die Glücklichste, denn dann konnte sie in der Schule wieder mit einer neuen Klamotte aus dem Westen prahlen ...

Erst allmählich – fast gemächlich – wurden in der Plattenbausiedlung Maleschitz endlich die Straßen und Gehwege ausgebaut, die Müllgruben zugeschüttet und die Müllabfuhr eingeführt. Nach einigen Jahren wurden auf den besagten Müllgruben Kinderspielplätze gebaut ...

Die neue Wohnung in der Plattenbausiedlung hatte die Mutter mit den modernsten Möbeln eingerichtet, die es damals zu kaufen gab: den sogenannten Sektormöbeln – schlicht und zweckmäßig.

Postscriptum:

O Eitelkeit der Eitelkeiten

„Worte des Predigers, des Sohnes Davids, des Königs in Jerusalem. Wahn[35], nur Wahn, spricht der Prediger, Wahn, nur Wahn, alles ist Wahn. Was bleibt dem Menschen bei all seiner Mühe, die er sich macht unter der Sonne? Ein Geschlecht geht und ein Geschlecht kommt, die Erde aber bleibt ewig stehen. Die Sonne geht auf und die Sonne geht unter, und ihrem Ort strebt

---

35 In verschiedenen Bibelübersetzungen können für das Wort „Wahn" folgende Synonyme stehen: Eitelkeit, Nichtigkeit, Windhauch.

sie zu und geht dort wieder auf. (...) Alle Dinge hetzen sich müde, kein Mensch kann es sagen (, wozu). Das Auge wird vom Sehen nicht satt, das Ohr vom Hören nicht voll. Was war, wird wieder sein; was geschah, wird wieder geschehen, und nichts Neues gibt es unter der Sonne. Gibt es etwas, von dem man sagen kann: ‚Sieh, dieses ist neu!'? Längst war es zu Zeiten, die vor uns gewesen. Es bleibt kein Erinnern an die Früheren, und auch für die Späteren, die kommen werden: Es gibt kein Erinnern an sie bei denen, die noch später kommen. Ich, der Prediger, bin König gewesen über Israel in Jerusalem. Ich verlegte mich darauf, in Weisheit nachzuforschen und zu grübeln über alles, was geschieht unter der Sonne. (...) Ich besah mir alle Werke, die unter der Sonne geschehen, und siehe da, alles ist Wahn und ein Jagen nach Wind. (...) Süß ist der Schlaf des schaffenden Mannes, mag er viel oder wenig zu essen haben: jedoch dem Reichen läßt seine Übersättigung zum Schlafen keine Ruhe. (...) Wie er hervorging aus dem Schoß seiner Mutter, nackt geht er wieder dahin, wie er kam. Nichts kann er mitnehmen vom Ertrag seiner Mühe, das er wegtragen könnte in seiner Hand. (...) Zur Erde kehrt wieder der Staub, wie er war, und der Geist kehrt zurück zu Gott, der ihn gab. Wahn, nur Wahn, spricht der Prediger, alles ist Wahn!" (Kohelet/Prediger 1,1-5; 1,8-13; 1,14; 5,11; 5,14; 12,7-8)

Diktatur des Hässlichen

Es war im Umkleideraum, als ich ihr zum ersten Mal begegnete. Sie las gerade eine Nachricht in ihrem i-Phone mit leicht nach unten gesenktem Kopf, noch ungeschminkt mit blasser Porzellanhaut. Als ich sie so sah, tauchte vor meinem geistigen Auge sofort das Gemälde *Madonna Litta* von Leonardo da Vinci[36] auf – was für eine verblüffende Ähnlichkeit!

Bildhübsch war das russische Mädchen Roxana mit ihren weichen Gesichtszügen, ihrem braunen glatten Haar und ihrem makellosen Körper. Trotzdem war sie liebenswürdig und zuvorkommend – und überhaupt nicht eingebildet. Mit anderen Worten: Sie litt nicht an jenem Selbstherrlichkeitskomplex, den ich manchmal – und nicht nur bei jungen Models – erleben musste.

Wir kamen uns näher, weil ich auch ein wenig Russisch mit ihr sprach, was sie sichtlich freute. Später trafen wir uns öfters bei einem TV-Verkaufssender, wo wir an manchen Tagen gleichzeitig gebucht worden waren. Sie erzählte mir ihre noch kurze Lebensgeschichte, die alles andere als langweilig war.

Ihr Entdecker Jewgenij war ein dubioser Typ und gehörte wahrscheinlich zur russischen Mädchenjägermafia, die regelmäßig das Land durchziehen, um „frisches Gemüse" auf die internationalen Laufstege zu holen, besser gesagt: zu werfen.

---

36 Das Bild der „Stillenden Madonna", das nach ihrem langjährigen Besitzer allgemein als *Madonna Litta* in die Kunstgeschichte eingegangen ist, gilt als eines der bekanntesten Werke von Leonardo da Vinci (1452–1519), obwohl die Mehrheit der Kunstwissenschaftler es heute eher den Mitarbeitern der Leonardo-Werkstatt, Giovanni Antonio Boltraffio (1467–1516) und Marco d'Oggiono (1475–1530), zuschreibt.

Roxana war Krankenschwester und wurde bei einem Casting in Nowgorod entdeckt, wo sie noch bei ihren Eltern wohnte.

Jewgenij besorgte ihr die notwendigen Papiere, damit sie im Westen arbeiten konnte. Er vermittelte ihr auch die ersten Jobs, zockte sie dabei aber ordentlich ab. Trotzdem waren ihre Anfangsgagen für die Shootings in Mailand, Paris und London ein Vielfaches dessen, was sie je als Krankenschwester verdiente. Dafür aber behandelte Jewgenij sie wie seine Leibeigene; für ihre Karriere war sie auf ihn angewiesen.

Roxana sprach nur gebrochen ein paar Worte Englisch. Jewgenij musste ihr alles übersetzen, vor allem am Anfang bei den Laufsteg-Crashkursen. Das Posieren und Laufsteglaufen hatte sie sich schnell angeeignet. Womit sie sich aber sehr schwer tat, war das „Lächelverbot" auf Top-Laufstegen, denn sie besaß eine fröhliche Natur.

„Du musst so mürrisch dreinschauen wie die Hexe *Bába Jagá*!", wies Jewgenij sie an. „Auf dem Laufsteg musst du arrogant, provokativ und lasziv wie eine Nutte wirken. Auf keinen Fall darfst du bei dieser Show lächeln, sonst fliegst du raus! Vor der Kamera bist du ein Medium, das dem Zuschauer mit seinem Blick, seiner Körpersprache und seinen Klamotten diktiert, was ,in' ist!"

In Roxana lehnte sich alles gegen diese Masche auf. Innerlich wollte sie wahrscheinlich ihre natürliche Schönheit nicht preisgeben.

Sie hatte fürchterliches Heimweh und sehnte sich nach mehr Wärme und Liebe, vor allem vermisste sie ihre Familie. In der neuen Umgebung fühlte sie sich nicht mehr als Mensch, sondern als Marionette, als Ware und „teures Zeug" …

„Du bist mein junges Gemüse, mein Frischfleisch!", verspottete sie manchmal der angetrunkene Jewgenij. Als er aber bemerkte, dass es mit Roxana psychisch bergab ging, zwang er ihr Drogen auf, damit sie weitermachte.

Plötzlich verschwand Jewgenij von einem Tag auf den anderen. Er war, so vermutete Roxana, wegen Drogenhandels verhaftet worden. Für sie war dies indes eine wahre Befreiung. Sie zog aus seiner Wohnung in London zunächst zu ihrer Bekannten und Modellkollegin nach Deutschland, wo sie sich kurz darauf ein kleines Appartement kaufte. Wie ich später erfuhr, ist sie wegen ihres starken Heimwehs wieder zu ihrer Familie nach Russland zurückgekehrt.

Jewgenij hatte allerdings in den Unterweisungen seines abtrünnigen Models Roxana in wenigen Sätzen Geist und Atmosphäre treffend charakterisiert, die auf den so hochgepriesenen internationalen Laufstegen vorherrschen, nämlich zumeist eine Diktatur des Hässlichen und Lasziven.

Schon bei einem einzigen Blick in eine renommierte *Prêt-à-porter-*Modezeitschrift schlägt einem ein dumpfer Hauch von jener Arroganz der zur Zeit alles dominierenden und zugleich abrichtenden Modediktatur entgegen, die eine Frau überwiegend als Mannweib oder Schlampe darzustellen sucht.

Roxana hatte dies zwar spät, aber doch erkannt – und dementsprechend die Reißleine gezogen ...

Postscriptum:

Die Schaubühne als eine (un)moralische Anstalt

Die Schaubühne ist der gemeinschaftliche Kanal, in welchen von dem denkenden bessern Teil des Volks das Licht der Weisheit herunterströmt und von da aus in milderen Strahlen durch den ganzen Staat sich verbreitet. Richtigere Begriffe, geläuterte Grundsätze, reinere Gefühle fließen von hier durch alle Adern des Volks; der Nebel der Barbarei, des finsteren Aberglaubens verschwindet, die Nacht weicht dem siegenden Licht.' (...)

Der damals fünfundzwanzigjährige Dichter [Friedrich Schiller] hatte dieses Credo [aus seinem Vortrag im Jahre 1784] im Leben und Werk bereits bewährt. Als ihm sein Landesfürst, Herzog Karl Eugen von Württemberg, verboten hatte, aufrührerische Theaterstücke wie die ‚Räuber' zu schreiben, entzog er sich diesem Zwang durch abenteuerliche Flucht. In ‚Kabale und Liebe' geißelte er die Tyrannei, der er eben entflohen war. Ein Kammerdiener überbringt der Lady Milford einen kostbaren Schmuck, den ihr der Herzog, ihr Liebhaber, zum Geschenk macht. Bezahlt ist er durch den Verkauf von Untertanen als Soldaten nach Amerika. Nach dieser Szene, die nicht erfunden, sondern Abbild der traurigen Wirklichkeit im Herzogtum Württemberg war, erhob sich bei der Premiere in Mannheim das Publikum von den Sitzen, um den jungen Dichter zu feiern, der die Szene zum Tribunal, die Schaubühne zur moralischen Anstalt gemacht hatte. (...)

Wie ein Sinnbild für die linke Umfunktionierung des Theaters ist Kusejs Inszenierung von ‚Kabale und Liebe' (Klagenfurter Stadttheater, März 1993). Die Bühne ist ein abschüssig schräges Parkett, auf dem die Darsteller hocken, um mit Küchenmessern unter ohrenbetäubendem Hard Rock einen mörderischen Takt zu klopfen. Lady Milford muß sogar die Beherrschung ihrer Schließmuskeln verlieren und die Bühne eklig beschmutzen. Über den Kammerdiener, der vom Verkauf der Menschen berichtet, macht sie sich lustig, statt, wie Schiller es wollte, erschüttert zu sein. Wenn sie den Hof des Lasters verläßt und ihre Habe an die Diener verteilt, ist das für Kusej kein Zeichen von Erkenntnis und Wandlung, sondern ein jäher Anfall von Irrsinn. Nicht das Menschliche siegt, sondern das Gemeine."[37]

---

37 Walter Marinovic: Die Diktatur des Häßlichen. Kulturpolitik heute. Graz, Stuttgart (Leopold Stocker) [2]1996, S. 21; 26

„Als antibürgerliche Provokateure von gleichgesinnten Medien hochgejubelt und von sozialistischen Kulturstadträten auf Direktorensessel gehoben, haben die (...) Alt-Achtundsechziger unsere großen Bühnen nun in der Hand und üppige Gagen in der Tasche. Als sogenannte Tabubrecher wollen sie nicht nur Sehgewohnheiten knacken, sondern auch Wertmaßstäbe zerbrechen. Ihre Frechheit schreckt vor nichts zurück. In der Kollegienkirche in Salzburg verunstaltete [Theaterregisseur George] Tabori Franz Schmidts Oratorium ‚Das Buch mit sieben Siegeln‘ mit läppischen Pantomimen und ließ in dem Gotteshaus nackte Gestalten an Seilen herumklettern (Salzburger Festspiele, Juli 1987). In seinem Stück ‚Der Großinquisitor‘ für das Tabori einen Stoff von Dostojewski mißbraucht, ziehen sich weibliche und männliche Darsteller der Reihe nach bis aufs letzte Kleidungsstück aus (Münchner Residenztheater, Jänner 1993). Striptease auf der Bühne, nicht aus der Handlung motiviert, sondern als Zugabe für geile Voyeure, ist schon so zur Routine geworden, daß selbst Alfred Hrdlicka, Bildhauer und Antifaschist, feststellen mußte: ‚Wir sehen heute kan Klassiker, wo net aner nackert über die Bühne rennt, es geht net anders‘."[38]

---

38 ebenda, S. 24

Sowjetische Brieffreundschaften

*I*m Lager „Grenzwächter" wie auch in der Volksschule wurden den Kindern gezielt Adressen von russischen Kindern übergeben, um Brieffreundschaften zu fördern.

Mit großem Elan und Eifer begann Olga gleich mit zwei „Brieffreundinnen" aus Moskau und Kaliningrad, dem einstigen Königsberg, einen schriftlichen Kontakt anzuknüpfen. Die Russischlehrerin war ihr bei der Formulierung der ersten Briefe behilflich. Die Antwort auf Olgas wohlformulierte und mit Schönschrift in kyrillischer *Ásbuka* (Alphabet) niedergeschriebene Briefe kam postwendend – und damit auch die Enttäuschung. Die Natascha aus Moskau wollte, dass Olga ihr einen großen Ring aus echtem Gold zuschicke, und die Soja aus Kaliningrad wünschte sich ein Paket mit viel Schokolade und Lederschuhe für den Winter. Ihren Fußabdruck für die passende Größe hatte sie auf die Zeitung der Kommunistischen Partei der Sowjetunion, *Práwda* („Wahrheit"), gemalt und ausgeschnitten beigelegt.

„Die spinnen wohl!", rief Olgas Mutter wütend aus, als Olga ihr die Briefe von den russischen Brieffreundinnen zeigte. Damit fanden die sowjetischen Brieffreundschaften ein jähes Ende, denn Olgas Mutter war trotz aller ideologischen Nähe und Sympathie nicht bereit, die verlangten Güter für Natascha und Soja zu kaufen und ins gelobte Sowjetland zu schicken. Und Taschengeld hatte Olga keines.

Postscriptum:

Anderthalb Stunden Arbeit für eine Tafel Schokolade

Die Begehren der russischen Brieffreundinnen Natascha und Soja mögen unverschämt und anmaßend auf Olga und ihre Mutter gewirkt haben. Sie stellten sich aber in einem völlig anderen Licht dar, wenn man hinter die Kulissen des sowjetischen Wirtschaftssystems zu blicken in der Lage war: Im Grunde war die „sozialistische" Wirtschaft der Sowjetunion nichts anderes als ein reiner Staatskapitalismus, in dem die Werktätigen als Lohnarbeiter rigoros ausgebeutet wurden. Der Staat war hier sowohl der Produktionsmitteleigentümer, der die Ware „Arbeitskraft" mit Geld kaufte und das Arbeitsmaß festsetzte und überwachte, als auch der Konsumwarenhändler, von dem die Lohnabhängigen für ihren Lebensunterhalt Güter abkaufen mussten, wie es der Sowjetunionkenner Fritjof Meyer beschrieb: „Der Monopolist, der die Arbeitsgelegenheit gibt, ist identisch mit dem Monopolisten, der die Güter zuteilt, ihre Preise festsetzt und dabei seinen Zusatzprofit macht. Ihm gegenüber ist die Arbeiterklasse völlig machtlos, denn sie verfügt über keine eigene Gewerkschaft".[39]

Die Stellung des sowjetischen Arbeiters im Staatskapitalismus der UdSSR war so schwach wie in keinem anderen Industriestaat. Obwohl der Lohn als Preis der Arbeitskraft ohnehin nach dem Wert der Existenzmittel bemessen wurde, die zur Erhaltung des Arbeiters und seiner Familie notwendig waren, versuchte der Staat darüber hinaus die materiellen und kulturellen Bedingungen des Sowjetproletariers so weit herabzudrücken, dass häufig gerade noch seine

---

39 Fritjof Meyer: Weltmacht im Abstieg. Der Niedergang der Sowjet-Union. München (C. Bertelsmann) 1984, S. 138

Arbeitsfähigkeit aufrechterhalten blieb. Seinen Profit investierte der Staatsmonopolist in die abenteuerliche Rüstung, in den krakenhaft ausufernden Geheimdienst- und Überwachungsapparat und die von der allgemeinen Masse abgehobenen Bedürfnisse der Staatsnomenklatura, während der durchschnittliche Sowjetbürger der Verelendung anheimgegeben war.[40]

Zum Zeitpunkt der Veröffentlichung von Fritjof Meyers niederschmetternder Analyse, also im Jahr 1984 bedeutete der sowjetische Durchschnittslohn, dass „zwei arbeitende Menschen zusammen weniger an Lohn erh[ie]lten, als ein Ehepaar mit zwei Kindern in Westdeutschland an Sozialhilfe – ohne Arbeitsleistung – entgegenzunehmen einen Rechtsanspruch" besaßen.[41]

Vom durchschnittlichen typischen sowjetischen Familienbudget wurden 44 Prozent für Lebensmittel ausgegeben. Es wurden 53,5 Arbeitsstunden benötigt, um eine vierköpfige Familie eine Woche lang mit Lebensmitteln zu versorgen. Das bedeutete, dass das Einkommen eines Arbeitenden gerade einmal für die Ernährung der Familie ausreichte. So kam es, dass Grundnahrungsmittel wie Brot ebenso wie das Gesundheitswesen, Wohnungsmieten und der öffentliche Verkehr staatlich subventioniert werden mussten. Über den Winter kam man am besten, wenn man bereits im Herbst Kohl und Rote Beete sauer einlegte. Aus Zwiebeln bezog man die nötigen Vitamine, aber das für einen körperlich Arbeitenden unverzichtbare Fleisch und die meisten anderen Lebensmittel galten bereits als gehobener Bedarf bzw. als Luxusgüter. In den Provinzstädten gab es manchmal monatelang kein Rind- und Schweinefleisch.[42]

Fritjof Meyer stellte einen genauen Vergleich des Aufwands eines Bundesbürgers und eines Sowjetbürgers an Arbeitszeit für den Kauf

---

40 vgl. ebenda, S. 143-144
41 ebenda, S. 146
42 vgl. ebenda, S. 147

von bestimmten Waren an und kam zu folgendem Ergebnis: „Etwa doppelt so lange wie Müller muß Iwanow für ein Kilo Nudeln arbeiten (eine halbe Stunde), auch für den so wichtigen Kohl, für alte Kartoffeln und für Tomaten aus dem Staatsladen im Herbst, für eine Flasche Bier (eine Viertelstunde), ein Herrenhemd (zehn Stunden) oder eine vergleichbare Waschmaschine (einen Monat). Dreimal so lange arbeitet Iwanow für die Zwiebeln (ein Kilo eine halbe Stunde), Hering und Thunfisch, einen Liter frische Milch (22 Minuten), ein T-Shirt (drei Stunden) oder einen Farbfernseher mit 56-cm-Bildschirm (über ein Vierteljahr). Viermal so lange braucht er für Speiseöl, Eier, Reis, Honig; fünfmal so lange für Tee oder eine Rolle Toilettenpapier (Viertelstunde) oder Herrensocken. Für zwei Pfund Butter gibt er den Lohn von mindestens vier Arbeitsstunden, manchmal von zwölf, und für ein Kilo Kotelett das Arbeitsentgelt von drei bis acht Stunden. Sechsmal so lange muß sich der Sowjetbürger für ein Kilo Margarine (zwei Stunden), für Zucker, Dosenmilch, Hühnerfleisch und Äpfel anstrengen (...). Siebenmal soviel wie in Dortmund kostet ein billiger Herrenanzug aus Kunstfaser in Leningrad, nämlich ein halbes Monatseinkommen. Neunmal soviel kostet ein Kleinwagen, der den Lohn von viereinhalb Jahren frißt; zwölfmal soviel kostet ein Kilo Apfelsinen (zwei Arbeitsstunden gegen zehn Minuten), fünfzehnmal soviel ein Kilo Kaffee (20 Stunden gegen anderthalb) und fünfundzwanzigmal soviel eine 100-Gramm-Tafel Schokolade, für die statt westdeutscher vier Minuten anderthalb sowjetische Stunden gewerkt werden muss. Für Kolonialwaren gibt der Sowjetstaat ungern hartes Geld aus."[43]

Aber Moskau, über das ausländische Journalisten häufig nicht hinauskamen, war eben nicht die Sowjetunion! Der Schriftsteller und Sowjetdissident Alexander Solschenizyn machte auch vor Jahren darauf aufmerksam, dass der Lebensstandard in Moskau, zum Teil

---

43 ebenda, S. 148-149

in Leningrad und einigen der Geheimhaltung unterliegenden Forschungszentren im Vergleich zum ausgeplünderten Rest des Landes – besonders der Landbevölkerung – seit den 1930er-Jahren künstlich angehoben worden war. Diese bevorzugten Zentren dienten psychologisch als eine Art „Übergangsstation zwischen der UdSSR und dem Westen", ihr Komfort gegenüber den übrigen Landesteilen war im gleichen Verhältnis höher wie der des Westens gegenüber den Sowjetmetropolen. Deshalb müssten auch alle auf Moskauer Erfahrungen zurückgehenden Berichte von Journalisten durch einen großen Berichtigungskoeffizienten korrigiert werden, ehe man sie auf allgemein sowjetische Verhältnisse übertragen könne. Die wahre authentische Lage könne man „nur in der Provinz, auf dem Lande, im Straflager und in der harten Armee der Friedenszeit" erfahren.[44] Von daher wird selbst der Unterschied zwischen den Wünschen von Soja aus Königsberg (Kaliningrad) und Natascha aus Moskau erklärlich: Soja wünschte sich gehobene Bedarfsgüter, Natascha dagegen ein Luxusgut.

---

44 Alexander Solschenizyn: Warnung. Die tödliche Gefahr des Kommunismus. Frankfurt a. M., Berlin, Wien (Ullstein) 1981, S. 53-54

Die Pastorin

In einem fränkischen Kurort besuchte ich in der Weihnachtszeit die einzige Ortskirche im ehemaligen Deutschordensschloss. Es war ein herrlicher alter Bau, der von seiner ganzen Ausstrahlung her Zeugnis ablegte von Zeiten, als Gott in der Gesellschaft noch eine wichtige Rolle spielte.

Ich war einer der ersten Besucher, kniete mich in der zweiten Reihe nieder und begann meinen Rosenkranz zu beten. Kaum hatte ich angefangen, spielte sich eine wahrhaft skurrile Szene direkt vor meinen Augen ab: Eine Frau trug zusammen mit einem Begleiter eine Holzkrippe aus der Sakristei vor den Altar. Die Dame, vielleicht Mitte vierzig, von kräftigerer Gestalt mit kurz geschnittenen rot gefärbten Haaren, trug eine breite flatternde violette Bluse und hautenge schwarze Hosen, sicher Größe XXXL. Ihr etwa gleichaltriger Begleiter war mit kariertem Pulli, Jeans und Turnschuhen bekleidet. Gemeinsam fingen sie an, die mit dem Stroh ausgefüllte Krippe von innen noch mit auseinandergefalteten Tempotaschentüchern auszulegen.

Dies kam mir schon ein bisschen ungewöhnlich vor. Mir kam dabei die Idee: „Das machen sie wahrscheinlich deswegen, damit das Christkindl es in der grob gehobelten Krippe etwas weicher und somit kuscheliger hat."

Der Mann verschwand plötzlich in der Sakristei und kehrte mit zwei größeren Blechdosen zurück, stellte sie auf den Boden neben der Krippe ab und ging wieder weg. Was danach folgte, war ein Stück nur für starke Gemüter ...

Die füllige Frau, mit dem Rücken zu den Gläubigen gekehrt, war nun schwer damit beschäftigt, aus den Blechdosen eins nach dem anderen Vanillekipfel zu nehmen und sie in die Krippe auf die ausgebreiteten Tempotaschentücher zu drapieren. Immer wenn sie sich zu den Dosen mit den Kipferln tief nach unten bücken musste, um ihnen neue zu entnehmen, rutschte dabei jedes Mal ihre sonst flatternde lila Bluse aus der Hose und zum Vorschein kam ein sogenanntes Bauarbeiter-Decolleté, d. h. ein gehöriger Teil ihres mächtigen Hinterteils.

Ich war wie erschlagen – dieser bizarr erdrückende Anblick trieb mich in die Flucht.

Nicht weit entfernt von diesem Spektakel an der Wand des Kirchenschiffes befand sich eine Statue der schmerzhaften Muttergottes, deren Herz mit sieben Schwertern durchbohrt war. Ihr leidensvoller Gesichtsausdruck passte genau zum Gesamtbild des Geschehens, als füge dieses Treiben an der Krippe ihres Sohnes ihr weitere Schmerzen zu …

Beim Ausgang neben dem Weihwasserkessel hing an der Pinnwand ein Foto von der geschäftigen Vanillekipferldame. Es war die Pastorin selbst! *Sancta simplicitas* – o heilige Einfalt!

Postscriptum:

Das Schamgefühl ist ein Geschenk Gottes

Es dient unserem eigenen Schutz und unterscheidet uns im Wesentlichen von den Tieren, die keine Scham kennen. Folgendes habe ich in einer katholischen Broschüre für Jugendliche gefunden – der Kontrast zur oben geschilderten Szene könnte in der Tat kaum größer sein: „Die Kleidung soll daher nicht in besonderer Weise hervorheben und betonen, was sie eigentlich verdecken sollte, wie es z. B. der Fall ist bei:

> ➢ eng anliegender und somit körperbetonter Kleidung,
> ➢ durchsichtigen Stoffen,
> ➢ kurzer Kleidung (Minirock, kurze Hosen),
> ➢ Schlitzen (vor allem bei Röcken, sodass die Öffnung oft höher ist als ein Minirock lang),
> ➢ weitem Ausschnitt,
> ➢ Ärmellosigkeit, Schulterfreiheit,
> ➢ bauch- und nabelfreier Kleidung."[45]

Diese Strenge, sogar bezüglich „Ärmellosigkeit" und „Schulterfreiheit", hat mich richtig schockiert und ich habe viel darüber nachgedacht, ob ich diese Aufzählung überhaupt hier abdrucken soll. Sie entspricht aber tatsächlich dem, was auch der hl. Pater Pio (1887–1968), der die Gabe der Seelenschau besaß und die Sünden mit den Augen Gottes betrachtete, seinen Beichtkindern empfahl. Deshalb möchte ich meinen Lesern ebenfalls nicht das hier folgende krasse Beispiel vorenthalten, welches ich in einem Buch über Pater Pio bezüglich schamhafter Kleidung nachgelesen habe:

Mit den Worten: „Nacktes Fleisch wird brennen!" führte der hl. Pater Pio „eine Art Kreuzzug gegen unschickliche Mode". Er scheute sich nicht, vor allem die Frauen immer wieder mit Strenge zu ermahnen und die unanständig gekleideten unter ihnen sogar vom Beichtstuhl abzuweisen. „Der Frau eines Konsuls (...) sagte er, als er sie im ärmellosen Kleid sah: ‚Ich würde dir am liebsten die Arme abschneiden, da würdest du weniger leiden, als du im Fegefeuer leiden wirst.'" Einer anderen Frau, die ein schickes neues Kleid trug, das „einen leichten Ausschnitt" hatte, legte er nahe, es nicht wieder anzuziehen. Da es ihr um das neue Kleid leid tat, band sie für den nächsten Kirchgang ein Halstuch über den Ausschnitt. Aber auch

---

45 Kleidermode: Wie weit darf ein Christ dabei mitmachen?, o. O. u. J., S. 12-13

dies reichte Pater Pio nicht, er empfahl ihr stattdessen: „Dann näh dir halt einen Flicken davor!" Frauen, die sich nur für die Beichte bei ihm einen langen Rock ausborgten, durchschaute er und verweigerte ihnen die Lossprechung: „Mehr als einmal hat er Menschen, die nur dann anständige Kleider trugen, wenn sie zu ihm gingen, sich im Alltag aber ganz anders kleideten, als Narren bezeichnet."[46]

Eine einfache Faustregel: Wer als Christ seine Kleidung richtig beurteilen will, der frage sich, ob er sich *ungeniert* vorstellen kann, mit dieser Kleidung unserem Heiland, dem menschgewordenen Sohn Gottes zu begegnen bzw. vor seinem Gericht zu erscheinen.

---

46 Die Zitate stammen aus: P. Marcellino IasenzaNiro: Der „Padre". Der hl. Pio von Pietrelcina. Die Mission, Seelen zu retten. Augenzeugenberichte. Übersetzung von Alexander Wagensommer (ital. Originaltitel: *"Il Padre". San Pio da Pietrelcina. La missione di salvare le anime. Testimonianze*). San Giovanni Rotondo, Kapuzinerkloster *Santa Maria delle Grazie* (Edizioni "Padre Pio da Pietrelcina") 2006, S. 160-163

Heiliger Raum

Ihre Großmutter väterlicherseits, Oma (*babička*) Anežka [Aneschka] (geb. Tesourová), liebte Olga sehr. Sie wohnte in einer uralten Zweizimmerwohnung, einer ehemaligen Priesterwohnung des dort seit Jahrhunderten bestehenden Pfarrhauses der Teynkirche, eigentlich *Kirche der Muttergottes vor dem Teyn*, der einstigen Pfarrkirche des pragerdeutschen Patriziats im Zentrum der Prager Altstadt.

Um die Mitte des 14. bis ins 16. Jahrhundert hinein erbaut, erhielt diese ursprünglich gotische Kirche ihren Namen von dem Týn oder Teyn genannten historischen Handelshof, einem Baukomplex, bestehend aus mehr als einem Dutzend Einzelgebäuden, die zwischen der Teynkirche und der Kirche des Heiligen Jakob bis heute weitestgehend erhalten geblieben sind. Hier konnten ausländische Kaufleute gegen ein Schutzgeld, das dem Zoll gleichkam, übernachten. Der verkürzte Name *Teynkirche* bezieht sich damit auf die Lage der der Muttergottes geweihten Kirche „vor dem Teyn".

Nach der kommunistischen Machtübernahme 1948 war die direkt am Altstädter Ring gelegene ehemalige Priesterwohnung zum Zwecke des „Eigenbedarfs" konfisziert worden. Bis Olga drei Monate alt war, hatten auch ihre Eltern gemeinsam mit den Großeltern väterlicherseits hier gelebt. Die altehrwürdigen Räumlichkeiten mit gotischem Gewölbe waren mit kunstvollen Kachelöfen und schweren geschnitzten Kassettendoppeltüren mit großen Kunstschlössern aus Messing ausgestattet. Die spätgotischen Wandfresken aus der Jagiellonenzeit waren damals in allen Räumen überweißelt worden, wurden aber nach der Wende restauriert. Die Wohnung ging nach der Wende wieder in den Besitz des Pfarramtes der Teynkirche über.

Bei *Babička* [Babitschka] Anežka fand Olga wahre Herzenswärme, innige Zuneigung, Geduld, Trost und hauptsächlich ein offenes

Ohr. Bei ihr gab es immer etwas Gutes zu essen und wenn Olga sich ihr anvertraute, konnte sie auf Inschutznahme und bedingungslose Loyalität zählen. Bei keinem Menschen verspürte Olga in ihrer Kindheit solche Sicherheit und heimelige Geborgenheit, wie bei Oma Anežka.

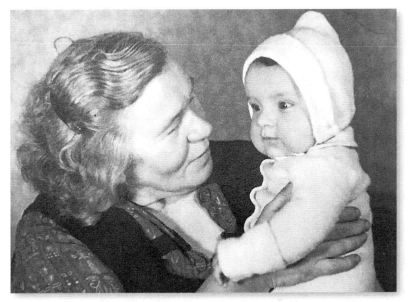

In warmer Umarmung mit Oma Anežka

Großvater Josef (Přibyl) allerdings war ein ziemlich verschlossener Mann und außerdem – wie ihre eigenen Eltern – auch ein überzeugter Kommunist, der nie Gefühle zeigte. Umso mehr dagegen die Großmutter Anežka. Olga liebte es, bei ihr zu verweilen, vor allem, um ihr beim Erzählen zuzuhören.

Einmal war Olga mit ihrem Vater bei Oma Anežka zum Essen, da war Olga vielleicht sieben Jahre alt. Sie saßen in der Küche und aßen Omas selbstgemachte Nudeln mit Walnüssen. In der Teynkirche ging gerade die hl. Messe zu Ende und ein mächtiger Orgelklang drang durch die gotischen Wände und erfüllte wie immer die ganze Wohnung.

„Papa, was machen die Leute da?", fragte Olga neugierig, die vom Fenster aus oft beobachten konnte, wie durch die riesige Kirchentüre Menschenscharen ein- und ausgingen.

Der Vater hob kurz seine Augenbrauen und warf Oma Anežka einen vielsagenden Blick zu, die darauf verlegen schwieg, während er Olga ausweichend antwortete: „Oh, das sind alles Märchen, was die sich da erzählen." Von seinem Gesichtsausdruck konnte Olga eindeutig ablesen, dass weitere Fragen unerwünscht waren.

Da sie aber Märchen liebte, ging sie des Öfteren allein hinunter in diese älteste Prager Kirche und sah sich um … Alles hier kam ihr sehr feierlich ernst und natürlich geheimnisvoll vor.

Sie verstand damals schon, dass es hier um Gott und den Glauben ging – ein Phänomen, das von den politischen Kommissaren im Lager „Grenzwächter", den sogenannten *Politruks*, als „Opium für das Volk" und in der Schule als staatsfeindlicher „Klerofaschismus" bezeichnet wurde.

Daheim war das Thema „Gott" allerdings tabu …

Einmal – als der Vater nicht dabei war – nahm Oma Anežka Olga mit zur hl. Messe in die Teynkirche und Olga beobachtete dabei alles ganz genau, den Priester, die Gläubigen …

„*Oremus*", hörte sie den Priester feierlich singen oder sprechen. „Was ist das nur für eine Sprache?", dachte sich Olga.

Alles in diesem Gotteshaus wirkte auf sie erhaben und majestätisch: der Duft des dicht qualmenden und zum Kreuzgewölbe emporsteigenden Weihrauches, den beim Sonnenschein alle Farben der uralten Bleiglasfenster bunt durchleuchteten, die bei der Muttergottes immer flackernden Kerzen, der fromme Gesang, das Orgelspiel … – alles entfaltete eine einzige Pracht.

In einem Moment wurde es in der voll besetzten Kirche auf einmal ganz still – so still, dass man sprichwörtlich eine Stecknadel zu Boden hätte fallen hören können. Dann, urplötzlich fingen die Glocken in all ihren Tonarten schallend zu läuten an: Die großen Glocken, hoch oben in den beiden mächtigen Türmen, dröhnten tief, dunkel und ernst und untermalten das helle, fröhliche Klingeln der Altarglöckchen. Ein allgegenwärtiger Sonnenschein, der durch die bunten Bleiglasfenster drang, durchflutete den ganzen Altarraum und ließ ihn in all seiner Farbenpracht erstrahlen ...

Olga kniete neben ihrer geliebten Babička und fragte mit verhaltener Stimme, was das alles zu bedeuten habe, aber die Oma flüsterte ihr nur leise ins Ohr: „Still, der liebe Gott ist da!"

Dieser Satz prägte sich Olga tief ein und sie bewahrte ihn als ihr allerschönstes Geheimnis stets in ihrem Herzen.

Als der letzte Takt des auf der alten Orgel wie ein Donnerhall vorgetragenen *Tedeums* auf einen Schlag verstummte, kehrte wieder die ernste, jahrhundertealte Stille in diesen von Licht, Schatten und Wohlgeruch erfüllten sakralen Raum zurück ...

Olga wollte mehr darüber wissen, aber dies wurde ihr erst viele Jahre später in Deutschland vergönnt ...

Die Teynkirche besitzt zwei Eingänge: einen vom Altstädter Ring und einen weiteren von der Celetná ulice, der alten Zeltnergasse, her.

Rechts des Eingangs von der Zeltnergasse befindet sich ein Marienaltar mit Kniebank. Am liebsten verweilte Olga kniend vor diesem Bild der das Jesus-

Muttergottes von Teyn –
Aufnahme aus den 1920er Jahren

129

kind auf dem Arm haltenden Muttergottes. Sie sehnte sich dabei nach einer ebenso warmen, echten, liebevollen und bedingungslosen Umarmung als Ausdruck von Geborgenheit ...

Aus ihrer Kindheit kennt Olga die Teynkirche innen und außen nur in grauen bis schwarzen Farbtönen. Heute ist die von Touristen überrannte Teynkirche auf Hochglanz poliert und erstrahlt in ihrer alten ursprünglichen Farbenpracht.

Der damalige, dort Jahrzehnte als katholischer Seelsorger wirkende Pfarrer, Jiří Reinsberg, verstand die „Kunst", sich mit dem Regime loyal zu arrangieren und gleichzeitig ein intellektuelles, dissentisches und reformerisches Image zu pflegen. 1969, im Jahr der Liturgiereform, die er dort als Erster in Prag umsetzte, wurde in der Teynkirche mit seinem Segen eine sogenannte *Beatová Mše*, eine Beat-Messe als Vorläufer der Rockmesse, abgehalten.

Pater Jiří Reinsberg führte die moderne Messe ein

Pfarrer Reinsberg kannte auch Olgas Großmutter Anežka, weil seine Schwester im ehemaligen Pfarrhaus einen Stock über ihr wohnte, und nannte sie liebevoll *matička* (Mütterchen).

Der alte – im Prager Slang *Kastelán* genannte – Kirchendiener, Herr Davídek, war eine skurrile Gestalt. An seinen bläulichen dicken Lippen hing oder klebte immer ein *doutnik*, eine Zigarre. Ob er in der Kirche war oder sich bei Frau Beranová in der Metzgerei einen *utopenec*, eine „Wasserleiche" genannte Speckwurst in würziger Lake – eine Prager Spezialität –, zum Mittagessen kaufte – immer und überall begleitete ihn ein unangenehmer Körpergeruch von Schweiß und Tabak. Auch wenn man ihn nicht sah, so erkannte man ihn doch sogleich an seiner krächzenden Stimme und undeutlichen Aussprache. Die westlichen Touristen gaben ihm hin und wieder Almosen, weil sie ihn für einen Bettler hielten ...

Postscriptum:

Messtexte am Jahrestag der Kirchweihe

(zitiert nach dem Römischen Messbuch „Schott"):

Introitus: „Voll Schauer ist dieser Ort. Gottes Haus ist hier und die Pforte des Himmels; sein Name ist: Wohnung Gottes (Gen 28,17). Wie lieb ist Deine Wohnung mir, o Herr der Himmelsheere! Verlangend nach dem Haus des Herrn verzehrt sich meine Seele (Ps 83,2-3)."

Lectio: „In jenen Tagen sah ich die heilige Stadt, das neue Jerusalem, aus dem Himmel von Gott herniedersteigen, ausgestattet wie eine Braut, die sich geschmückt hat für ihren Bräutigam. Und ich hörte eine gewaltige Stimme vom Throne her sprechen: ‚Seht, das Zelt

Gottes bei den Menschen, Er wird bei ihnen wohnen; sie werden Sein Volk sein, und Gott selbst wird unter ihnen sein als ihr Gott. Und Gott wird abwischen alle Tränen von ihren Augen. Der Tod wird fürder nicht mehr sein, noch Trauer noch Klage noch Schmerz; denn das Frühere ist vergangen.' Und der auf dem Throne saß, Er sprach: ,Seht, Ich mache alles neu' (Offb 21,2-5)."

Graduale: „Dieser Ort ist von Gott geschaffen, ein unschätzbares Geheimnis; kein Fehl ist an ihm. Gott, umgeben vom Chore der Engel, erhöre das Flehen Deiner Diener. Zu Deinem heiligen Tempel hin mich wendend, bet ich an und preise Deinen Namen (Ps 137,2)."

Communio: „,Mein Haus soll heißen: Haus des Gebetes', so spricht der Herr. ,Dort empfängt jeder, der bittet; und wer sucht, der findet; und wer anklopft, dem wird aufgetan' (Mt 21,13)."

Das Straßenbild

Arnold war ein Kunststudent aus München, der gerade ein Praktikum als Fotografen-Assistent machte. Wir begegneten uns bei einem Fotoshooting in Kitzbühel. Es handelte sich dieses Mal um Sport- und Lifestyle-Aufnahmen in einem Wellnesstempel.

Drei Tage lang arbeitete ich hier mit Arnold zusammen. Er hatte ein einnehmendes, gutmütiges Wesen, einen feinen Humor und vor allem war er ein Ästhet! Sein Vater war ein in Deutschland lebender Engländer, die Mutter eine Französin.

Arnolds gepflegte Art, sich zu kleiden, wirkte klassisch, was bei den Fotografen und deren Assistenten selten anzutreffen ist. Gleich am ersten Tag hatte er beobachtet, wie ich mit der Stylistin wegen der Hosen verhandelte, die sie mir verpassen wollte. Wohl deshalb kam er nach dem Shooting auf mich zu: „Olga, ich bin gerade dabei, meine Abschlussarbeit zum Thema ‚Straßenbild' zu beenden. Ich würde dich gerne was fragen und dann möchte ich dir auch etwas zeigen."

Damit hatte er meine Neugierde geweckt und so setzten wir uns nach dem Abendessen zusammen in die Hotellobby. Er legte seine Arbeitsmappe vor mich hin und ich fing an zu blättern ... Sagenhaft! Ich war von seinem Werk tief beeindruckt.

In seiner Abschlussarbeit ging es um den visuellen Unterschied zwischen Mann und Frau auf der Straße. Arnold sah hier nur eine minimale optische Differenz in der Bekleidungsart beider Geschlechter. Dieses seiner Wahrnehmung entsprechende Feldstudienergebnis hatte er mit Passantenaufnahmen auf der Straße bildlich untermauert. Die Hose bei Frauen beschrieb er als „Weiblichkeitskiller".

Mir war so zum Lachen zumute, als ich seine Fotoaufnahmen betrachtete und seine kurzen, trockenen, fast satirisch klingenden Erläuterungen dazu las.

Die Frage, die er mir stellen wollte, war folgende: „Warum bist du eine *Hosenverweigerin*?"

Ach, diese Bezeichnung von ihm fand ich so drollig!

Darauf antwortete ich ihm, ohne lange zu überlegen: „Erstens, weil ich mich in Hosen um meine Weiblichkeit beraubt fühle, zweitens, weil ich meinem Mann gefallen will, drittens, weil ich es genieße, feminine Kleidung zu tragen, und viertens, weil die Hose in meinen Augen eher den Charme der Mao-Tse-tung-Ära ausstrahlt, sprich: Uniformität für die Masse. Das mag ich nicht."

Arnold lächelte mich verschmitzt und komplizenhaft an: „Darf ich deine Sätze zu meinen Punkten hinzufügen?"

„Selbstverständlich. Und wie lauten deine Punkte?", wollte ich wissen.

Er zog ein Blatt aus seiner Mappe und gab es mir zu lesen:

➢ Ich bin als Mann davon überzeugt, dass eine Frau durch die Hose in ihrer Natur „ent-wesentlicht" wirkt, die Hose macht sie farblos, ja entstellt sie oft.

➢ Frauenhosen sind als Anziehsache schrecklich langweilig, nicht selten kompromittierend „unbarmherzig".

➢ Man kann sie durchaus als bequemen und einfallslosesten Bekleidungsautomatismus aller Zeiten ansehen, der kaum Fantasie duldet.

➢ In Hosen wirkt die Frau nicht feminin, sondern oft männlich, manchmal sogar „plebejerhaft".

„Na, Arnold", erwiderte ich erstaunt, „das ist ja schon ziemlich starker Tobak! Dann hätten wir mit meinen Bemerkungen zusammen ja fast schon einen Anti-Hosen-Dekalog, nicht wahr? Ich gebe allerdings zu, dass ich die Hose, zumindest was mich betrifft, in manchen Fällen praktisch finde. Gelegentlich trage ich eine Reithose, eine Schnee-, Gymnastik- oder Skihose. Bei der Stallarbeit habe ich früher unter meinem Arbeitskittel auch schon Jeans getragen oder beim Betonieren von Beeten in unserem Garten."

„Ja, klar, das versteht sich selbst. In meiner Abschlussarbeit fokussiere ich mich jedoch absichtlich auf das Massenphänomen ‚Hose bei Frauen‘, das es in diesem Ausmaß noch nie in der Modegeschichte gegeben hat.“

Bemerkenswert war auch Arnolds Feststellung, ab wann sich die Hose bei den Frauen etablierte: Ihre massenhafte Verbreitung erfolgte Hand in Hand mit der Einführung der Antibabypille!

So unterhielten wir uns an diesem Abend noch lange. Ich fühlte mich in seiner Gesellschaft sehr wohl.

Am letzten Tag fuhr mich Arnold in seinem Cabrio zum Bahnhof. Als wir an der roten Ampel stehen blieben, überquerte vor unseren Augen langsam ein älteres Wesen die Straße – eines aus der Masse. Arnold neigte sich zu mir herüber und fragte: „Olga, ist das ein Mann oder eine Frau?“

Ehrlich gesagt, fiel es mir schwer, ihm darauf sofort eine eindeutige Antwort zu geben – aus folgenden Gründen: Das „Wesen“ war optisch schwer zu definieren. Es war schon älter, trug kurze graue Haare und eine Brille. Die dreiviertellange schwarze Jacke war wie ein Sack gerade geschnitten und zugeknöpft. Darunter lugten eine dunkelgraue Hose und schwarze Sportschuhe hervor. Nur an der leichten Wölbung in der Brustgegend konnten wir beide sie schließlich als Frau identifizieren. Da war die Ampel aber schon wieder grün.

„Schade, jede Frau, ob alt oder jung, kann anziehend sein und natürlich schön; es kommt bloß darauf an, was sie aus sich macht“, meinte Arnold.

Mir fiel dazu ein altes Sprichwort ein: „Dein Kleid spricht für oder gegen dich!“

Nach diesem eindrücklichen Erlebnis mit Arnold fing ich an, die Geschichte der Frauenhosen in verschiedensten Quellen zu recherchieren – das Ergebnis meiner Recherchen war einfach überwältigend!

Postscriptum:

Ein Männerbekleidungsstück

„Noch im 19. Jahrhundert forderten die bürgerlichen Gesetze eine offizielle Genehmigung dafür, dass eine Frau Hosen trug. Warum diese Strenge? Warum dieses Verbot der Hosen für die Frauen? Um darauf zu antworten, werde ich mich auf eine Belehrung Kardinal Siris, Erzbischof von Genua, vom 12. Juni 1960 beziehen. Zuerst sagt er, betont die Hose mehr als der Rock die Körperform, anstatt sie zu verbergen. ‚Das Tragen von Hosen bei Frauen ist also unschamhaft (...) aufgrund ihrer Enge.' Aber das ist hier nicht der wichtigste Grund, denn leider sind viele heute auf der Straße getragenen sogenannten ‚Röcke' noch anstößiger, und dann könnte man sich auch eine sehr weite Hose vorstellen ...

Der Hauptgrund ist, dass die Hose entweiblicht. Ich beziehe mich aufs Neue auf den Kardinal. Seine Worte sind sehr richtig, aber die meisten Frauen sind sich dessen nicht bewusst. Der erste Grund, der eine Frau dazu bewegen kann, sich wie ein Mann zu kleiden, ist eine Art Komplex: Der Mann scheint stärker, unabhängiger, entspannter. Eine Frau, die die Größe ihres Geschlechtes schlecht versteht, kann den unbewussten Wunsch haben, den Mann nachzuahmen. (...) Und, wie der Kardinal sehr richtig sagt, ‚gleicht die innere Gesinnung sich [allmählich] der äußeren Bekleidung an.' Das Tragen von Hosen kann eine Form sein, die Weiblichkeit zu verweigern. Unser äußeres Verhalten beeinflusst unsere Seele sehr. Jemand, der z. B. ordinär und grob redet, ohne sich zu zurückzuhalten, wird vulgär in seinem Herzen.

Es ist [zweitens zwar] wahr, dass Hosen viel praktischer zu tragen sind. (...) Sie schenken Bewegungsfreiheit. (...) Die Bewegungsfreiheit, von der der Kardinal spricht, führt dazu, die Zurückhaltung und Schamhaftigkeit der Frau zu verringern, und das verkehrt die Beziehungen unter Männern und Frauen.

Wie reagieren Männer heute, wenn sie Frauen auf der Straße sehen? Leider begegnen sie praktisch nur noch zwei Bekleidungskategorien: Wenn es sich um eine schamlose und aufreizende Bekleidung handelt, werden die Männer zur Sünde getrieben und halten die Frau für nichts anderes als ein Befriedigungsobjekt ihres Egoismus', das sie nach Gebrauch wegwerfen. Sie haben nichts anderes als Verachtung für die Frau. Oder die Frauen tragen typisch männliche Bekleidung wie Hosen und vor allem die *Blue Jeans*. Diese Hosen können, wie wir gesehen haben, auch zur Sünde reizen, aber diese Kleidung erweckt vor allem Verachtung und Gleichgültigkeit, d. h. konkret die Absage an jedes besondere Zeichen von Hochachtung. Warum ein solches? Weil die Hose, ob man will oder nicht, Kennzeichen dafür ist, dass die Frau dem Mann gleichgestellt sein will. So gibt es für die Männer keinen Grund mehr, sie in Ehren zu halten, ihr Achtung zu bezeugen: Sie behandeln sie wie einen Mann ...

Aber was passiert, und das wird heute selten, wenn eine Frau ein Kleid guten Geschmackes ohne übermäßigen Aufwand, [aber] ohne Nachlässigkeit und [ohne] Eitelkeit trägt? Instinktiv ist ein Mann zur Ehrfurcht und zur Rücksicht angehalten. Die Begegnung mit der weiblichen Anmut in der schwierigen Welt, in der wir leben, erhebt die Seele und erbaut sie. Man fragt sich manchmal, ob die Frauen sich dessen bewusst sind."[47]

---

47 Pater Raymond OP: Predigten über *Die christliche Sittsamkeit*. Stuttgart (St. Athanasius) 2010, S. 25-27

Sozialistisches Einerlei

Kurz nach ihrem feierlichen Pionierschwur im Prager Lenin-Museum hatte die kleine Olga ein Erlebnis der besonderen Art, das ihre damalige Weltsicht von Grund auf erschüttern sollte. Auf der Straße hielt sie einen fremden Mann höflich an, um nach der Uhrzeit zu fragen: „Guten Tag, Genosse, können Sie mir bitte sagen, wie spät es ist?"

Olga beim feierlichen Pionierschwur im Leninmuseum

Der Mann schaute sich schnell nach links und rechts um, dann beugte er sich zu Olga herunter und presste mit eisiger Miene flüsternd zwischen den Zähnen hervor: „Ich bin nicht dein Genosse, du Rotznase!!!" Dann eilte er schnell davon ...

Mit offenem Mund blieb Olga verwirrt stehen! Bisher hatte sie geglaubt, in ihrer klassenlosen Heimat wären alle Genossen, wie es ihr in der Schule und im Lager eingetrichtert worden war.

Weitere ideologische Ungereimtheiten registrierte sie aber auch oft bei ihrer eigenen Mutter, die wie von Sinnen nach Anziehsachen, Parfüms, Schuhen aus dem Westen jagte. Was auch immer diese Dinge auf dem Schwarzmarkt kosteten, sie mussten unbedingt aus dem Westen sein. Deshalb fragte Olga die Mutter einmal, warum sie nicht Sowjetparfüms, wie zum Beispiel *Krásnyje Duchí* („Rote Düfte"), kaufte, zumal diese wesentlich billiger waren.

Die Mutter winkte bei diesem Gedanken nur abschätzig mit der Hand ab: „Bäh", war die Antwort, „die stinken doch wie ein Mittel gegen Wanzen!" Olga bekam allmählich mit, dass mit dem großen russischen Bruder und dem gepriesenen Wohlstand in seinem Lande wohl doch nicht unbedingt alles so stimmte.

In der Tat konnte man die Kleidung, die man in den staatlichen Läden zu kaufen bekam, als „sozialistisches Einerlei" schlechter Qualität für die Masse bezeichnen. Deshalb blühte der Schwarzmarkt auch besonders in Prag, denn die Leute wollten etwas Besseres zum Anziehen haben. Jeder, der Klamotten aus dem Westen trug, gehörte unter der Bevölkerung automatisch zu einer Art höherer Kaste.

Dies wurde schließlich von den kommunistischen Bonzen selbst vorgelebt: In Olgas Parallelklasse ließ sich die Tochter des hohen Parteifunktionärs und damaligen tschechischen Ministerpräsidenten und KP-Bonzen Lubomír Štrougal täglich mit einer Limousine in die Schule fahren. Offiziell hieß es zwar, im kommunistischen Staat gebe es keine Klassenunterschiede und alle Menschen seien gleich, jedoch kursierten unterm Volk schon damals ganz andere Sprüche, z. B.: *Všichni jsme si rovni, ale někteří jsou si rovnější* („Wir sind alle gleich, aber manche sind halt noch gleicher"). Und so identifizierte sich die Tochter eines hohen Staatsfunktionärs mit der doppelbödigen kommunistischen Weltanschauung ihres Genossen Papa auch dadurch, dass sie grundsätzlich nur teure Klamotten aus dem Westen trug ... Die heile kommunistische Welt begann für Olga allmählich zu bröckeln!

Während die Mutter also trotz aller linientreuen Beteuerungen weiterhin auf dem Schwarzmarkt nach Ware aus Westdeutschland fieberhaft Ausschau hielt, wurde Olga ideologisch verunsichert und fühlte sich bald hin- und hergerissen ...

Mit den Jahren hatte Olgas Mutter einen virtuosen Maskenwechsel eingeübt. Dieser diente dazu, ihr wahres Gesicht, ihre unbedeutende Herkunft aus stark ungeordneten familiären Verhältnissen sowie ihren Mangel an Bildung zu verdecken. Bei den Personen, die sie nicht näher kannten, funktionierte das auch perfekt. Besuche liebte sie deshalb besonders: Sie rannte meistens vorher zur Kosmetikerin, zur Maniküre und zum Friseur, dann zog sie sich die teuren Kleider aus dem Westen an und malte sich vor allem ihren Mund knallrot an – das war ihr Markenzeichen. Vor den Gästen spielte sie bravourös die distinguierte Lady und versprühte dabei ein regelrechtes Feuerwerk an Herzlichkeit und Liebenswürdigkeit. Da wusste die kleine Olga immer: Jetzt werden vor den Gästen garantiert keine Watschen fliegen ...

Bei diesen Besuchen durfte ihr Mann Eduard die Rolle, die sie ihm zugeteilt hatte, auf keinen Fall vernachlässigen: Er sollte vor den Gästen nämlich grundsätzlich die Vorzüge seiner Frau hervorheben und ihre und ihres Vaters „Güte" bzw. gute Taten zur Sprache bringen und loben. Und wehe ihm, wenn er ihren „Heiligenschein" nicht genügend aufpolierte!

Später, im Hotelgewerbe, lernte Olga den ideologischen Hauptfeind, die Deutschen, besser kennen.

Allgemein freute sich das Hotelpersonal immer, wenn Deutsche als Gäste eintrafen. Die Deutschen konnte man grundsätzlich leicht ausnehmen. Sie waren im Durchschnitt wesentlich sauberer und spendabler als die Angehörigen anderer Völker. Am krassesten war der Vergleich mit den Gästen aus der Sowjetunion.

Es war für die Zimmermädchen oft äußerst frustrierend, nach den sowjetischen Gästen die Zimmer zu reinigen, die oft länger und ergiebig nach dem Auszug gelüftet werden mussten. Und schuld daran war nicht nur der billige Tabakverschnitt *Machórka*! Es geschah nicht selten, dass ein Gast ein Bidet mit einem Klo verwechselte. Und Trinkgeld gab es von ihnen nie ...

Die Deutschen dagegen, insbesondere die Geschäftsleute, hatten eine kultivierte Art und immer ein angenehmes Äußeres, sie trugen schönere Kleidung und allgemein wirkten sie wohlhabender, sauberer und kompetenter als die meisten Gäste aus dem kommunistischen Ostblock.

Da Olga im Hotelgewerbe durch inoffiziellen Devisenhandel überdurchschnittlich gut verdiente, konnte sie sich auch eine exklusive Garderobe leisten. Es musste immer die letzte klassische Modekreation sein. Mit Vorliebe ließ sie sich auch Kleider und Kostüme im besten Prager Salon *Styl* nähen. Dort lernte sie auch Frau Prof. Zdena Bauerova kennen, eine anerkannte Designerin, die sie hoch schätzte. Sie war sozusagen die graue Eminenz für höhere Kreise in punkto Bekleidung, an sie wandten sich VIP-Persönlichkeiten, auch aus Regierungskreisen und aus dem diplomatischen Chorps. Mit der langjährigen Leiterin des Lehrstuhls „Design" an der Akademie für angewandte Kunst in Prag arbeitete Olga bis noch vor sieben Jahren, als Prof. Bauerova bald 80 Jahre zählte, in Sachen Kleiderentwürfe unter Einarbeitung von zum Teil antiker Spitze zusammen.

Olga arbeitet selbst antike Spitze in ihre Kleider ein

Postscriptum:

Sozialistische Moden

Bereiste er den Ostblock und speziell die Sowjetunion, wurde auch dem unbedarftesten westlichen Touristen schnell bewusst, dass der Osten in der Produktion ziviler Bedarfsartikel weit hinter der Entwicklung der westlichen Industrieländer zurückgeblieben war. Dies fiel ihm vor allem bei modeabhängigen Artikeln wie der Bekleidung auf. Die eigentliche Ursache für den signifikant ins Auge stechenden Unterschied war aber nicht die Mode, sondern der breite Mangel. In den 1930er-Jahren besaß die durchschnittliche Leningraderin eine einzige Garnitur Unterwäsche. Noch 1940 wurden Büstenhalter nur im russischen Teil der Sowjetunion und dazu nur in einer Einheitsform hergestellt. Kleidung gab es damals überhaupt nur auf Karten – was man nicht zugeteilt bekam, nähte man selbst. Erst in der Nachkriegszeit wandte sich die sowjetische Textilindustrie vermehrt den Frauen zu, denn ihre Beschäftigungsquote war aufgrund der immensen Verluste unter der männlichen Bevölkerung im Vergleich zu den etwa 50 Prozent der Vorkriegszeit auf über 80 hochgeschnellt. Die erwerbstätigen Frauen brauchten nun auch verstärkt Unterwäsche: Lange Unterhosen, Unterhemden und Nachthemden, Unterkleider bzw. -röcke und Büstenhalter wurden nun in vielfältigen Schnitten hergestellt, blieben allerdings Mangelware. Nicht umsonst begann man im obligatorischen Schulfach „Haushaltsführung" den Unterricht mit dem Zuschneiden von Schlafanzügen und Nachthemden im Sacklinienformat. Trotz des Aufkommens von Damenslips blieb der typisch sowjetische geraute Schlüpfer aus dunkelbraunem Flanell oder schmutzig grauem Trikotstoff begehrt, weil er vor allem warm hielt.

Im Gegensatz zur Damenoberbekleidung aus dem Westen, die man durch Funktionärs- und Diplomatengattinnen, Schauspielerinnen, aus dem Kino und aus Frauenzeitschriften kannte, war die westliche Unterwäsche den sowjetischen Konsumentinnen jahrzehntelang ein rätselhaftes Geheimnis geblieben, sie gelangte allenfalls hier und da als Beutegut aus dem Krieg in die Sowjetunion. Man hatte keine Vorstellung von feinerer Unterwäsche selbst heimischer Produktion, weil solche Artikel in der Sowjetunion grundsätzlich nicht beworben wurden. So wird erklärlich, dass beispielsweise die meist aus einfachen Verhältnissen stammenden Ehefrauen sowjetischer Besatzungsoffiziere und -soldaten Spitzenunterröcke und Nachthemden mit Oberbekleidung verwechselten. Die erbeutete, oft farbige Unterwäsche blieb indes nicht ohne Einfluss auf die heimische Textilproduktion und so kam es, dass die Sowjetfrauen plötzlich für Unterwäsche aus weicher Chinaseide in den Farben Frühlingsgrün, Himmelblau oder Apricot Schlange standen … Ab den 1960er-Jahren erhielten die staatlichen Textilbetriebe Modekataloge und -zeitschriften aus dem Ausland, wie zum Beispiel das italienische Magazin *Linea Intima*. Um diese Zeit des Wirtschaftswunders im Westen etwa spielt auch Giovanni Guareschis Komödie „Genosse Don Camillo" mit dem katholischen Ortspfarrer, der sich als Kommunist getarnt mit dem kommunistischen Bürgermeister und weiteren Parteigenossen der italienischen Kleinstadt Boscaccio auf eine Reise in die Sowjetunion begibt:

„Das [staatliche] Warenhaus war voller Frauen. Viele trugen das Überkleid des Arbeiters oder die Uniform eines Eisenbahners oder Briefträgers, aber alle begaben sich – nachdem sie irgendeine Schachtel oder irgendein Paket in der Abteilung Lebensmittel erstanden hatten – zu den Auslagen von Schuhen, Kleidern, Wäsche und anderen weiblichen Gegenständen, um sie mit verzückten Augen zu bewundern.

‚Der echte Kommunist', sagte Don Camillo zu Peppone, ‚zeichnet sich durch seine Bescheidenheit und seine Verachtung des Luxus aus. Zwei Fälle sind möglich. Entweder sind diese Frauen keine guten Kommunistinnen, oder die Waren, die sie mit verlangenden Augen verschlingen, sind nicht mehr als Luxus zu betrachten, in Anbetracht des hohen Standards, den die Sowjetunion erreicht hat.'

‚Ich weiß nicht, wo Ihr hinauswollt', brummte Peppone argwöhnisch.

‚Ich will sagen: In der Sowjetunion sind die Konsumgüter augenscheinlich so zahlreich, daß eine Frau es als erlaubtes Verlangen betrachten darf, die Hosen auszuziehen und sich als Frau zu kleiden.'

Peppone wurde sich der Provokation nicht bewußt.

‚In Anbetracht dessen, daß sie dir so viele Rubel für deine zehntausend Lire gaben', beharrte heimtückisch Don Camillo, ‚warum kaufst du nicht dieses Unterröcklein für deine Frau?'

Ein Unterrock des Staates, mit Staatsstoff und nach staatlichem Modell eines Staatsschneiders angefertigt, könne nie zu dem modischen Getue verführen, wie es mit den in kapitalistischen Ländern von der Privatinitiative hergestellten Unterröcken üblich sei.

Doch Peppone gab donnernd zurück: ‚Für eine Frau ist es besser, sie trägt einen häßlichen Unterrock, ist aber frei, als einen Unterrock von Christian Dior zu tragen und Sklavin zu sein'.‘[48]

Obwohl sich die Verantwortlichen in der Wirtschaft über die Theorien der Ideologen hinweggesetzt und schon ab den 1930er-Jahren verschämt wieder Werbung zugelassen hatten, erwies sich die sowjetische Mode im Alltagsleben im Vergleich zum Westen als viel weniger schnelllebig – bei Kleidungsentwürfen dachte man

---

48 Giovanni Guareschi: Genosse Don Camillo. Übersetzung von Fritz Flüeler (italienischer Originaltitel: *Mondo piccolo: Il compagno Don Camillo*). Köln (Naumann & Göbel) 1988, S. 102-104

in Jahrzehnten statt von Sommersaison zu Wintersaison. Noch in den 1960er-Jahren lauteten die ideologischen Vorgaben für die Textilbranche: „Unsere Kleidung soll ihren eigenen sowjetischen Stil haben. Sie soll sich immer durch Natürlichkeit, Schlichtheit und Nützlichkeit von anderen unterscheiden."[49] Nur langsam bewegte sich das Angebot in der Auswahl der verfügbaren Kleidergrößen für Kinder und Erwachsene hin zu größerer Bandbreite. Ab Anfang der 1970er-Jahre wurden elastische Stoffe zunächst importiert und dann auch in eigener Produktion – im Baltikum – hergestellt. Erst Ende der 1970er-Jahre wurde Qualität für Kleidung auch an künstlerischen und ästhetischen Maßstäben gemessen. Man importierte in diesem Ansinnen Textilverarbeitungsmaschinen, ja ganze Betriebsanlagen samt zugehörigen Schnittschablonen und Modellen aus dem kapitalistischen wie sozialistischen Ausland. Die aufrichtigen Bemühungen sowjetischer Modegestalter, Erfahrungen aus dem Westen umzusetzen, wurde durch die schwerfällige Bürokratie behördlicher Genehmigungs- und Kontrollverfahren, die ihren gehörigen Teil zum allgegenwärtigen Warenmangel beitrug, fast im Keim erstickt. So blieb den Sowjetfrauen bis hin zur Agonie des Sowjetsystems das Selber-Nähen von Wäsche, das erfinderische Umnähen von unpassenden oder nicht mehr benötigten Kleidungsstücken in das, was gerade gebraucht wurde, sowie der Hamsterkauf und anschließend geschickte Warentausch unter Freundinnen und Arbeitskolleginnen – und sei es nur wegen der Kleidergröße. Aber ausgerechnet zu der Zeit, als die Westimporte einsetzten und das allgemeine Bewusstsein für Mode in der Sowjetunion gestiegen war, verschwanden die so gebräuchlichen Stoffe wie Nessel oder Kattun

---

49 zitiert nach: Julia Demidenko: Eine kurze Geschichte der Unterwäsche in der Sowjetunion. Von selbstgemachten Strumpfhosen und sozialistischer Lingerie, http://www.redost.com/texte/artikel/eine-kurze-geschichte-der-unterwaesche-in-der-sowjetunion/

aus dem Handel, aus denen die Frauen ihre Wäsche eigenhändig nähten. Da wurden schon mal lange Herrenunterhosen aus Nessel zu Sommerhosen für Damen umgearbeitet, selten erworbene Importstrumpfhosen zig mal geflickt, gewöhnlichen sowjetischen Unterhosen Nylonstrümpfe angenäht, Laufmaschen mit speziellen Haken wieder aufgenommen usw. Erst die Mini-Mode im Westen hatte ja die Perlon- oder Nylonstrumpfhose und dazu die immer knapper geschnittenen Damenslips hervorgebracht, die in der Sowjetunion lange unbekannt waren. Diese – und für die Männer aus dem Westen importierte Röhrenhosen – waren mit der den kalten Breitengraden angemessenen weiten und warmen Sowjetunterwäsche unvereinbar. Als die Frauen reumütig zur alten Wollstrumpfhose zurückkehren wollten, war diese im Handel nicht mehr erhältlich; die Männer dagegen tauschten ihre alte Nesselunterhose gegen Jogginghosen aus ...

„Es war ein grauer Herbstmorgen: In den menschenleeren Straßen wuschen und wischten Frauen, in Männerkleider eingemummt, den Asphalt. Frauen in Hosen lenkten die alten, verlotterten Trams. Andere Frauen im Überkleid teerten einen Platz, und Frauen in verstaubten Breeches arbeiteten als Handlanger auf einem Neubau. Vor einem ‚Gastronom' stand eine lange Schlange von Frauen, diese in ziemlich bescheidenen Kleidern, die aber durchaus weiblich waren. Don Camillo neigte sich zu Peppone und flüsterte ihm ins Ohr: ‚Hier haben die Frauen nicht nur die gleichen Rechte wie die Männer, sondern auch die gleichen Rechte wie die Frauen'."[50]

„Schlicht, hygienisch, zweckmäßig, der arbeitsintensiven Lebensweise entsprechend und gleichzeitig frisch und markant dekorativ – so lauten unsere sowjetischen Losungen auf dem Gebiet der

---

50 Giovanni Guareschi: Genosse Don Camillo, ebenda, S. 120-121

äußerlichen Verschönerung, die uns vom restlichen Europa unterscheiden, welches sich bei seinem ganzen Fortschritt von den ungesunden Moden der aussterbenden bürgerlichen Kultur ernährt"[51], hatte der russisch-jüdische Kunstkritiker Jacob Tugendhold in seinem Vorwort für den bekannten, 1923 erschienenen Katalog *Die Kunst im Alltag* noch euphorisch geschrieben. Das seit den 1920er-Jahren ungeschriebene und unterschwellig weiterwirkende Werbeverbot der Ideologen hatte bis in die 1980er-Jahre jegliche Abbildungen von Intimwäsche aus den sowjetischen Modezeitschriften ferngehalten. Vereinzelt wurde sie gemalt oder auf dem Tisch liegend fotografiert abgebildet; weibliche Modelle kamen nur äußerst selten in figurversteckender Unterwäsche zum Einsatz. In der Sowjetzeit gab es selbst in Fachgeschäften für Unterwäsche keinerlei Anprobekabinen; man schätzte die passende Größe allein durch Anlegen und wusste beim Kauf eigentlich nicht, wie sie wirklich am Körper sitzen würde. Die *Perestrojka* beendete diese „schamvolle Zeit" mit einem Schlag: „Slips und BHs, Pyjamas und ärmellose Unterhemden hingen plötzlich in jeder Straßenbude, dabei hatte die Frauenunterwäsche am häufigsten einen offen erotischen Charakter – transparente Spitzengarnituren in allen Farben des Regenbogens." Dieser Ausbruch aus jahrzehntelanger Askese und Alltagspragmatismus hielt jedoch nicht lange an: Die warmen Trikotstoffunterhosen, „Symbol sozialistischer Unterwäsche", kehrten direkt nach der Augustkrise 1998 wieder in den Handel zurück ...

---

51 alle in diesem Absatz folgenden Zitate: Julia Demidenko: Eine kurze Geschichte der Unterwäsche in der Sowjetunion, ebenda

Die vertantete Bundeswehr

Manfred, mein Shootingpartner zum Thema Seniorenfitness im Bayerischen Wald, war ein rüstiger Rentner und als ehemaliger Bundeswehroffizier a. D. mit seinen etwa 70 Jahren noch sehr gut in Schuss.

Die Wellenlänge zwischen uns stimmte sofort, weil uns die Affinität zu allem „Militärischen" verbündete – ihn als Berufssoldaten und mich als Offizierstochter und mit militärischem Drill aufgezogenes Kind. Das Faible für Waffen, Kampf, Strategie und besonders für Militärgeschichte ist mir bis heute geblieben.

Es war für mich höchst interessant, Manfred beim Erzählen über seinen beruflichen Werdegang zuzuhören. Er schilderte nüchtern, exakt, aber auch humorvoll, vor allem aber war er bestens im Bilde, was die Bundeswehrstrukturen früher und heute angeht.

Seine pessimistische Schilderung der heutigen Lage bei den deutschen Streitkräften beendete er mit einer traurigen Bilanz: „Ich bin froh, Olga, dass ich nicht mehr dabei bin, denn was da abläuft, das ist ein Wahnsinn. Ein immer mehr vertanteter Laden und ein Vasall von Amerikas ,Ostküste' ist die Bundeswehr geworden", klagte Manfred.

Dann fuhr er fort: „Das Hirngespinst mit den Frauen in der Armee führt nur in eine Richtung, und zwar in den langsamen, aber sicheren Untergang. Es ist ein weich gekochtes, selbst gemachtes Stalingrad von innen her ... Die politisch korrekten Kaschperl – und vor allem Kaschperlinnen – im Bundestag sorgen schon dafür. Wenn man sieht, was da alles im Parlament hocken kann und darf, da wird es einem speiübel: an der Spitze als Parlamentsvizepräsidentin Claudia Roth! Es ist ein Hohn, diese Frau, die in der 90er-Jahren bei einer Demo ein Plakat mit der Aufschrift ‚Nie wieder Deutschland!' mittrug, in solch einer hohen Position ertragen zu müssen. Und so was wie die wird noch mit dem bayerischen Verdienstorden dekoriert! Diese grüne Busenfreundin der Antifa, die bei Demos ‚Deutschland verrecke! *Bomber Harris do it again!*' brüllt! Da könnte man als Deutscher ganz leicht ‚claudiarothphob' werden! Und obendrein kommt noch dazu, dass die Soldaten durch die Umerziehung und mediale Verblödung, durch die Beraubung ihrer Identität, in eher lasche Wehrkräfte verwandelt werden und Deutschland dadurch in die nationale Wehrlosigkeit getrieben wird. Ich sehe das als ein gefährliches Unding an!"

Ich konnte meinem Shootingkollegen eigentlich nur zustimmen:

„Du hast recht, Manfred. Eine entartete feministische und antideutsche Offensive schlägt überall hohe Wellen, aber nicht nur bei der Bundeswehr oder im Parlament, sondern überall in Deutschland. Es scheint fast, als ob der allgemeine Trend dieser übertriebenen emanzipatorischen Gruppierungen ist, die Männer am liebsten zu folgsamen latenten Halb-Eunuchen zu degradieren und zu beherrschen. – Übrigens habe ich vor Kurzem einen Bericht über britische Soldatinnen gelesen, dass sie eine *Benevolenz* durchgesetzt hätten, bei der Militärparade die vorgeschriebene Schrittlänge von 76 auf 70 Zentimeter zu verkürzen – und dies mit der Begründung, dass sie körperlich anders konstituiert seien als die Männer, nach denen der Paradeschritt bemessen worden war. Den Frauen hatte der längere Schritt nämlich gesundheitliche Probleme bereitet: angefangen von Rückenschmerzen bis hin zu überstrapazierten Sehnen und Bindegewebe."

„Bleibt nur abzuwarten, was als nächster ‚Antidiskriminierungsschritt' kommt – vielleicht, dass die Männer ihren Paradeschritt auch auf 70-Zentimeter-Niveau zurückschrauben und dabei gar einen BH tragen müssen?", brummte Manfred vor sich hin.

„Mir kommt es immer stärker so vor, Olga, dass wir in einer Welt der Verwirrung von Werten und Begriffen leben wie auch in einer Zeit, die an einer Geschlechtsneurose leidet. Ich spüre förmlich diesen Druck, auch wenn ich schon in Rente bin. Es ist wie in einem rasendem Zug, aus dem du nicht mehr aussteigen kannst ...", sinnierte er weiter.

„Doch Manfred, man kann aussteigen", erwiderte ich mit meiner Lebensdevise, „indem man sich im Gebet vertrauensvoll an Gott wendet."

Er schob seine Brille herunter und starrte mich über die Gläser hinweg an: „an Gott!!??" Er stieß einen Seufzer aus.

„Ich kann mich gar nicht mehr erinnern, wann ich zuletzt gebetet habe – den Anschluss habe ich schon längst verpasst."

„Na, dann fange wieder an, es ist nie zu spät! – ‚Helm ab zum Gebet!' kennst du doch bestimmt noch und das *Vaterunser* sicher auch", munterte ich ihn auf.

Manfred sah sich auf einmal von mir ziemlich überrumpelt, stand meiner Aufforderung aber nicht ganz ablehnend gegenüber.

„Du, das ist leicht gesagt, ich habe da auch meine großen Zweifel, ob das mit dem Gott überhaupt stimmt ... Die Wissenschaft hat doch schon so vieles widerlegt, was die Kirche sagt ... Außerdem wurden damals unter den Römern Tausende Menschen gekreuzigt, nicht nur Jesus allein ...", brachte er seine Bedenken zum Ausdruck.

„Ja, das stimmt zwar, Manfred, aber keiner von denen ließ sich freiwillig an das Kreuz schlagen wie Jesus von Nazareth, der Sohn Gottes!"

Da kam mir ein spontaner Gedanke und ich sagte ihm: „Pass' mal auf, Kamerad, ich werde dir was zuschicken, damit du nicht nur immer in der Defensive vor dem Feind verbleibst."

Gesagt – getan: Gleich nach meiner Heimkehr vom Shooting schickte ich ihm meine Lieblingspredigt von Ephraim dem Syrer (306–373 n. Chr.) über die Verklärung Christi[52].

Nach einigen Tagen rief mich Manfred an und wir führten ein tief bewegendes Gespräch.

Wo ist die Wehrhaftigkeit der Männer bloß geblieben?

---

52 siehe in diesem Buch im Postscriptum zu „Der Glaube kommt vom Hören", S. 36

Postscriptum:

Von der Wehrhaftigkeit zur Wehrlosigkeit

Ich kann mir an dieser Stelle nicht verkneifen, zusätzlich noch eine fachliche Analyse, betreffend den jetzigen Zustand der Bundeswehr, des wohl international bekanntesten jüdischen Militärhistorikers Prof. Martin van Creveld von der Hebräischen Universität Jerusalem in einem Auszug hier anzuführen. Dieser gab im Jahre 2003 dem politischen Magazin *Sezession* ein von Moritz Schwarz geführtes Interview[53], worin er ein hartes Urteil über die Moral der bundesrepublikanischen Truppen fällte:

„**Creveld:** In der Tat ist der Zustand der Bundeswehr erschreckend, es handelt sich lediglich um eine bürokratische Maschine ohne Zweck und ohne Geist. Ich bin fast regelmäßig bei der Bundeswehr zu Besuch und habe den Eindruck, keiner weiß, wozu diese Armee überhaupt da ist.

Sezession: Und so flüchtet sie in die UNO?

Creveld: Ja, aber bei der Bundeswehr kommt noch ein besonderes Problem hinzu, das sie in eine verzweifelte Lage bringt: Sie darf keine Tradition haben. Ohne Tradition aber kann keine Armee funktionieren. Es bleiben also nur die Bürokratie, die Casinos und die Limousinen der Generäle.

Sezession: Sprich, der Bundeswehr ist es verboten, eine deutsche Armee zu sein?

Creveld: Ich habe zum Beispiel die Clausewitz-Kaserne in Hamburg besucht. Aus Angst vor der jüngeren deutschen Vergangenheit findet sich dort kein militärische Identität stiftendes Sujet in Form eines

---

53 Moritz Schwarz: Interview mit Martin van Creveld, in: *Sezession*, Nr. 1/2003, 1. April 2003, S. 8-13, Auszug: S. 11-12

Bildes, das historisch später als 1813 zu datieren ist. Fragen wie die, ob man ein Bild von Feldmarschall Rommel aufhängen darf, oder gar eines, das zum Beispiel einen Stuka darstellt, der natürlich auch ein Hakenkreuz am Leitwerk trägt, traut man sich nicht zu stellen. Ich kann nicht verhehlen, daß mir als Jude diese Skrupel ganz lieb sind, aber für Ihre Armee ist das eine schwere, um nicht zu sagen untragbare Bürde.

Sezession: Nehmen nach Ihrem Eindruck die Soldaten der Bundeswehr das Problem überhaupt wahr?

Creveld: Ich weiß es nicht, doch tatsächlich hat mich kein Soldat bei einem Besuch jemals darauf angesprochen. Stets bin ich es, der das Thema zur Sprache bringt. Aber seien wir fair, dieses Problem betrifft nicht nur die Bundeswehr, es betrifft ganz Deutschland.

Sezession: ... das daran leidet, nicht deutsch sein zu dürfen?

Creveld: Die Zeit des Nationalsozialismus ist ein Kreuz, an dem Deutschland schwer trägt und noch lange tragen wird. Als Jude habe ich natürlich meine Zweifel daran, ob man Ihnen diese Bürde abnehmen sollte, wenn das überhaupt ginge, aber ich kann feststellen, daß mir die Deutschen für diese Last, die sie mit sich herumschleppen, leid tun. Vor allem angesichts dessen, daß das Problem mit den Jahrzehnten für die Deutschen offensichtlich nicht leichter, sondern schwerer wird. Ich vermute übrigens, daß dies sogar mit ein Grund dafür ist, daß die Deutschen heute kaum noch Kinder bekommen.

Sezession: Es droht also das Verschwinden Deutschlands aus der Geschichte „dank" der „Vergangenheitsbewältigung"?

Creveld: De facto sind viele Deutsche bereits damit beschäftigt, ihre Identität loszuwerden. Ich kann das verstehen, ich kann aber auch die gegenteilige Reaktion der Nationaldeutschen verstehen, die sagen, wir sind doch ein Volk wie jedes andere auch und möchten unser Deutschland erhalten. Nur stehen dafür, nüchtern betrachtet, die Chancen schlecht."

Als krasses Gegenteil zu obiger Beurteilung der heutigen Bundeswehr attestierte Prof. Martin van Creveld der damaligen deutschen Wehrmacht eine ganz andere Qualität: „*The German army was a superb fighting organization. In point of morale, elan, unit cohesion, and resilience, it probably had no equal among twentieth century armies* [Das deutsche Heer war eine vorzügliche Kampforganisation. Im Hinblick auf Moral, Elan, Truppenzusammenhalt und Elastizität war ihr unter den Armeen des Zwanzigsten Jahrhunderts wahrscheinlich keine ebenbürtig]."[54]

Damit bestätigte er im Grunde Manfreds Grundaussagen: Wir erleben einen schleichenden Niedergang der deutschen Wehrhaftigkeit. Analog dazu schlittert auch das gesamte Land langsam, aber sicher in einen Zustand der Wehrlosigkeit. Und eine der maßgeblichsten Ursachen dieser deutschen militärischen und nationalen Agonie ist mit Sicherheit eine gewisse mentale Kastration durch die omnipräsente und permanente Geschichtsklitterung, die bis hin zu geschichtlichen Monsterlügen reicht.

---

54 zitiert nach: Martin van Creveld: Kampfkraft – Militärische Organisation und militärische Leistung 1933–1945. (= Einzelschriften zur Militärgeschichte, Bd. 31). Freiburg (Militärgeschichtliches Forschungsamt) 1989, S. 203 f.; siehe auch: Martin van Creveld: Kampf-Kraft. Militärische Organisation und Leistung der deutschen und amerikanischen Armee 1939–1945. Graz (Ares), erweiterte Neuauflage 2005, S. 189

Deutsche Bestien

Gleich nach der Einschulung fing eine lückenlose ideologische Bearbeitung der Kinder an. Den Kindern wurde in der Schule täglich eingebläut, die Deutschen seien Mörder, die Russen jedoch edle und brüderliche Retter. Die Liebe und Bewunderung für die Sowjetunion wurde zur obersten Bürgerpflicht – auch für die Kinder. In verschiedenen Unterrichtsfächern wurde in entsprechender Form die Fortschrittlichkeit des Kommunismus im Allgemeinen und in der Sowjetunion im Besonderen glorifiziert. Der Glaube an Gott war hingegen eine Domäne der bösen Reaktionäre, ja ein „Opium für das Volk", wie es die kommunistische Ikone Karl Marx einmal gesagt hatte. Ja, das alles verinnerlichten bereits die Erstklässer, auch die kleine Olga.

Die politische Schulung der Kinder durch *Politruks* genannte Politkommissare war ein fester Bestandteil auch des paramilitärischen Lagers „Grenzwächter". Zu den Kindern pflegten diese politischen Führer eine autoritäre Kameradschaft: Sie schlugen die Kinder nicht, abgesehen von hier und da einer Watschen, einem Schubser oder dass sie sie manchmal am Ohr oder an den Haaren zogen. Als Höchststrafe für unbotmäßiges Verhalten oder Befehlsverweigerung war lediglich „Zeltarrest" angesagt. Die Befehle bei den Übungen waren kurz, laut und streng – wie beim Militär.

Die Kinder waren hier leicht zu begeistern für die treue Gefolgschaft zur Sowjetunion, für Lenin, Stalin – und umgekehrt leicht aufzustacheln zum Hass auf den Feind, d. h. den imperialistischen Westen. Doch an allererster Stelle prägte sie der im Lager Tag für Tag allgegenwärtige Hass auf alles Deutsche, vor allem auf die deutsche Armee!

Die politischen Unterrichtsstunden im Lager hatten immer ein spezielles Thema und fanden regelmäßig statt. Einmal ging es hier im Unterricht um das Kriegsverbrechen von Katyń. Dabei zeigte der immer freundliche Genosse Politruk den Kindern grauenhafte Fotos von halb verwesten polnischen Offizieren, die massenweise von den „bestialischen Deutschen" mit Genickschuss exekutiert worden seien. Diese Massenexekution wurde in den noch während des Krieges einberufenen Schauprozessen von Smolensk, Minsk, Riga und anderswo von einer großen Anzahl der gefangenen Wehrmachtsoffiziere und deren Mannschaften *selbst „gestanden"* (!). Anschließend wurden sie alle einzeln auf offenen Pritschen durch Menschenspaliere zu ihrer Hinrichtungsstelle transportiert, wo sie dann vor brüllenden Schaulustigen in unübersehbarer Zahl öffentlich gehängt wurden.

Die „deutsche Täterschaft" bei dieser Hinrichtung des nahezu gesamten polnischen Offizierskorps wurde auch vom Hauptankläger der Sowjetunion, Roman Andrejewitsch Rudenko, beim Nürnberger Tribunal der Siegermächte 1946 *unter Eid* bestätigt!

Erst Jahrzehnte später, schon in Deutschland lebend, durfte Olga das genaue Gegenteil erfahren, als der damalige sowjetische Präsident Michail Gorbatschow 1990 die wahren Vollstrecker dieses Massakers benannte: Der sowjetische Geheimdienst NKWD hatte hier auf ausdrückliche Anweisung von Stalin persönlich gehandelt. So hatten also fast ein halbes Jahrhundert nach dem Krieg neben den Sowjets auch ihre westlichen „Freunde" die gutgläubigen Deutschen und die ganze Welt mit zynischer Beharrlichkeit an der Nase herumgeführt.

Ab der dritten Klasse der Volksschule ging der Geschichtsunterricht los. Geschichte sollte bald Olgas Lieblingsfach werden. Hier ging man streng chronologisch vor, beginnend mit den mesopotamischen Kulturen, dann folgten die Pharaonen, das antike Griechenland – von Alexander dem Großen war Olga besonders angetan. Hauptsächlich wurde jedoch die Zeitgeschichte mit ihren zentralen Themen „Zweiter Weltkrieg" und „Nazizeit" unterrichtet, die sich Olga sehr intensiv einprägten.

Als sie das Geschichtsbuch zum ersten Mal aufgeschlagen und wissbegierig darin geblättert hatte, wurde sie – wie einst schon im Kinderlager „Grenzwächter" – wieder mit denselben grauenhaften Bildern, dem sogenannten „Fotobeweismaterial" der deutschen Unmenschlichkeit konfrontiert: Da waren jene spektakulären Aufnahmen von Lampenschirmen aus Menschenhaut, die angeblich deutsche Wohnstuben zierten, oder die Seife aus den Knochen der vergasten Juden und präparierte Schädel als Deko-Objekte für die Wohnzimmer der Deutschen. Besonders krass war ein Foto einer deutschen Frau in Tracht mit Hut und Trachtenschmuck um den Hals. Darunter stand zu lesen: Dieser Schmuck ist aus den Zähnen der vergasten Juden angefertigt worden!

Diese „Exponate" gehörten – genauso wie die Fotos der exhumierten Leichen von Katyń – zum offiziellen Beweismaterial gegen die Deutschen im Nürnberger Prozess 1946, dessen amerikanischer Chefankläger, Robert H. Jackson, dieses Tribunal in seiner Schlussansprache als eine „Fortsetzung der Kriegsanstrengungen der Alliierten Nationen" bezeichnete, womit er im Grunde den Vorwurf von Dönitz' Verteidiger, Flottenrichter Otto Kranzbühler, bestätigte, der Hauptkriegsverbrecher-Prozess sei eine „Fortsetzung des Krieges *mit anderen Mitteln*". Diese „Beweisstücke" waren – wie allerdings erst viel später ans Licht kam – so gut wie alle plumpe Fälschungen: Zum Beispiel erwies sich die vermeintliche Judenhaut in Wirklichkeit als Ziegenhaut usw.

Aber solche und andere böswillig in die Welt gesetzte üble, handfeste Lügen über die Deutschen zeigten erwartungsgemäß überall Wirkung, so auch bei Olga. „Wie eklig und furchtbar sind doch diese deutschen Mörder!", dachte sie wie viele Millionen anderer

Menschen nach dem Krieg, die alle über die offenbar ausschließlich deutschen Grausamkeiten entsetzt waren.

Im Jahre 1964, im Alter von neun Jahren, fuhr Olga mit der Klasse im Rahmen einer Schulexkursion in das KZ Theresienstadt, welches die Nationalsozialisten im damaligen Protektorat Böhmen und Mähren errichtet hatten. Ein Odium des Todes lag danach lange Zeit auf Olgas Seele und immer wieder ging ihr durch den Kopf: Was für Unmenschen sind doch diese Deutschen!

Die Tatsache indes, dass gleich einen Tag nach der Befreiung von Theresienstadt durch die Sowjetarmee und tschechische Rotgardisten das Lager im Mai 1945 wieder mit Gefangenen gefüllt war – dieses Mal jedoch mit deutschen Zivilisten –, wurde bei der Schulbesichtigung damals „taktvoll" verschwiegen. Erst viel später erfuhr Olga auf Umwegen von einer ehemaligen sudetendeutschen Lagerinsassin in Theresienstadt. Ebenso erfuhr sie erst in Deutschland, dass deutsche Frauen und Mädchen hier zum Freiwild für russische Soldaten und ihre willigen tschechischen Eintreiber wurden und dass Massenvergewaltigungen – oft mit Todesfolge – im Lager auf der Tagesordnung standen. Aber das wurde im Unterricht nie erwähnt!

Im Geschichtsunterricht sagte die Lehrerin allerdings, dass nicht alle Deutschen böse seien: Die guten Deutschen hätten sich zusammengetan und die DDR gegründet, während die bösen Deutschen, die die Juden vergast hätten oder damit einverstanden gewesen seien, heute in der BRD lebten.

So einfach war es also mit den Deutschen und so haben es damals auch Olga und ihre Mitschüler geglaubt ... Dennoch verwirrten Olga im privaten Umfeld vom allgemeinen Bild abweichende positive Aussagen über die Deutschen, die doch in der Schule und im „Grenzwächter" einfach nur „deutsche Bestien", in Olgas Familie „deutsche Ratten" genannt wurden, aber von Oma Anežka als hilfsbereite, großzügige Menschen erlebt worden waren.

Postscriptum:

Rote Soldateska

Natürlich ist es vollkommen abwegig, nur einer der am Zweiten Weltkrieg beteiligten Nationen Verbrechen gegen die Menschlichkeit vorzuwerfen, wie es ebenso falsch ist, eine Kriegspartei von solchen Verbrechen gänzlich reinzuwaschen.

Gut, wichtig und richtig war es, die nachweislich unter einwandfreien Beweisen schuldig gesprochenen Vertreter des Nazi-Regimes zu verurteilen und zu bestrafen.

Schlecht, verkommen und teuflisch handeln hingegen die Konstrukteure von falschen Anschuldigungen und Aussagen, die gezielt Unwahrheiten, Verdrehungen und Desinformationen gegen Deutschland verbreiten, um aus der Fortschreibung der deutschen Sühne für alle Zukunft sowohl politisch wie auch finanziell Profit zu schlagen.

Unter anderen prangerte z. B. der jüdische Politikwissenschaftler Prof. Norman G. Finkelstein in seinem bahnbrechenden Werk *Die Holocaust-Industrie – Wie das Leiden der Juden ausgebeutet wird*[55] ganz klar und deutlich die Instrumentalisierung der deutschen Schuld an. Er folgerte – obwohl selbst ein Jude, dessen Eltern das Warschauer Ghetto und die KZ-Haft überlebt hatten –, dass nach dem Willen der weltumspannenden Lobby der „Holocaust-Industrie" für eigene Zwecke und häufig auf Kosten der eigentlichen Opfer deutsche Sühne fortgeschrieben werden soll, um damit weitere Entschädigungszahlungen abzusichern.

---

55 Norman G. Finkelstein: Die Holocaust-Industrie – Wie das Leiden der Juden ausgebeutet wird. München, Zürich (Piper) 2000

Umgekehrt war die Rote Armee auch kein reiner Hort von lauter „edlen und tapferen Sowjetsoldaten". Genauso gut konnte ebenso der Ausdruck „vertierte Horden" auf sie zutreffen! Ortsnamen wie Broniki (1941), Feodosija (1942), Grischino (1943), Nemmersdorf und Königsberg (1945) stehen für unvorstellbare Grausamkeiten durch Rotarmisten. Die von diesen Orten dokumentierten Aufnahmen aus der damaligen Zeit tragen die Handschrift eines Sadismus der viele Verbrechen des Zweiten Weltkriegs in den Schatten stellt ...

Die sowjetischen Soldaten wurden von dem fanatischen jüdischen Bolschewiken, Leninorden- und Stalinpreisträger, dem notorischen Deutschenhasser Ilja Ehrenburg zum Morden aller Deutschen ohne Unterschied zwischen Militär und Zivilisten angefeuert. Seine Mordpropaganda diente von Beginn an auch dazu, eine mögliche Verbrüderung mit den „deutschen Befreiern", die viele Russen, vor allem aber Ukrainer in den Wehrmachtsangehörigen erblicken wollten, zu verhindern. Offiziell von Stalin dazu beauftragt, verbreitete er täglich in der Armeezeitung *Krásnaja Swjesdá* („Roter Stern") seine hasserfüllten antideutschen Tiraden, welche die roten Kommissare ihren Soldaten an der Front vor jedem Angriff täglich vorzulesen hatten, wie etwa: „Deutsche sind keine Menschen. Deutsche sind zweibeinige Tiere, abscheuliche Geschöpfe, Bestien." Kurz nach Beginn des deutsch-sowjetischen Krieges, am 12. Oktober 1941 bezeichnete er die Deutschen als „Perverse Sodomiten und Süchtige in allen Formen der Bestialität" und schrieb über sie: „... sie ergreifen russische Mädchen und verschleppen sie in ihre Bordelle ... Sie hängen Geistliche ... Sie haben Abzeichen mit dem Motto ‚Gott mit uns', aber mit solchen Gürteln schlagen sie ihren sterbenden Gefangenen ins Gesicht ... Kultur heißt für sie Füllfederhalter und Sicherheitsrasiermesser. Mit ihren Füllfederhaltern schreiben sie die Zahl der Mädchen nieder, die sie vergewaltigt haben ... Sie rasieren sich mit ihren Sicherheitsrasiermessern und benutzen das

Halsschneidemodell, um die Nasen, Ohren und Brüste ihrer Opfer abzuschneiden."[56]

Die mörderische Dauerwirkung seines barbarischen Hasses erlebten im Herbst 1944 mit aller Wucht die deutschen Ostprovinzen, vor allem Ostpreußen, wo die ersten Massaker an der Zivilbevölkerung begannen. Lieblingsbeute dieser oft stockbetrunkenen roten Soldateska waren neben Uhren und Schmuck – dank der pausenlosen Hetze Ehrenburgs – massenweise deutsche Mädchen und Frauen ... Auch wenn die Echtheit eines angeblich bei einem in Gefangenschaft geratenen russischen Soldaten gefundenen und Ilja Ehrenburg zugeschriebenen Flugblattes aus dem Jahr 1942 mittlerweile angezweifelt wird, so übertreffen doch die nackten Tatsachen den hier dokumentierten grausigen Aufruf:

„Tötet, ihr tapferen Rotarmisten, tötet! Es gibt nichts, was an den Deutschen unschuldig ist, die Lebenden nicht und die Ungeborenen nicht. Folgt der Weisung des Genossen Stalin und zerstampft für immer das faschistische Tier in seiner Höhle. Brecht mit Gewalt den Rassenhochmut der germanischen Frauen, nehmt sie als rechtmäßige Beute. Tötet, ihr tapferen, vorwärts stürmenden Rotarmisten, tötet!"

Lew Kopelew, selbst ein ehemaliger Offizier der Roten Armee, der den sowjetischen Einfall in Ostpreußen miterlebt hatte, beschrieb die dort geschehenen Verbrechen durch Rotarmisten in seinem Buch *Aufbewahren für alle Zeit!*[57] Kopelews autobiografischer Bericht über seine Kriegserlebnisse in Ostpreußen 1945 zeigt deutlich, dass Ehrenburgs Name damals zumindest von Kopelew selbst als

---

56 zitiert nach: Joachim Hoffmann: Stalins Vernichtungskrieg 1941 bis 1945. München (Verlag für Wehrwissenschaften), 2. durchgesehene Auflage 1995, S. 200

57 Lew Kopelew: Aufbewahren für alle Zeit! Hamburg (Hoffmann & Campe) 1976, S. 86 ff.; 9. Auflage: München (dtv) 1986, S. 91 ff.

Synonym für gnadenlose Rache verstanden wurde: „... und wir alle – Generäle und Offiziere – verhalten uns nach Ehrenburgs Rezept. Welche Rache lehren wir: Deutsche Weiber aufs Kreuz legen, Koffer, Klamotten wegschleppen."[58]

Als einzelne Ehrenburg-Artikel auch in der schwedischen Presse erschienen, intervenierte die Zeitung *Dagposten*: „Ehrenburg hält alle Rekorde in intellektuellem Sadismus. Wozu diese schweinische Lüge noch widerlegen und nachweisen, daß Ehrenburg den Deutschen Dinge nachsagt, die bei den Rotarmisten gang und gäbe sind."[59]

Es ist unglaublich, aber leider wahr, dass Ilja Ehrenburg sogar für den Friedenspreis des Deutschen Buchhandels vorgeschlagen wurde! Für manche mag es exorbitant witzig klingen, für mich ist es ein Paradebeispiel für den gängigen deutschen Masochismus ...

---

58 ebenda, S. 129 bzw. S. 137
59 zitiert nach Hoffmann: Stalins Vernichtungskrieg 1941 bis 1945, op. cit., S. 136

Sex sells

Bei den geplanten Aufnahmen ging es diesmal um einen Blutdruckmesser für einen Seniorenkatalog. Ich war von meiner Agentur nur für drei Stunden gebucht.

Das Studio befand sich mitten in einem Gewerbegebiet, in dem auch einige Diskotheken und Nachtklubs angesiedelt waren. In einem langen Gang, der zum Fotostudio führte, hingen an den Wänden rechts und links einige Poster von verschiedenen Rockgruppen wie AC/DC, Iron Maiden, Sex Pistols usw. sowie Rockstars wie Ozzy Osbourne und Marylin Manson. Auch einige Rock-Oldtimer wie Elvis Presley und die Beatles waren darunter. Auf jedem dieser Poster war ein Zitat des jeweiligen Rockstars bzw. der Rockgruppe zu lesen, wie zum Beispiel:

➢ „Von allen Dingen, die ich verloren habe, vermisse ich mein Hirn am meisten." – Ozzy Osbourne, *Black Sabbath*

➢ „Ich verstehe nichts von Musik. In meinem Fach ist das nicht nötig." – Elvis Presley

➢ „Es gibt nur zwei Arten von Musik ... Metal und Bullshit." – Bruce Dickinson, *Iron Maiden*

➢ „Ein Teil von mir unterstellt mir, dass ich ein Verlierer bin und der andere Teil von mir denkt, ich bin Gott der Allmächtige." „Das Christentum wird gehen. (...) Wir sind jetzt berühmter als Jesus." – John Lennon, *The Beatles*

Solchen und ähnlichen Käse – auf gut Bayerisch *Schmarrn* – haben die oben genannten Rockgestalten von sich gegeben und damit von sich und ihrer Rockmusik Zeugnis gegeben. Brian Johnson von AC/DC und Les Claypool von *Primus* bezogen ihr „Schaffen" gar ausschließlich auf Sex!

Die Früchte der Faszination, die die Massen in ihre Konzerte lockt, kassiert und verspeist laut schmatzend scheinbar nur der eine, der Widersacher, der ein Meister der Täuschung und Gehirnwäsche ist.

Nichts beeinflusst die Menschenseele so maßgeblich wie die Musik. Musik ist bekanntlich ein wichtiger Erziehungsfaktor. Die Frage der Stunde lautet: Wozu erzieht eigentlich die Rockmusik? Und als Gegenfrage dazu: Wozu erzieht die klassische Musik oder die Volksmusik?

Es war für mich wie ein Spießrutenlauf, an den irren und leeren Blicken dieser Rockidole vorbeigehen zu müssen. Genauso unheimlich empfand ich die „Musik", die mir durch die noch geschlossene Türe des Studios entgegenströmte. Diese Töne konnte man eigentlich nur so interpretieren: „Die Hölle brüllt immer lauter, je näher das Ende ihrer Tage heranrückt ..."

Beim Eintreten traf mich dann erst recht wie ein Schlag der unerträgliche Lärm und das Jaulen und Grunzen wahrscheinlich eines der oben genannten Rock-Stars.

Eine junge, zierliche blonde Fotografin mit schwarz lackierten Fingernägeln und einem Ketten-Tattoo am Hals winkte mir freundlich von ihrem PC aus zu.

„Bin ich hier richtig wegen der Blutdruckmesser-Aufnahmen? Ich habe Ihre Adresse von meiner Bookerin bekommen", musste ich sie entsprechend laut sowie sicherheitshalber beim Blick auf die „Ausstattung" ihres Fotostudios fragen: An den Wänden hingen nämlich Peitschen und ähnliche Sado-Maso-Utensilien, die skrupellos die Ausrichtung dieses Fotostudios verrieten.

„Ja, du bist hier richtig, ich heiße Rosemarie. Magst du einen Kaffee?"

Sie merkte dabei meine Verlegenheit und zögerte nicht, mich in ihr Gewerbe einzuweihen:

„Ich mache mit meinem Geschäftspartner vor allem Erotik-Aufnahmen, aber manchmal, wenn das Geschäft nicht so gut läuft, mache ich dazwischen auch was Normales."

Und so fing sie sogleich an, mir die Vorstellungen des Kunden für die Blutdruckmesser-Aufnahmen zu erklären.

Hierbei musste ich sie jedoch mit der dringlichen Bitte unterbrechen, die Musik abzustellen, da ich bei solchem Lärm nicht arbeiten könne. Sie kam meiner Bitte willig nach und bot mir an, stattdessen Elvis Presley zu hören.

„Auf den kann ich auch verzichten", ließ ich sie wissen. „Wenn du aber das Violinkonzert von Johann Sebastian Bach abspielen könntest, so wäre ich gleich in meinem Element und entspannt, und das wird man dann auch auf den Fotos sehen", legte ich ungeniert die musikalischen Grenzen fest.

Rosemaries Kunde brauchte so schnell wie möglich gute Bilder für den Blutdruckmesser, deshalb ließ sie über YouTube das von mir gewünschte Konzert laufen.

Schon bei den ersten Tönen zog sie ihre Mundwinkel nach unten: „Ja mei, des bringt de Eingeweide aa ned grad zum Kocha ..., aber wenn's dir g'foid, dann lass'mas hoid lauffa."

Die Visagistin war mit meinem Make-up im Nu fertig und danach legten wir vor der Kameralinse los. Nachdem wir alle Details zu Pose und Gesichtsausdruck abgesprochen hatten, wurde mir der Blutdruckmesser von Rosemaries Assistenten um den Oberarm gewickelt. Der ziemlich apathisch wirkende Bursche mit herunterhängenden Hosenträgern trug ein T-Shirt mit der Aufschrift:

„Sex & Drugs & Rock'n'Roll is all my brain and body need."

Klick, klick, klick – das vertraute Geräusch der Digitalkamera wurde von Rosemarie mit einem sehr speziellen Wunsch unterbrochen:

„Denke dabei an Sex, Olga!!"

Ich musste zuerst schlucken: „Jetzt bin ich aber echt perplex, Rosemarie. Das Objekt des Begehrens ist hier ein kaltschnäuziges Blutdruckmessgerät, wieso soll da meine Intimsphäre hineingezerrt werden?!"

Rosemarie plusterte sich leicht gereizt auf: „Kennst du das nicht? *Sex sells* – der sexy Blick kommt auf den Fotos rüber und steigert den Umsatz. Unser Kunde will schließlich gut verkaufen. Und die Käufer sind sowieso auf Sex getrimmt."

Dieser penetrante Sexdruck hat mich schon ordentlich verärgert. Dies gab ich der Rosemarie folgendermaßen zu verstehen: „Jetzt reicht's mir aber! Sexy als Maßstab aller Dinge bis zum Umfallen ist meine Schiene nicht! Wie wäre es mit einem *sexy* Rollator oder einem *sexy* Sauerstoffversorgungsgerät?" – kam ich langsam in Rage ... „Weißt' was? Sag dem Kunden einen schönen Gruß von mir und richte ihm aus, dass ich beim Fotografieren an die kleine weidende Schafherde von unserer Bäuerin gedacht habe. Mehr ist meinerseits nicht drin. Basta!"

Dann setzte ich zügig den erwünschten glücklichen Gesichtsausdruck einer Seniorin auf, die von ihrem neuen Blutdruckmesser aus blitzblankem Edelstahl ganz angetan ist.

Rosemarie antwortete nicht und klickte mit der Kamera schnell weiter.

Kurz darauf waren wir fertig, weil es sich nur um eine einzige Einstellung handelte. Eilends verließ ich das ganze sich widerlich aufdrängende Sex & Rockspektakel.

Postscriptum:

Herrschaft oder Beherrschung der Triebe

„Das sittliche Gesetz ist weder irgendein einzelner noch eine Reihe von Trieben. Es lenkt die Triebe und bringt dabei eine Art Melodie hervor, die wir ‚das Gute‘ oder ‚richtiges Verhalten‘ nennen. Übrigens hat dieser Aspekt ganz wesentliche praktische Auswirkungen. Es wäre überaus gefährlich, würden wir einen einzelnen Trieb herausgreifen und ihn zum Leitstern unseres Handelns machen. Es ist keiner dabei, der uns nicht zu Teufeln[60] machen könnte, wenn wir ihn absolut setzen."[61]

> *„Maßlosigkeit in jeder Hinsicht*
> *ist der Untergang der Menschheit."*
> Aristoteles (384–322 v. Chr.)

---

60 oder Hexen – würde ich hinzufügen: Eine davon heißt doch tatsächlich *Madonna*!

61 Clive Staples Lewis: Pardon, ich bin ein Christ. Meine Argumente für den Glauben (engl. Originaltitel: *Mere Christianity*. Glasgow 1955). Basel, Gießen (Brunnen) [19]2008, 1. Buch, Kap. 2, S. 24

Zum Gespött der Leute

Bei Olgas Suche nach Gott spielten die Ignatianischen Exerzitien eine bedeutende Rolle. Jeweils eine Woche lang abgeschieden vom Lärm der Welt und im schweigenden Betrachten von guten Priestern geführt, bekam ihr Glaube und damit ihr gesamtes Leben dadurch eine entscheidend neue Ausrichtung.

Mehrmals nahm sie an solchen Exerzitien teil und jedes Mal empfand sie sie als „Revitalisierung und Stärkung der Seele" und als „bewusstes Auftanken, ein In-sich-Aufnehmen der göttliche Liebe". Die Ignatianischen Exerzitien – der hl. Ignatius war ein Soldat – sprachen Olgas kämpferische Natur stark an. Die „Soldatin" in ihr wollte mit Leib und Seele ganz und bedingungslos unter dem edlen Banner des Christkönigs stehen und gegen seinen Widersacher, den Antichristen, kämpfen …

Bei den ersten Exerzitien erinnerte eine Teilnehmerin Olga unwillkürlich an eine ehemalige Mitschülerin in Prag: Milena war die Einzige in der Klasse, von der man wusste, dass sie gläubig war. Einige Male sah Olga von Omas Küchenfenster aus Milena mit ihren Eltern und Geschwistern in die Teynkirche zur hl. Messe gehen und winkte ihr zu. Milenas zurückhaltende und bescheidene Art, die einer Anständigkeit und hohen sittlichen Haltung geschuldet war, war in einer Klasse von pubertierenden Mädchen vielen ein Dorn im Auge. So wurde sie oft eine Zielscheibe des Spottes und der Häme. Die Einzigen, die nicht über sie lästerten, waren die beiden Jungs in der Klasse. In Milenas Sprache, Gestik und Mimik wie auch in ihrer Art, sich zu kleiden, kurz: in ihrer gesamten Haltung, spürte man eine ungewöhnliche Sittsamkeit, ja Keuschheit. Ihre Kleidung war dezent: Röcke, Blusen und Kleider unterstrichen zwar ihre Weiblichkeit, man konnte sie jedoch keinesfalls als „sexy" bezeichnen. Dennoch wirkte sie darin irgendwie anziehend. Nie hat man sie in Hosen gesehen. Die um jeden Preis „sexy" sein wollenden Klassengören schliffen sich daher gerne ihre Giftzähne an ihr, denn Milenas natürliche Reinheit reizte sie.

Einmal ergab es sich nach dem Unterricht, dass Olga Milena mit Tränen in den Augen vor dem Schulgebäude antraf. Sie war wieder einmal gemobbt worden. Aus Mitleid bot Olga ihr an, ihr das Schlägern bzw. bestimmte Griffe beizubringen, damit sie sich gegen die Attacken in der Klasse besser wehren könne. Milena wollte aber nicht und sie sollte recht behalten ...

Kurz nach dem Abitur heiratete Milena einen jungen Mann, der oft in der Teynkirche als Ministrant zu sehen war.

In Olgas Leben gab es später noch einige keusche Frauen, deren Nähe Olga gerne suchte. Alle waren aus der Kirchengemeinde, die Olga mit ihrer Familie besuchte: Ob es die gute – 35 Jahre ältere – Elisabeth war oder Dorle und Erika, die beiden Patentanten von Olgas Töchtern, mit denen zusammen Olga regelmäßig den Rosenkranz betete, oder Hanni und Sophie. Ihnen allen war die Liebe zu Jesus und Maria gemeinsam. Mit diesen Frauen verband Olga eine Herzensfreundschaft und Seelenverwandtschaft, die nicht einmal der Tod beenden kann.

Postscriptum:

Wenn die Welt euch hasst, ... so wisset, dass sie Mich vor euch gehasst hat.

(Joh 15,18)

„Ich aber bin ein Wurm, kein Mensch, der Leute Spott und verachtet vom Volk. Wer mich sieht, verhöhnt mich, verzieht den Mund, schüttelt den Kopf. (...) Den Rachen sperren sie gegen mich auf, Löwen, reißend und brüllend. Dem Wasser gleich bin ich hingeschüttet; alle meine Glieder lösen sich auf. Mein Herz ist wie Wachs geworden, zerschmolzen in meiner Brust. Trocken wie Tonscherben ist meine Kehle, die Zunge klebt mir am Gaumen, und du legst mich in Todesstaub. Ja, Hunde umringen mich, eine Rotte von Frevlern umgibt mich" (Psalm 22,7-8; 14-17).

Erstes Casting im KZ

Bei einem Shooting in einem Münchner Studio ging es um Reinigungsmittel für dritte Zähne. Martin und ich sollten ein zufriedenes Seniorenpaar darstellen.

Sein Alter sah man dem Martin gar nicht an: Er war schlank und braun gebrannt, aber dadurch kamen seine schneeweißen Haare bestens zur Geltung. Er strahlte viel Optimismus aus.

Nach dem Shooting fuhr er mich freundlicherweise zum Bahnhof. Während der Fahrt unterhielten wir uns über alles Mögliche. Er bemerkte meinen Akzent und fragte mich, wo ich herkomme.

„Ich bin in Prag geboren, seit 1980 lebe ich in Deutschland, im Land meines Herzens, das meine liebe Wahlheimat geworden ist", holperte ihm mein slawischer Akzent entgegen.

„Ach, wie schön", entgegnete er, „das ist ja ein Zufall! Mein Vater war während des Krieges in Prag stationiert. Wir haben ihn damals mit meiner Mutter und Geschwistern dort besucht. Das war das letzte Mal, dass ich ihn gesehen habe. Er wurde dann nach Russland versetzt und ist dort gefallen. Unser Haus am Rande von Dachau wurde kurz vor Kriegsende zerstört. Es war schon eine harte Zeit für unsere Mutter, von Null wieder anzufangen ... Das alles haben uns die Nazis eingebrockt!"

Martins Erinnerungen hörten sich aber dennoch nicht klagend an. Es war eher ein Revue-passieren-Lassen von schattigen Bildern aus der Vergangenheit, ein Erinnern an alte Zeiten, die eben nicht immer gut waren – wie es bei Senioren häufiger anzutreffen ist.

Auf seine Frage, wie ich zum *Modeling* gekommen bin, gab ich ihm – wie schon vielen vor ihm – zur Antwort: „per Zufall". Während unserer Unterhaltung hatte ich damit begonnen, mir den von der Visagistin angebrachten Nagellack zu entfernen.

Martin erzählte nun eine Episode aus seinem Leben:

„Mein erstes Casting hatte ich in der zweiten Volksschulklasse, unmittelbar nach dem Krieg."

„Wie bitte?", staunte ich, während ich ein Wattepad mit Nagellackentferner tränkte.

Martin fuhr fort: „Damals kamen die Amis in unsere Klasse und suchten nach mageren Kindern. Mich haben sie auch ausgewählt. Wir bekamen kleine gestreifte Häftlingskleidung und dann wurden mit uns im KZ Dachau Foto- und Filmaufnahmen für die US-Propaganda gemacht. Meine Mutter war heilfroh über das ‚Fresspaket' und Kleingeld, das sie vom amerikanischen Filmteam als Belohnung für diese ‚Nachkriegsfilmberichte' bekam."

„Leider, Martin, schreibt – wie allgemein bekannt – der Sieger die Geschichte ...", bemerkte ich kurz und trocken und polierte mir dabei die Fingernägel.

Nach einer kurzen Denkpause begann ich meine Meinung darzulegen: „Aus meiner Sicht ist die psychische Verfassung der Deutschen, was die Verarbeitung ihrer eigenen Geschichte, explizit des Zweiten Weltkriegs, angeht, ungefähr vergleichbar mit einem *Schnitzel.*"

Verdutzt blickte mich Martin seitlich über seine Brille hinweg kurz an und gab Gas. Ein kurzes „Ach, komm ..." und eine gerunzelte Stirn gaben mir zu verstehen, dass er irritiert war.

Unmittelbar erklärte ich ihm also meinen auf ihn zunächst befremdend wirkenden Vergleich:

„Ein Schnitzel muss, um es gut verspeisen zu können, mit einem Fleischklopfer ordentlich bearbeitet werden. Man klopft es so lange, bis es seine Festigkeit und natürliche zähe Konsistenz verliert. Erst wenn es richtig weich und labbrig wird, kann man es gut panieren, braten und verzehren ... Die Parallele zu den Deutschen ist mit Händen zu greifen: Sie werden andauernd und so lange mit einem Fascho- bzw. Nazifleischklopfer bearbeitet, dann nicht selten in Lügen paniert und gebraten, bis man sie – mit allem garniert, was zu ihren wunderbaren Eigenschaften gehört – auf einem Tablett mundgerecht jedem, der sie, ihr Land und ihr Hab und Gut begehrt, servieren kann."

Die Schwingung zwischen mir und Martin stimmte, was die Bewertung der jüngsten Vergangenheit betrifft, erstaunlich schnell.

Er spürte, dass er bei mir ein offenes Ohr fand und ließ infolgedessen seinen Gedanken freien Lauf: „Es ist schon echt zum Kotzen, wie die profitgierigen deutschfeindlichen Lobbyisten stur immer aufs Neue versuchen, alle Deutschen als ein einziges kriegslüsternes Tätervolk für immer und ewig zu brandmarken, und offenbar Genuss dabei empfinden, uns – wie du sagst – ‚weich zu klopfen'. Und je weiter das Kriegsende in die Ferne rückt, desto fantastischere Hausnummern und Propagandalügen tauchen auf. Ich kann es einfach nicht mehr hören ... Unsere sogenannten Verbündeten und Scheinfreunde, die ihre eigenen Untaten gegen die Menschlichkeit ignorieren, wie zum Beispiel die Ausrottung der Indianer, die Atombombenabwürfe auf Hiroshima und Nagasaki, Dresden als Synonym für die durch Flächenbombardements ausgelösten Feuerstürme in vielen deutschen Städten, als das NS-Regime doch längst am Boden lag, oder die berüchtigten Rheinwiesenlager, wollen einen hündisch kriechenden Deutschen sehen."

„Ja, aber in den Geschichtsbüchern meiner Kinder habe ich kein Wort über die Rheinwiesenlager gelesen", gab ich zu.

Martin hatte sich hineingesteigert und war geladen ...

Unerwartet lenkte er – als ob es ihm auf einmal bewusst geworden wäre, dass es sich doch um ein verdammt heikles Thema handelte – das Gespräch in eine ganz andere Richtung:

„Aber Olga, der Nagellack war doch schön, warum hast du ihn entfernt?"

„Weil ich heute noch Knödel kochen will. Und bei der Vorstellung, dass ich den Teig mit lackierten Nägeln knete, läuft mir ein kalter Schauer über den Rücken. Und überhaupt: Auch sonst kann ich lackierte Nägel bei mir nicht ausstehen."

„Du bist mir vielleicht lustig! Kannst du es dir als Model überhaupt leisten, solche Abneigungen zu pflegen?", neckte er mich lächelnd.

Ich schoss sofort witzelnd zurück: „In meinem Gewerbeschein steht zwar ‚Fotomodel', aber zu allererst bin ich Hausfrau, das heißt Ehefrau, Mama, Köchin, Wäschefrau, Putzfrau, Gärtnerin, Kräutertante ... und dann erst kommt irgendwann mal auch das Fotomodel. So steht für mich die Hierarchie der Werte fest."

Wir waren inzwischen am Hauptbahnhof angelangt.

„Danke, Martin, fürs Mitnehmen, pfiat di God und mach's gut."

„Mach's besser Mädchen!", winkte er mir strahlend zum Abschied.

Postscriptum:

Propagandalügen

Die abstrusesten Propagandalügen sind *en masse* unmittelbar nach dem Krieg bei den *Nürnberger Prozessen* entstanden – durch Geständnisse, die nachweislich oft durch Folter erzwungen worden waren. Trotzdem haben sie in die Geschichtslehrbücher für die Kinder Eingang gefunden und werden bis heute von den Medien ungeniert weiterverbreitet, damit sie wie eine beständige Giftinfusion für die deutsche Seele stete Wirkung erzeugen.

Deshalb möchte ich hier zwei amerikanische Stimmen anführen, die das Lügenkonstrukt der Nürnberger Prozesse entlarvten:

Frank Harrison Cunningham, US-amerikanischer Hochschullehrer, Vizepräsident der Sequoia University (Los Angeles, CA), Autor und Publizist, schrieb an Ex-Admiral Dönitz: „Die Nürnberger ‚Prozesse' waren eine schändliche Episode, derer sich ein jeder richtige[r] Amerikaner schämen sollte. Die Hinrichtung bzw. Inhaftierung deutscher militärischer Führer hat unsere nationale Integrität besudelt. Sie, Admiral Dönitz, haben Ihre Befehlsgewalt ehrenhaft und bestens ausgeübt. Wir bedauern es, dass Ihr Dienst für das Vaterland unberechtigterweise zu zehn Jahren Gefängnishaft geführt hat – als Rache jener, die unsere Zivilisation zerstören."[62]

Kenneth W. Colegrove (1886–1975), Professor der Politischen Wissenschaften an der Northwestern University (Evanston, Chicago, IL), Berater von General Douglas MacArthur während der Besatzungszeit in Japan, Buchautor: „Die Nürnberger Prozesse waren eine Schande für die zivilisierte Menschheit. Gerade als Lehrer junger Männer und Frauen habe ich es zutiefst bedauert, dass mein Land an diesem abscheulichen Unterfangen teilhatte. Es handelte sich um eine Vergewaltigung des Völkerrechts, eine Verletzung der Völkerverständigung und der internationalen Moralvorstellungen. Was auch immer getan werden kann, dafür Abbitte zu leisten, sollte geschehen."[63]

---

62 zitiert nach Hajo Hermann (Hrsg.): „Supersoldiers" – Die Wehrmacht im Urteil ausländischer Experten. München (FZ-Verlag) 2006, S. 61
63 zitiert nach ebenda, S. 60

Olga nach dem Abitur, 1974 ...

... Jahre später als Fotomodell, ca. 2019

Mondänes Leben – Fashion Shooting, 2018

Feminines Kleid im Dior-Stil (*Tulpenlinie*), 2015

Olgas Kapital sind ihre schönen grauen Haare

Das Landleben ist die Erfüllung ihres Traumes

Olga in ihrem Refugium

Mit ihrem lieben Ehemann Wenzel, 2020

Sport-Fotoshooting

Prager Schicksale

Olgas Großmutter Anežka (Jahrgang 1903) war in einem Waisenheim aufgewachsen und hatte ein Leben lang hart ihr Brot verdienen müssen. Manchmal beschrieb sie der kleinen Olinka (wie sie Olga liebevoll nannte) die unglaublich harten Zustände von einst. Dabei weinte Olga gerührt, drückte sich ganz fest an sie und wollte sie trösten.

Nach Prag kam Oma Anežka als Dienstmädchen mit 17 Jahren. So stand sie jahrelang bei verschiedenen Familien in Lohn und Brot. Eines aber betonte sie bei ihren Erzählungen immer: „Ich habe bei Tschechen, Deutschen und auch bei Juden gearbeitet. Am besten ging es mir jedoch bei den Deutschen!" Und so erfuhr Olga auch über deren menschliche Seiten. Zwar war Großmutter Anežkas Aussage über die Deutschen damals nicht politisch korrekt, aber sie basierte eben auf ihrer harten und langen Lebenserfahrung.

Als sie ihrer Olinka einmal über die pragerdeutsche Familie zu erzählen anfing, bei der sie während des Zweiten Weltkriegs gearbeitet hatte, schrie Olga ganz entsetzt auf: „Oma, hattest du da keine Angst, dass sie dich erschießen?!!"

„Ach wo", lächelte die Oma und erzählte weiter: „Herr Feistl war ein kultivierter, feiner Herr, ein Industrieller aus Reichenberg im Sudetenland. Er hat mich überdurchschnittlich gut bezahlt und deinen Papa hat er ganz gern gehabt; er hat ihn oft beschenkt, ihm sogar ein Kinderrad gekauft. Das ganze Protektorat hindurch habe ich bei Herrn Feistel als Haushaltshilfe gearbeitet. Gott sei Dank hat er es noch geschafft, zu fliehen, als kurz nach dem Krieg die Massaker an den Deutschen anfingen."

Wie Olga außerdem erfuhr, hatte Großmutter Anežkas Schwester Božena gar dem damaligen Reichsprotektor über Böhmen und Mähren, Reinhard Heydrich, die Hemden gebügelt.

So gingen der wissbegierigen Schülerin Olga langsam und allmählich die Augen auf, jedenfalls stimmte sie nachdenklich, dass offenbar doch nicht alle Deutschen – auch während der deutschen Besatzung – nur Bestien gewesen sein müssen.

Der tschechische Schriftsteller Ota Filip (Jahrgang 1930) beschrieb im Übrigen das deutsch-tschechische Verhältnis in Prag während des Zweiten Weltkriegs haargenau so, wie es Großmutter Anežka beschrieben hatte: ganz identisch und realistisch.

Die richtige Hölle ging in Prag erst im Mai 1945 los. Mit ihrer Aufarbeitung begann man erst in der Wendezeit, als beispielsweise Regisseur David Vondraček das Material eines Filmamateurs über von Tschechen an Deutschen verübte Gräueltaten im Film *Töten auf Tschechisch* öffentlich machte.

* * *

Mit dem gutmütigen Prager Juden Samuel, genannt Schlomi, verband Olga eine langjährige geschäftliche Freundschaft. Der gelernte Goldschmied, Antiquitätenhändler und -experte besaß als Vater von vier Söhnen einen ausgeprägten Familiensinn. Und so verliefen auch seine Geschäfte mit Olga stets in einer familiären Atmosphäre. Ihm brachte Olga ab 1990, kurz nach der *Samtenen Revolution* in der Tschechoslowakei, wiederholte Male ihren neuerworbenen antiken Schmuck zur Schätzung und Restaurierung. Auf seine Schätzungen, egal ob sich um Schmuck, Porzellan oder Möbel handelte, konnte sich Olga immer verlassen.

Von ihm bekam Olga das brisante Buch *Die Holocaust-Industrie* des jüdischen Politikwissenschaftlers Prof. Norman G. Finkelstein geschenkt. Zwar hatte der Buchtitel sie zunächst abgeschreckt, doch der Satz auf der hinteren Umschlagseite, verfasst vom FAZ-Journalisten Lorenz Jäger über den Buchautor: „Sein Buch spricht eine klare Sprache, nennt Namen und hat die Wirkung der großen Polemik", machte sie neugierig und so las sie es. Ihr helles Erstaunen über das, was sie hier erfuhr, war genauso groß wie damals, als sie zum ersten Mal die Werke von Alexander Solschenizyn und Lew Kopelew in die Hände bekam ... Aus Dankbarkeit schenkte sie dem ihr wohlgeneigten Schlomi bei ihrer folgenden Reise nach Prag ein Buch über die jüdische Konvertitin und Karmelitin Edith Stein.

Schlomis Großvater war ein aus Moskau stammender jüdischer Bolschewik gewesen, der jedoch bei den Stalinschen Säuberungen von seinen eigenen Genossen umgebracht worden war. Sein Vater übersiedelte danach mit seiner Familie nach Prag, wo sein Onkel in der Altstadt ein Juweliergeschäft besaß. Während der deutschen Besatzung der sogenannten *Rest-Tschechei* landete die ganze Familie in verschiedensten Konzentrationslagern. Viele seiner Verwandten kamen dort ums Leben. Schlomis Vater jedoch überlebte. Nach dem Krieg trat er in die Kommunistische Partei ein und arbeitete nach dem Studium als ein erfolgreicher linientreuer Anwalt.

Sein Sohn Samuel alias Schlomi wollte nicht studieren, sondern suchte sich selbst eine Ausbildung als Goldschmied und Antiquitäten-Sachverständiger. Schlomi war in seiner Kindheit ebenfalls wie Olga Mitglied in der kommunistischen Jugendorganisation *Junge Pioniere* gewesen, weil sein Vater es so wollte. Später jedoch wurde er – wie Olga – ebenso ein im geistigen Sinne „Suchender".

Schlomis Euphorie über die Wende im ganzen Ostblock nach so vielen Jahren der kommunistischen Diktatur war gewaltig.

Einmal erlebte Olga bei einem neuerlichen Besuch bei ihm etwas Bizarres: Er telefonierte ganz aufgeregt mit seinem Verwandten, der ein Rabbi in Warschau war, und sprach dabei jiddisch. Nach diesem

Gespräch kam er ganz überschwänglich auf Olga zu: „Oluschka, alles Alte aus dem Dritten Reich mit dem Hakenkrajz, was du in Deutschland findest, bring's mir her! Egal was, es gibt dafür schejnes Geld! Aber nur originale Ware, verstehst du! Mein Cousin in Warschau hat einen amerikanischen Kunden, der ihm alles mit dem Hakenkrajz abkoft, auch Bücher, am besten *Mein Kampf* von Hitler!"

Auf diesen Deal ließ sich Olga gar nicht erst ein und machte den guten Schlomi gleich darauf aufmerksam, dass er sich mit solchen Geschäften auf einer ganz gefährlichen Schiene bewege und dass diese Dinge in Deutschland verboten seien.

Schlomi reagierte mit einem breiten warmen Lächeln: „Das weiß ich doch! Ich darf es aber, weil ich ein Jude bin." Wegen Olgas Absage war Schlomi wirklich nicht beleidigt. Es war für ihn überhaupt kein Problem, in Prag innerhalb kürzester Zeit einige eifrige tschechische Lieferanten von Hakenkreuzgegenständen – darunter auch ehemalige aktive Kommunisten – zu finden: *Pecunia non olet* – Geld stinkt bekanntlich nicht!

Postscriptum:

Prager Schriftsteller

Wie ein Kind ist unser Volk. Manchmal sehe ich es ein: unser „ Haß gegen die Deutschen ist eigentlich gar nichts Politisches, sondern etwas – wie soll ich es sagen? – etwas Menschliches. Nicht daß wir uns mit den Deutschen (...) die Heimat teilen müssen, ist unser Groll, aber daß wir unter einem so erwachsenen Volk groß werden, macht uns traurig. Es ist die Geschichte von dem

Kinde, welches unter Alten heranwächst. Es lernt das Lächeln, noch ehe es das Lachen gekonnt hat."[64]

„Ein seltsamer Platz, dieser Wenzelsplatz. Jeder Gauner kriegt ihn voll. Sie sind zu jung, das werden Sie also nicht wissen und nicht erlebt haben. Ich bin hier 1942 gewesen, als Emanuel Moravec[65] die tschechische Bevölkerung, und vor allem die tschechischen Arbeiter – und das bitte nach dem geglückten Attentat auf den Reichsprotektor Reinhard Heydrich! – für den Kampf für Hitlers Reich mobilisierte. Über zweihundertfünfzigtausend Werktätige waren hier, bejubelten diesen Gauner und Faschisten und versprachen, sich für Hitlers Kampf gegen den Bolschewismus ihre Ärsche aufzureißen. Und am 28. Oktober 1945 waren dieselben Arbeiter wieder da und ließen den Staatspräsidenten Beneš hochleben, als er die Verstaatlichung unserer Industrie verkündete. Heute ist unsere Arbeiterklasse, alles freilich Antifaschisten, die in unseren Rüstungswerken fünf Jahre lang für Hitler schufteten, wieder auf dem Wenzelsplatz, um der tschechoslowakischen Demokratie endgültig das Genick zu brechen ..."[66]

---

64 Reiner Maria Rilke: Zwei Prager Geschichten. Mit Illustrationen von Emil Orlik. Herausgegeben von Josef Mühlberger. Frankfurt a. M. (Insel TB) 1976, S. 88

65 „Emanuel Moravec (1893–1945), ehemaliger Oberst des Generalstabes in Prag, von 1942 bis 1945 Minister für Schulwesen und Volksaufklärung in der Regierung des Protektorats Böhmen und Mähren; der aggressivste Propagandist des na[tionalsozial]istischen Gedankengutes in der Zeit der deutschen Okkupation. Am 5. Mai beging er Selbstmord" (ebenda, S. 440, Fußnote 74).

66 Ota Filip: Der siebente Lebenslauf. Autobiografischer Roman. München (Herbig) 2001, S. 140

Im Überdruss der Freiheit

Physiotherapeut Oliver, bei dem ich vor laufender Kamera auf dem Massagetisch lag, vermietete seine Praxisräume als Shootinglocation und arbeitete nebenher selbst als Model für einen Versicherungskonzern.

Der muskulöse Blondschopf begegnete Kunden wie Auftraggebern mit offenem, aber festem wachen Blick. Er sprach langsam und deutlich und strahlte eine gewisse innere Ruhe aus. Nicht Oberflächlichkeit, sondern Nachdenklichkeit war sein Charakterzug.

Beide aus dem ehemaligen Ostblock stammend, verstanden wir uns auf Anhieb gut. Er war nach der Wende als Junge mit seinen Eltern und seinem Bruder aus der Ex-DDR nach Westdeutschland gekommen: vom realen Sozialismus in den ach so freien Westen ...

Seine Beobachtungen, die er seither hier machte, deckten sich dermaßen mit den meinen, dass wir beide ganz erstaunt darüber waren.

Während des Shootings bearbeitete er meinen Rücken mit seinen geschulten Händen, was ich als wahre Wohltat empfand. Den entspannten Gesichtsausdruck, den der Fotograf von mir verlangte, machte ich daher von selbst ...

„Dein fünfter Lendenwirbel gefällt mir nicht so ganz, motzt er nicht manchmal?", fragte er mich.

„Oh doch, der quält mich öfters", bestätigte ich.

„Ich zeige Dir nach dem Shooting einige Übungen ..."

„Oliver, bitte nicht sprechen, sonst bewegen sich die Lippen. Schaue eher konzentriert auf Olgas Rücken! Sonst die Pose ist gut", unterbrach uns der Fotograf.

In der Pause nahm unser Team einen Imbiss im Warteraum ein, der in fernöstlichem Stil eingerichtet war. In der Ecke glotzte ein

Buddha vor sich hin. Am Zeitungsständer entdeckte ich neben der obligatorischen Regenbogen- und Mainstreampresse auch einige Ausgaben politisch nicht korrekter Zeitschriften, was mich aufmerken ließ.

Nach Ende des Shootings blieb ich noch eine Weile bei ihm in der Praxis und verinnerlichte die gezielten Übungen für die Wirbelsäule, die Oliver mir gezeigt hatte.

„Wann reist du ab?", fragte er mich.

„Erst morgen früh, heute habe ich bis nach Hause keinen Anschluss mehr."

„Wo wohnst du?", interessierte er sich.

„In einem herrlichen Kaff im Unterallgäu", war meine Antwort.

„Da hast du aber eine schöne Strecke vor dir! Darf ich dich dann jetzt zum Italiener einladen?"

„Aber ja, gerne!", nahm ich sein Angebot an.

Beim Italiener war es richtig gemütlich. Ich bestellte mir hausgemachte Gemüselasagne mit Pecorino, Oliver *Pasta con tonno*.

Der *Cameriere* brachte uns dazu noch eine opulente Salatschüssel und summte dabei ein italienisches Lied vor sich hin. Wir waren beide bester Laune und ließen uns das gute Essen schmecken.

Unsere Unterhaltung bewegte sich von unserer alten sozialistischen Heimat hin zu unserem jetzigen Dasein im glorreichen Westen. Die gerade anstehenden Bundestagswahlen und die politisch vereinnahmende Berichterstattung der Medien darüber boten den geeigneten Aufhänger für eine Generalabrechnung.

Oliver spürte bei mir sofort die gleiche Wellenlänge und legte los:

„Wenn ich die Nachrichten höre, werde ich oft wütend. Die Hofberichterstattung für die Etablierten und das Niedermachen auch der geringsten Opposition gegen den Mainstream erinnert mich immer mehr an die *Aktuelle Kamera*. Und die Leute übernehmen es und plappern es nach wie die Papageien. Was will man auch von Leuten erwarten, die nur noch auf Geld, Spaß und Vergnügen aus sind. Der Amüsierpöbel ist von der jahrzehntelangen Berieselung durch das Lobby-Fernsehen übersättigt und dadurch nicht nur träge und faul geworden, sondern auch unfähig, eigenständig zu denken."

Ich war mit den Jahren in Deutschland auch zu der Einsicht gelangt, dass der westliche Kapitalismus auf seine Weise nicht weniger verkommen war als der Kommunismus ...

„Ja, die Spaß- und Konsumgesellschaft hat ihren Preis – den Preis der Unmündigkeit", dachte ich.

„Wir kamen damals voller Idealismus in den Westen und erhofften uns wirklich demokratische Freiheit: offene Debatten selbstbestimmter Bürger! Stattdessen herrschen hier in der Öffentlichkeit politische Tabus und ungeschriebene Redeverbote, die kaum verhohlene Zensur der Medien, feiges Totschweigen brisanter Fragen und die eigene Schere im Kopf. Wer wirklich grundsätzliche Bedenken gegen unsere Politik hat, traut sich das doch nur noch im Hinterzimmer zu sagen. Im Grunde war der Westen doch von Anfang an genauso geistlos und materialistisch wie der Ostblock: Nur wurde hier der dialektische Materialismus durch eine Art Vulgärmaterialismus ersetzt, einhergehend mit seichter Oberflächlichkeit und sittlicher Verderbtheit. Im alten Rom hätte man dazu ‚Brot und Spiele‘ gesagt. Und während der im Luxus der Wegwerfgesellschaft vollgefressene Bürger so eingeschläfert wird, machen die da oben, was sie wollen: Die schaffen einfach unser Volk ab! Aber so wie die Merkel damals in der DDR Karriere gemacht und nicht aufgemuckt hat, so kriecht sie jetzt der amerikanischen Ostküste hinten rein. Deutschland macht doch alles, was Amerika will, das ist doch kein souveräner Staat", steigerte sich Oliver in eine regelrechte Standpauke hinein.

„Weißt du Oliver, ich könnte deine Mutter sein, meine Erinnerungen reichen noch eine Generation weiter zurück – noch viel weiter in den finsteren Kommunismus. Gut, man wird nicht nachts von der Geheimpolizei ins Gefängnis abgeholt, aber die Presse ist hier schon genauso gleichgeschaltet wie damals im Osten und wer öffentlich gegen den Mainstream aufbegehrt, riskiert seine berufliche und soziale Existenz. Was mich jedoch ernstlich beunruhigt, ist der verbissene europäische Turmbau zu Babel, dieser immer weitere Ausbau des Lieblingsprojekts einer EUdSSR! Ja, du hast richtig gehört – das war kein Versprecher: Hier wie dort nicht gewählte Kommissare mit einer aufgeblähten Bürokratie, hier wie dort eine Superzentrale, hier wie dort eine Einheitswährung und dirigistisch-bevormundende Politik bis hin zur letzten Krümmung der Banane ... Und um so einen Riesenapparat zusammenhalten zu können, bedient man sich natürlich auch ähnlicher Methoden der Erpressung und Bestechung.“

Oliver runzelte die Stirn: „Mann, was waren wir in der eisernen Umarmung des großen sowjetischen Bruders noch vergleichsweise ehrlich und anständig! Uns wäre es doch nicht im Traum eingefallen, einen Kredit nach dem anderen aufzunehmen, über unsere Verhältnisse zu leben und uns dann in der sozialen Hängematte auszuruhen. Aber erst die immensen Parteispenden und Abgeordnetengehälter – und wie viele Steuergelder dafür verschwendet werden, dass z. B. die Ex-Stasi-Mitarbeiterin Anette Kahane mit ihrer Amadeo-Antonio-Stiftung nun dem Genossen Justizminister Heiko Maas beratend helfen darf, die Opposition im Netz zu verfolgen wie einst zu DDR-Zeiten. Ja, ja: Der größte Lump im ganzen Land bleibt doch immer noch der Denunziant. Das funktionierte damals in der DDR optimal – so auch heute im wiedervereinigten Deutschland. Und wir schlittern langsam, aber allmählich in ähnliche Zustände ...“

Dieser interessante Gedankenaustausch mit Oliver sollte mich noch länger beschäftigen. Ich merkte, wie gut es mir tat, nach langer Zeit wieder einmal einem Menschen zu begegnen, der aus der großen Mainstream-Masse herausragte und es wagte, wider den Stachel zu löcken. Ich schätzte diese Begegnung umso mehr, als ich selbst meinen Lebenssinn und die Erfüllung meines Daseins weder im Besitz noch in Vergnügungen suche. Jedenfalls habe ich mir fest vorgenommen, meine geistige Unabhängigkeit und Individualität vor dem gezielt zerstörerischen Einfluss des Zeitgeistes in Medien und Werbung zu bewahren.

Postscriptum:

Charakterwäsche – die Umerziehung der Deutschen

„Die Demokratie hat sich im Weltmaßstab durchgesetzt, aber sie hat sich fast zu Tode gesiegt. an die Stelle des Glaubens an das Volk ist allenthalben die Überzeugung von der Notwendigkeit seiner Lenkung getreten. Die politischen Systeme unserer Tage unterscheiden sich dadurch voneinander, welche Mittel sie zur Lenkung des Volkes einsetzen. Auch in der Bundesrepublik ist das Volk nicht nur durch das Grundgesetz ‚mediatisiert‘ (Werner Weber), sondern darüber hinaus durch die Beherrscher der Massenmedien als unzurechnungsfähig unter Kuratel gestellt worden. Die letzte Instanz, die im demokratischen Zeitalter das Volk war, ist heute eine autonome öffentliche Meinung und vor allem die ‚Weltöffentlichkeit‘."[67]

---

67 Caspar von Schrenck-Notzing: Charakterwäsche. Die Re-education der Deutschen und ihre bleibenden Auswirkungen. Erweiterte Neuausgabe, Graz (Ares) 2004, S. 184

„Mit Greuelpropaganda haben wir den Krieg gewonnen ... Und nun fangen wir erst richtig damit an! Wir werden diese Greuelpropaganda fortsetzen, wir werden sie steigern bis niemand mehr ein gutes Wort von den Deutschen annehmen wird, bis alles zerstört sein wird, was sie etwa in anderen Ländern noch an Sympathien gehabt haben, und sie selber so durcheinander geraten sein werden, daß sie nicht mehr wissen, was sie tun. Wenn das erreicht ist, wenn sie beginnen, ihr eigenes Nest zu beschmutzen, und das nicht etwa zähneknirschend, sondern in eilfertiger Bereitschaft, den Siegern gefällig zu sein, dann erst ist der Sieg vollständig. Endgültig ist er nie. Die Umerziehung (*Re-Education*) bedarf sorgfältiger, unentwegter Pflege wie englischer Rasen. Nur ein Augenblick der Nachlässigkeit, und das Unkraut bricht durch, jenes unausrottbare Unkraut der geschichtlichen Wahrheit."[68]

In *Wikipedia* wird in diesem Zusammenhang allerdings ein ähnliches Zitat zu obigem angeführt, welches indes aus der posthum erschienenen Biografie von Friedrich Grimm stammt und einen französischen Gesprächspartner statt Sefton Delmer wiedergibt: „Ja, ich sehe, ich bin an einen Fachmann geraten. Ich bin gar kein Professor aus Montpellier. Ich bin vom *Contre-Éspionage-Bureau*. Seit Monaten tue ich nichts als das: Greuel-Propaganda. Das war die entscheidende Waffe in diesem Kriege, damit haben wir den totalen Sieg erfochten.' Grimm erwiderte: ‚Jawohl, Sie haben den totalen Sieg. Nun aber wird es Zeit, daß Sie diesen Kampf einstellen.' Dar-

---

68 Sefton Delmer (1904–1979), ehemaliger britischer Chefpropagandist nach der Kapitulation 1945 zu dem deutschen Völkerrechtler Prof. Dr. Friedrich Grimm (1888–1959) – für dieses Zitat gibt es laut *Wikipedia* keine verifizierbare Quelle, es stammt wohl einzig aus dem inzwischen verbotenen Buch von Prof. Grimm selbst: Politische Justiz die Krankheit unserer Zeit. Bonn 1953, Neuauflage Preußisch Oldendorf (Waldemar Schütz) 1974.

auf erwiderte der Franzose: ‚Nein! Jetzt fängt es erst richtig an. Wir werden fortfahren, jahraus, jahrein! Wir werden diese Propaganda noch steigern, bis in der Welt der letzte Funke der Sympathie für Deutschland ausgelöscht und das deutsche Volk selbst so restlos zerknirscht sein wird, daß es sich nie wieder erheben kann!'"[69]

„Erst wenn die Kriegspropaganda der Sieger in die Geschichtsbücher der Besiegten Einzug gehalten hat und von den nachfolgenden Generationen geglaubt wird, kann die Umerziehung als wirklich gelungen angesehen werden."[70]

---

69 Friedrich Grimm: Mit offenem Visier. Aus den Lebenserinnerungen eines deutschen Rechtsanwalts. Als Biografie bearbeitet von Hermann Schild (= Helmut Sündermann). Leoni (Druffel) 1961, S. 248 f., hier zitiert nach Georg Franz-Willing: Umerziehung. Die De-Nationalisierung besiegter Völker im 20. Jahrhundert. Coburg (Nation Europa) 1991, S. 119-120. Der Wortlaut in *Wikipedia* weicht hierzu jedoch ebenfalls ab, als wenn es sich um eine Übersetzung aus einer Fremdsprache handelt, die von verschiedenen Übersetzern vorgenommen wurde. Aber Grimm wird dieses Gespräch doch in Deutsch wiedergegeben haben!

70 Walter Lippmann (1889–1974), US-amerikanischer Journalist, Chefredakteur der *New York World*, Korrespondent der *New York Herald Tribune*; seine Kommentare erschienen zeitweise in mehr als 250 Zeitungen, zitiert nach: Rolf-Josef Eibicht: Hellmut Diwald – Geschichtserwecker und Vorkämpfer gegen eine kriminalisierte und gestohlene Geschichte, in: Hellmut Diwald – Sein Vermächtnis für Deutschland – Sein Mut zur Geschichte, hrsg. von Rolf-Josef Eibicht. Tübingen (Hohenrain) 1994, S. 18

Mondänes Leben

Prag war in den 1970er- und 80er-Jahren eine von westlichen Touristen sehr gut besuchte Stadt. Der Devisenschwarzmarkt florierte zu dieser Zeit enorm, insbesondere im Hotelgewerbe. Und Olga mischte als Hotelfachfrau hier geschickt mit. Durch ihre Hände gingen Unsummen von Devisen und sie verdiente daran ein beträchtliches Vermögen.

Damals – wie auch heute – wucherte in der ehemaligen Tschechoslowakei die Korruption in allen Bereichen und das trotz massiver staatlicher Kontrollen. Mit Schmiergeldern konnte man jedoch fast alles erreichen, ja sogar auch einen staatlichen Kontrolleur!

Den optimalen Nährboden hierfür bot der Sozialismus selbst. Krasse Widersprüche dieses utopischen politischen Systems machten bereits kurz nach dem Mauerfall publizistisch die Runde. Danach basierte der Sozialismus auf sechs Wirtschaftswundern:

1. Es gibt keine Arbeitslosigkeit, aber niemand arbeitet.
2. Keiner arbeitet, aber alle erhalten Lohn.
3. Alle erhalten Lohn, aber damit kann man nichts kaufen.
4. Nichts kann man kaufen, aber jeder besitzt alles.
5. Jeder besitzt alles, aber alle sind unzufrieden.
6. Alle sind unzufrieden, aber alle stimmen bei den Wahlen für das System.

Prager Taxifahrer, das gesamte Hotelpersonal inklusive Kellner und die Prostituierten gehörten zur reichen Kaste, die die so begehrten Devisen stets in Fülle besaß. Olga war mit ihrem stark ausgeprägten Geschäftssinn stets fest mit dabei. Sie hatte ein feines Gespür dafür entwickelt, wen, wann und wo sie mit wie viel „schmieren" musste, damit ihre Geschäfte ungestört laufen konnten: Ob es der Direktor des Hotels *Alcron* war oder der Geheimpolizist, der in jedem Interhotel in Prag als Spitzel eingestellt war, oder sogar auch der Direktor der Tschechischen Staatsbank auf dem Wenzelsplatz (alles Kommunisten – versteht sich von selbst) – alle kamen ihr beim inoffiziellen Devisentausch entgegen. Sie alle bekamen von Olga jedes Mal den verdienten Obolus. Auf diese Weise blühten Olgas Devisengeschäfte und liefen wie „geschmiert".

Neben anderen Privilegien konnte sich Olga sogar Weltreisen erlauben, während die breite Mehrheit des Volkes ohne Sondergenehmigung den damaligen Ostblock nicht verlassen durfte. Sie bekam unter dem Ladentisch stets die begehrte West- oder Luxusware, die der Otto-Normalverbraucher damals gewöhnlich nie zu Gesicht bekam. Eigentlich gönnte sie sich in der damaligen ČSSR den Luxus pur.

Ihre Eltern waren zu dieser Zeit nach fünf Jahren reiner Wochenendarbeit endlich mit dem Hausbau im Geburtsort der Mutter, im Prager Außenbezirk Zbraslav fertig, mit dem sie begonnen hatten, als der Vater aus dem Militär ausgeschieden war und als LKW-Fahrer arbeitete. In diesem neuen Beruf konnte er „unter der Hand" Baumaterial besorgen. Das Haus bauten sie quasi selbst: Alte Ziegelsteine aus einem Abbruch bildeten das gesamte Fundament. Olga hatte damals beim Mörtelabklopfen von den alten Ziegeln kräftig mithelfen müssen. Nun konnten sie endlich aus der Plattenbauwohnung wegziehen. Jedoch waren die Eltern danach körperlich wie finanziell erschöpft. Olgas Vater lag mit einem doppelten Leistenbruch im Krankenhaus. Vor allem er tat Olga sehr leid. Aus Mitleid stattete Olga ihren Eltern das ganze Haus komplett mit teuren Antiquitäten aus und besorgte das ganze Sanitär aus dem Westen. Eines Tages stand eine neue *Fiat-Mirafiori*-Limousine vor dem Haus. Olga ließ ihren geliebten Vater Eduard als Autoinhaber anmelden ...

Auf ihre von der Familie erlangte Selbstständigkeit und Unabhängigkeit war Olga mächtig stolz. Und obwohl die Männerwelt um Olga wie Hummeln um eine Blume kreiste, breitete sich in ihrem Inneren unterdessen jedoch eine Leere aus, die mit keinem Gut dieser Erde ausfüllbar erschien ...

Postscriptum:

Zwischen Anarchie und Sozialismus

„Die Volksrepublik Polen bleibt vorerst, was sie ist: ein sozialistisches Land, in dem der Sozialismus im realen Alltag oft potemkinsche Züge trägt. Da ist einerseits der postulierte Allmachtsanspruch des Staates, spürbar vor allem als bürokratische Bosheit, als politische Willkür einflußreicher Parteifunktionäre und als institutionalisiertes Versagen der staatlichen Wirtschaft. Und da ist andererseits die überall zu spürende Ohnmacht des Staates, die sich vor allem im Desinteresse der Bürger an ihrem Staat dokumentiert. Hinter der sozialistischen Tünche trägt dieses Polen im Herbst 1987 anarchische Züge. (...)

Offiziell herrscht Mangel, Fleisch, bessere Kleidung, Autos und gehobene Konsumgüter sind nur schwer zu haben. Aber inoffiziell ist nichts unmöglich. In den Foyers der großen Hotels geben sich die Devisenschwarzhändler nicht die geringste Mühe, ihre illegalen Geschäfte zu kaschieren.

In einem Sportpark in Warschau pulsiert Sonntag für Sonntag das geschäftliche Leben. Ungehindert von Ladenschlußzeiten, Restriktionen des Finanzamtes oder sonstigen Behörden handelt einen Vormittag lang jeder mit jedem und mit beinahe allem. Von weit her kommen Familien, zahlen hundert Złoty Eintritt und breiten Plastikplanen aus. Darauf bieten sie feil, was der Keller des Großvaters, was Urlaubsreisen, Verwandtenbesuche oder Schiebergeschäfte hergegeben haben. Schrauben aller Größen, Ersatzteile für westliche Autos, Rasierpinsel chinesischer Herkunft, alte zerlesene Exemplare von *Spiegel* oder *Bunte*, von *Newsweek* oder *Time*, Hochglanzbroschüren von *Philips*, *Toshiba*, *Sony* oder *Datsun*, Computerprogramme von *Atari*, Videocassetten, komplette Stereoanlagen, Jeans, Pullover und modische Schuhe. Doch was an Flohmärkte, Basare oder Hamburger Fischmarkt erinnert, das ist kein Volksvergnügen oder gar ein Spektakel für Touristen. Eher brodelt hier eine Art ökonomischer Ursuppe.

In seltsamem Kontrast zum engen Angebot der staatlichen Lebensmittel- und Textilgeschäfte sind die nicht wenigen Edelrestaurants in und um Warschau, wenigstens am Wochenende, bis auf den letzten Platz besetzt. Ein mehrgängiges Menü kostet für zwei Personen das *halbe Monatsgehalt* eines Professors. Auffallend viele junge, modisch gekleidete Menschen finden sich ein. Sie tragen ihre Konsumfreude offen zur Schau.

Früher, erzählt ein Hochschullehrer, war das begehrteste Statussymbol ein Auto, egal welchen Fabrikats, dann mußte es ein *Fiat* oder *Volkswagen* sein, und heute, heute zählten nur noch *Mercedes* oder *Volvo*.

Wohlstand aus dem Schatten

Woher kommt das Geld dafür? Die beliebteste Erklärung lautet: aus den Erlösen privater Gemüseanbaubetriebe und aus Import-Export-Geschäften. Ein Journalist erzählt: ‚Man fährt zum Urlaub an die bulgarische Schwarzmeerküste und verkauft dort seine Jeans, Blusen, Pullover und Schuhe gegen Dollar. Dann geht es weiter in die Türkei, wo man für Dollar einkauft, was die Basare hergeben; am liebsten Elektronisches und Haushaltsgeräte. Damit lassen sich in Polen traumhafte Złotypreise erzielen. Die Złoty werden auf dem Schwarzmarkt in Dollar verwandelt, und für die Dollar kauft man westliche Kleidung. Die nimmt man dann wieder mit nach Bulgarien.' Doch weil diese Geschichte als Erklärung für den Wohlstand aus dem Schatten nicht so ganz herhalten kann, soll die Hochschule für Planung und Statistik in Warschau dem Phänomen ‚Schattenwirtschaft‘ gemeinsam mit der Universität Duisburg auf den Grund gehen. Das Prinzip aller Orthodoxien, wonach nicht erforscht werden kann, was es gar nicht geben darf, hat offensichtlich ausgedient.“[71]

---

71 Uwe Knüpfer: Wirtschaftsreformen im Ostblock: Zwischen Anarchie und Sozialismus, in: *Die Zeit*, 30. Oktober 1987

Chanel-Kostüm und Baccara-Rosen

„Oh, mal wieder was anderes!" – Mit diesem Ausruf begrüßte mich mein neuer Shootingkollege Thorsten in einem Hamburger Fotostudio, als ich in meinem weiß-altrosa-farbenem Chanel-Kostüm hereinkam.

„Eine Frau im Rock! Gibt's heute noch *so was*?!", strahlend bot er mir seine rechte Hand zum Gruß. Sein fester Händedruck unterstrich passend seine hohe norddeutsche athletische Gestalt. Der sympathische blonde Hanseate spielte an diesem Tag vor der Kamera meinen Ehemann.

Die Aufnahmen für Gesundheitsartikel eines Großkonzerns liefen reibungslos nach der Regie.

Gleich zu Beginn verfolgte Thorsten schmunzelnd mein – einem Tauziehen ähnelndes – Verhandeln mit der Stylistin um den Rock anstelle der geplanten Hose. Leider konnte ich mich dieses Mal nicht durchsetzen. Die Stylistin blieb stur: „Hose ..., und ab vor die Kamera!"

Ansonsten war jedoch alles bestens organisiert, sodass wir früher fertig wurden als ursprünglich vorgesehen.

Gerade wollte ich mir ein Taxi bestellen, da bot mir Thorsten an, mich zum Flughafen zu fahren. Dort angekommen, lud er mich noch in die Cafeteria ein, denn die nächste Maschine nach München sollte erst in drei Stunden abfliegen.

So entspann sich zwischen uns ein Gespräch: „Sag mal, Olga, trägst du wirklich nur Röcke?", fragte er und schaute mich dabei mit seinen auffällig blauen Augen an.

Ein schlichtes „Ja" war meine Antwort.

„Und warum?", hakte er nach.

„Weil ich gern eine Frau bin. Der Rock ist für mich ein Attribut meiner weiblichen Identität", kam mir ganz spontan über die Lippen.

Thorsten schüttelte lachend den Kopf und rührte dabei Zucker in seinen Cappuccino. Danach sagte er nachdenklich: „Manchmal habe ich das Gefühl, dass die Spezies ‚Weib‘ vom Aussterben bedroht ist. Eine freiwillige äußerliche Wandlung von der Frau zum subtilen Mann stelle ich aber schon seit Langem fest", meinte er.

Mit einem legeren Zug aus seiner Zigarette lehnte er sich dann entspannt zurück in den Sessel und musterte mich mit einem scharfen Blick.

„Du siehst bezaubernd aus in deinem Kostüm!", hauchte er mit tiefer Stimme.

„Danke, Thorsten. Komplimente tun auch Seniorinnen gut. Weißt du, was ich mittlerweile lustig finde? Dass ich immer wieder gefragt werde, warum ich nur Röcke oder Kleider trage."

„Das ist doch klar, wundert dich das etwa? Du tanzt mit deiner femininen Kleidung absolut aus der Reihe und natürlich fällst du damit sofort auf – ich meine, im positiven Sinne ...", unterstrich Thorsten seine Meinung mit einer charmanten Geste seiner gepflegten Hände. Als waschechter Charmeur und sogleich auch als Mann, der die Weiblichkeit sucht und liebt, lag ihm die Frage auf der Zunge: „Woran liegt es eigentlich, dass die Frauen offenbar gern fast immer nur Hosen tragen? Hört diese erbärmliche Mode denn überhaupt mal irgendwann auf?"

„Gute Frage, Thorsten, die aber gleichfalls nicht schwer zu beantworten ist. Es ist eher unwahrscheinlich, dass sich in absehbarer Zeit etwas in puncto Frauenhose ändert, aus einem einfachen Grund: Es scheint fast so, als ob die Hose bei der Frau mittlerweile nicht nur Mode, sondern das Statussymbol einer falsch verstandenen Gleichberechtigung, ja eine ganze Weltanschauung geworden ist.

Bequemlichkeit, möglicherweise auch ein Automatismus der Konsumnatur spielt dabei sicher auch eine Rolle."

Thorsten nickte nachdenklich. In diesem Moment spiegelte sich in seiner Haltung eine gewisse Anspannung wider: „Dass eine baldige Wende zu mehr Weiblichkeit stattfindet, ist, denke ich, genauso Utopie wie die Vorstellung einer befriedigten Alice Schwarzer in den Armen eines liebenden Mannes."

Diesen Satz sprach er ganz langsam aus, nach vorne gebeugt und in die Leere starrend.

Eine Weile saßen wir noch zusammen und plauderten über das heikle Thema.

Abgesehen von der Tatsache, dass Thorsten ungemein gut aussah, war er von Beruf Lehrer und unterrichtete Sport und Mathematik. Zugleich war er aber auch Musiker und spielte Cello. Das Modeling-Geschäft lief bei ihm nur nebenbei, also nicht wie bei mir hauptberuflich. Er war geschieden, lebte finanziell gut abgesichert allein in seinem Haus in Hamburg.

Zum Abschied kaufte er mir überraschend Baccara-Rosen im Blumenladen gleich neben der Cafeteria und überreichte sie mir mit der netten Bemerkung: „Die passen gut zu dir und deinem Outfit." Dabei klang seine samtene Barytonstimme besonders weich, fast gerührt.

Postscriptum:

Coco Chanel (1883–1971) – eine feminine Emanze

Die aus sehr armen Verhältnissen stammende französische Modedesignerin steht für den totalen Umbruch in der Modegeschichte. Die gelernte Näherin, die ihren Modenamen *Coco* aus ihren ersten beruflichen Gehversuchen als Sängerin und Tänzerin im *Grand Café* von Moulins in ihr 1909 eröffnetes Hutatelier mitgenommen hatte, machte bald mit ihren exzentrischen Hutkreationen in der Pariser *Haute Volée* von sich reden. Von 1913 an galt sie als Wegbereiterin einer revolutionären, funktionellen Damenmode, verzichtete auf das Korsett und kürzte die Röcke auf die für damalige Verhältnisse anzügliche Wadenlänge.

Vor Chanels Kreationen trugen Frauen knöchel- bis bodenlange, durch ein einschnürendes Korsett und viele Rüschen schwere Kleider, in denen man sich fast nur trippelnd vorwärtsbewegen konnte.

Gefördert von ihren männlichen Liebhabern und Gönnern kreierte sie in ihren späteren Modesalons in Paris, Deauville und Biarritz eine neue, auf das Wesentliche reduzierte, praktische Mode mit klaren Linien ohne die bis dahin üblichen Rüschen. Der dabei häufig zum Einsatz kommende Jersey-Stoff war bislang nur für männliche Unterkleidung verwendet worden. Unter Verzicht auf jeglichen Plüsch und Pomp entwarf sie sowohl locker die Figur umspielende Kleider als auch schlichte und schmale Schnitte, die die Figur der Frau betonten. Die sonst übliche Farbenvielfalt reduzierte sie fast auf die Nicht-Farben Schwarz, Weiß und Crème bzw. Beige.

Zu Chanels Markenzeichen in der Modeschöpfung gehörten auch die luftige Hose, das lose gegürtete Oberteil, der gestrickte Badeanzug als erste Sportbekleidung für Damen sowie der Kurzhaarschnitt im Bob-Stil („Bubi-Kopf") für die „selbstbewusste, moderne Frau".

Bei ihren schlichten und bequemen Entwürfen ließ sie sich von den Uniformen der Weltkriege inspirieren. Dabei kam es ihr neben natürlicher Bewegungsfreiheit, aber auch darauf an, durch Eleganz zu bestechen und verführerisch zu wirken. Mit ihrem Trendsetting verhalf sie erstmals der „emanzipierten und gleichberechtigten" Frau zu ihrem modischen Ausdruck.

Schon im Jahr 1916 erklärte die amerikanische Modezeitschrift *Vogue* Chanels Mode zum „Inbegriff der Eleganz".

In den 1920er-Jahren kreierte Coco Chanel das „kleine Schwarze" (*petite robe noire*), ein Figur betonendes, in der klassisch-eleganten und neutralen Farbe Schwarz gehaltenes Kleid, das – eng verwandt mit dem Etuikleid und auch als Cocktailkleid verwendet – bis heute ein Klassiker der Damenmode geblieben ist. Der ursprüngliche Entwurf war ein schmal geschnittenes, kniebedeckendes Kleid aus schwarzer Chinaseide mit engen langen Ärmeln, dessen Oberteil, vorne lose wie ein Blouson und im Rücken straff zusammengehalten wurde. Coco Chanel kommentierte dazu 1926 in der Modezeitschrift *Vogue*: „Dieses schlichte Kleid wird eine Art von Uniform für alle Frauen mit Geschmack werden." Dies sollte sich bewahrheiten, denn das Besondere an dem „kleinen Schwarzen" war seit jeher, dass es sich jedem neuen Stil – ob kurz oder lang, schulterfrei oder langärmelig, weit ausgestellt oder aber schmal und eng – anpassen konnte.

Durch eine Liaison mit dem elf Jahre jüngeren Großfürsten Dmitrij Pawlowitsch Romanow, dem Enkel des russischen Zaren Alexander II. und Cousin des letzten Zaren Nikolaus II. ließ sich Coco Chanel in ihren folgenden Modekollektionen von russischen Pelzmänteln und Stickereien sowie byzantinischem Schmuck inspirieren. Über den Großfürsten lernte sie auch den französischen Parfümeur am Zarenhof, Ernest Beaux, kennen, mit dem sie 1921 ihr erstes Parfüm, das berühmte *Chanel N° 5*, kreierte, das als meistverkauftes der Welt gilt. Es war das erste populäre Parfüm, das nicht – wie damals üblich – nur nach einer Sorte Blumen roch, sondern dessen Duft durch die Verwendung von synthetischen Komponenten abstrakter gestaltet wurde.

Von 1924 bis 1930 war Hugh Grosvenor, 2. Duke of Westminster (1879–1953) ihr Liebhaber. Auf das Umfeld des Herzogs von Westminster, damals reichster Mann von England, gehen unter anderem Chanels Ideen zu Tweedjacken, kurzen Pullovern und Hosen für Damen zurück.

1931 kehrte sie von einer Einladung nach Hollywood zwar ohne konkrete Aufträge zurück – ihre Entwürfe waren für Hollywood nicht extravagant genug –, allerdings nicht ohne Marlene Dietrich und Greta Garbo als Chanel-Kundinnen gewonnen zu haben.

Als Chanels Haute-Couture-Betrieb, der sich mittlerweile über fünf Gebäude in der Rue Cambon, Nr. 25 und 27-31, in Paris erstreckte, 1936 bestreikt wurde, zählte er etwa 4000 Angestellte. Mit der kurzfristigen Schließung ihres Modeunternehmens zu Kriegsbeginn 1939 verloren all diese Mitarbeiter ihren Brotverdienst.

Nach Kriegsende als Kollaborateurin verdächtigt und in Ungnade gefallen, lebte sie fortan im Schweizer Exil in Lausanne. Erst 1954, nach neunjähriger Schaffenspause, kehrte Coco Chanel – inzwischen über 70 – wieder nach Paris zurück und arbeitete an ihrem *Comeback*. Angeblich motivierte sie hierzu der inzwischen moderne *New Look* von Christian Dior, den sie als „Rückfall in die Zeit des steifen Korsetts" betrachtete.

Ihre neue Kollektion qualifizierte die französische Presse zunächst als „Fiasko" ab und verhöhnte die präsentierten Modelle – darunter das später weltbekannte Chanel-Kostüm mit einem losen, meist bordierten Tweed-Jäckchen und einem ausgestellten Rock – als „Phantome von Kleidern aus den 1930ern". Erst nachdem das US-amerikanische *Life*-Magazin ein Jahr später die Eleganz ihrer Tweedkostüme gewürdigt sowie ihre Mode als „Revolution" bezeichnet hatte und immer mehr internationale Stars wie Marlene Dietrich, Brigitte Bardot, Grace Kelly, Romy Schneider, Ingrid Bergman oder Elizabeth Taylor medienwirksam *Chanel* trugen, trat das Chanel-Kostüm seinen Siegeszug an.

Das berühmte Chanel-Kostüm aus Tweed – mit bevorzugt schwarzem Besatz und Goldknöpfen verziert sowie gern mit langen Perlenketten getragen – avancierte fortan zur repräsentativen Kleidung der Geschäftsfrau. Zu diesem weltweiten Standard gesellten sich Strickensembles (*Twinset*), Schuhe mit meist goldenen Fersenriemen (*Slingpumps* oder auch *Slingbacks* genannt) und gesteppte Handtaschen mit Schulterkette (*Chanel 2.55*) wie auch auffälliger Modeschmuck als reizvolle Alternative zu echtem Schmuck.

Coco Chanel, die ihre Mode „demokratisiert" hatte, indem sie andere Modehäuser ihren Stil kopieren ließ, bezeichnete sich selbst zeit ihres Lebens als „Anarchistin", deren „tiefer Drang zu Zerstörung und Neuanfang" sie in die Couture geführt habe. Ihre Leidenschaft für puristische Mode entsprang wohl einem Streben nach Unabhängigkeit, später auch bezogen auf ihre männlichen Förderer: „Ein Mann kann anziehen, was er will – er bleibt doch nur ein Accessoire der Frau." In der Tat setzte sie die Grundpfeiler für eine neue Mode-Ära. Ihre schmal geschnittenen, die Figur der Frau hervorhebenden Entwürfe begründete sie mit dem Satz: „Die selbstsichere Frau verwischt nicht den Unterschied zwischen Mann und Frau – sie betont ihn." Ihr übersteigertes Selbstbewusstsein kam in der bekannt gewordenen Aussage zum Ausdruck: „Ich mache keine Mode, ich *bin* die Mode!" Ihre gelebte Emanzipation in und durch die Mode hatte allerdings auch ihren Preis. So stellte sie einmal resigniert fest: „Früher haben die Frauen auf ihrem eigenen Boden gekämpft. Da war jede Niederlage ein Sieg. Heute kämpfen sie auf dem Boden der Männer. Da ist jeder Sieg eine Niederlage."

In ihren späten Lebensjahren wurde sie in der Branche als zickige und verbitterte Kratzbürste wahrgenommen, die ein zunehmend zurückgezogenes, einsames Dasein in ihren Ateliers und in ihrer darüber befindlichen Privatwohnung in der Rue Cambon 31 führte. Karl Lagerfeld, der Chanel allerdings nie persönlich kennengelernt hatte, jedoch ab 1983 begann, Mode für das Haus Chanel zu entwerfen und ihm somit wieder zu seinem früheren Ruhm zu verhelfen, beschrieb sie aufgrund von Erzählungen aus ihrem Umfeld als „wild, launisch und aggressiv". Auf Karl Lagerfeld indes, der die Frauen in seinen Entwürfen immer mehr entblößte, was sarkastisch zugespitzt durchaus als „Dresscode für Prostituierte" interpretiert werden konnte, wäre Chanels Antwort gewesen: „Weibliche Nacktheit muss man den Männern mit dem Teelöffel geben, nicht mit der Schöpfkelle."[72]

---

72 Porträt erstellt auf der Grundlage von *Wikipedia*, Stichwort „Coco Chanel" mit inhaltlichen Ergänzungen aus weiteren Internetrecherchen

Stürmische Hochzeit

1980 war Olgas Schicksalsjahr. In diesem Jahr begegnete sie ihrem jetzigen Mann zum ersten Mal. War es Zufall oder gar Fügung? Denn eigentlich fuhr sie nur zum Shoppen nach München. Nun hatte aber ihre Sprachlehrerin, Prof. Alena Čepová, sie gebeten, ihrem Sohn Wenzel einen Brief mit Päckchen nach Deutschland mitzunehmen und zu übergeben.

Olga traf sich mit Wenzel im Mathäser-Bräu in München. Zu diesem Treffen kam sie frisch gestylt und traf auf einen bescheidenen und zurückhaltenden Mann, unscheinbar in einer Ecke sitzend. Er schien genau das Gegenteil ihrer oftmals prahlerischen und überschwänglichen Art zu repräsentieren.

Je länger die Unterhaltung mit ihm dauerte, desto mehr füllte sich Olgas innere Leere und ihre Seele lebte auf. Sie bewunderte seine Zurückhaltung, seine feine Sprache, seine Manieren und vor allem sein Wissen! Er reagierte auf Olga ganz anders als all die Männer, die bisher um sie balzten ... Als sich Olga von ihm verabschieden musste, wurde ihr plötzlich bang ums Herz – sie hatte sich verliebt!

„Den Mann will ich haben! Den will ich heiraten und ihm viele Kinder schenken!", war ihr fester Gedanke. Eine „Kleinigkeit" hatte sie dabei vergessen: Er selbst ahnte nichts von seinem Glück! Nichts konnte sie indes aufhalten, ihren einmal gefassten Gedanken auch in die Tat umzusetzen. Und Tatkraft, gepaart mit Mut, gehörte immer schon zu ihren stärksten Charakterzügen.

Vier Wochen später landete sie bei ihm in Heidelberg mit Eheringen und einem maßgeschneiderten Hochzeitskleid aus teurer weißer Spitze. Es fiel ihr in ihrer Selbstsicherheit nicht einmal ein, ihren Traummann zu fragen, ob er sie vielleicht zufälligerweise auch heiraten möchte!

Denn für Olga war die Heirat mit Wenzel eine absolut klare Sache: Sie hatte sich schon alles im Kopf ausgemalt und bis ins Detail geplant, wie sie mit ihm glücklich werden könne. Ihr zukünftiger Mann sollte nur den ganzen Kleinkram mit den Behörden erledigen ... Dann würde diesem Ehebund nichts mehr im Wege stehen, davon war sie überzeugt.

Ach, und nicht zu vergessen: Olga wusste natürlich, dass es sich gehört, in die Ehe eine Aussteuer mitzubringen. Bevor sie also bei Wenzel eintraf, hatte sie in einem Rauscheinkauf in Venedig alles Nötige besorgt. Die vielen Einkaufstüten füllten sich mit allen noblen Dingen, die man so als junge angehende Ehefrau „unbedingt" braucht, wie zum Beispiel das neueste Model einer goldenen Uhr der Marke *Cartier*, ein Kostüm aus elfenbeinfarbenem Gabardine von *Christian Dior*, ein Hochzeitsnachthemd aus Duchesse-Seide, handbestickt, für damalige „nur" 890 DM und weitere „unbedingt notwendige" Dinge wie Schuhe, Handtaschen und Kleider.

Der aufgeweckte Leser wird sich jetzt bestimmt fragen: Was hat zu alledem wohl der Wenzel gemeint!?

Er war einfach baff! Olga platzte in sein Leben wie eine Granate! Mit ihrem starken Willen, gepaart mit einer ihr eigenen entwaffnenden Herzlichkeit, hatte sie ihn einfach überrollt und vor vollendete Tatsachen gestellt.

Nicht, dass Olga ihm etwa nicht gefallen hätte – das Gegenteil war der Fall: Er begehrte sie nicht nur wegen ihrer Schönheit, sondern vor allem auch wegen ihrer bezaubernden und zugleich entwaffnenden Art ...

Sein Verstand und auch sein katholischer Glaube sagten ihm indes, dass eine Verbindung mit Olga eine unmögliche Mesalliance in vielerlei Hinsicht bedeuten würde. So entschied er sich zunächst dagegen. Sein Freund Michael aus der Studentenverbindung *Arminia* in Heidelberg, der mit Olga nach ihrer Ankunft bei Wenzel kurz gesprochen hatte, hatte ihn eindrücklich gewarnt: „Möglicherweise ist sie noch eine Spionin ...!" Denn er wusste um Wenzels brisantes – antikommunistisches und rechtskonservatives – politisches Umfeld Bescheid ...

Wenzels Eltern waren beide klassische Philologen. Sein Vater, Prof. Václav Čep, entstammte einer Familie mit zehn Kindern aus dem katholischen Mähren. Er beherrschte fünf Weltsprachen und war als Gymnasiallehrer wie auch als namhafter Übersetzer tätig. Latein war sein Hauptlehrfach. Wenzels Mutter, Prof. Alena Čepová (geb. Wanek, tschechisiert: Vanková), arbeitete als Lektorin, Sprachlehrerin und Dolmetscherin. Sein Onkel väterlicherseits und Taufpate, Jan Čep (1902–1974), war ein bekannter mährisch-katholischer Schriftsteller u. a. ruralistischen Stils. 1962 erschien im Freiburger Herder-Verlag dessen Essaysammlung *Zeit und Wiederkehr: Bilder aus Böhmen und Mähren.* Für sein schriftstellerisches Lebenswerk, näherhin besonders sein Eintreten für die katholische Kirche, bekam Jan Čep von Papst Johannes XXIII. 1962 das Ritterkreuz des St.-Silvester-Ordens verliehen. Nach dem kommunistischen Putsch 1948 wurde er sofort aus dem Schriftstellerverband ausgeschlossen und ging ins Exil. Von 1951 bis 1954 lebte er zeitweilig in München, wo er als politischer Essayist für *Radio Freies Europa* arbeitete. In seinen wöchentlichen „Ansprachen an die Heimat" geißelte er dort die Gottlosigkeit der kommunistischen Tyrannei. Von ihm stammte der legendäre Satz: „Die Nationalsozialisten haben zwar den Körper, die Kommunisten jedoch die Seele getötet." Bezeichnend für den tiefgläubigen Katholiken war es, den Verlust des physischen Lebens als weniger schlimm zu erachten als die vollständige Zerstörung der Integrität der Seele durch kommunistische Indoktrination und Verhörmethoden. Deshalb war er zum erklärten Erzfeind der Kommunisten geworden. Als Folge seines Wirkens wurde die ganze weitverzweigte Familie in der Tschechoslowakei in Sippenhaft genommen und verfolgt: Jahrzehntelang wurde deshalb Wenzels Verwandtschaft verhört, diskriminiert und auf jede nur mögliche Art und Weise schikaniert.

Nach der politischen Denkweise der damaligen „Diktatur des Proletariats" wechselte Olga durch einen Ehebund mit Wenzel eigentlich ins feindliche „Lager" der intellektuellen Bourgeoisie, also zum Klassenfeind der Arbeiterklasse. Deshalb wurde das Liebespaar Olga und Wenzel von Bekannten und Verwandten gelegentlich als „Romeo und Julia" apostrophiert: Bekanntlich ging es in Shakespeares gleichnamiger Tragödie um eine fast undenkbare Verbindung von Sprossen zweier bis auf den Tod verfeindeter altveronesischer Familien, der Montagues und der Capulets. Und wie schon damals in Verona war auch die Liaison von Wenzel und Olga für viele eine ähnlich krasse, von düsterem Grollen begleitete Herausforderung …

Obendrein galt Olga bei vielen als Emanze und der Stallgeruch einer „linken Zecke" war ihr immer noch anzumerken, auch wenn sie hoffnungslos in Wenzel verliebt war. All diese Gründe bewogen Wenzel, Olga seinen Vorschlag zu unterbreiten, sich mit einer Heirat doch noch Zeit zu lassen.

Für Olga brach eine Welt zusammen!

„Warum will er mich denn *jetzt* nicht heiraten, wenn ich es doch will? Ich liebe ihn doch so sehr!" Und noch einige weitere konfuse Fragen standen im Raum … Olga hing buchstäblich in der Luft …

Der Schock der Zurückweisung war für sie so groß, dass sie – wie so oft in ihrer Kindheit – schwer erkrankte. Ihre Schwachstelle, die Nieren, meldeten sich heftig zu Wort. Obwohl Wenzel sie rührend pflegte, musste sie trotzdem ins Krankenhaus. Dort wurde zudem bei Olga einwandfrei eine Schwangerschaft festgestellt: Es war Wenzels Kind!

Fast ganze fünf Monate lag sie im Krankenhaus, denn es handelte sich aufgrund ihrer schwachen Nieren um eine Risikoschwangerschaft.

Wenzel besuchte sie in dieser Zeit täglich, sprach ihr Mut zu und überschüttete sie mit Liebe und Zuwendung.

Der lange Krankenhausaufenthalt war für Olga eine harte Zeit, wochenlang das Bett hüten zu müssen und dabei um das Wunschkind zu bangen. Dies zehrte natürlich auch heftig an ihren Nerven ...

Da sie aber in ihrem Leben schon viele Schwierigkeiten überwunden hatte, vermochte sie mit der ihr angeborenen Unverzagtheit auch diese Herausforderung zu meistern. Doch im Unterschied zum oben genannten Drama von Shakespeare wollte in ihrem Fall eine ideologische Versöhnung der beiden Familien nur teilweise gelingen ...

Dann kam endlich der Tag der Entlassung aus dem Krankenhaus und nun dauerte es nicht mehr lange, bis Wenzel seine Olga in der Abtei Neuburg bei Heidelberg heiratete, wo er als Student nach seiner Flucht aus der Tschechoslowakei 1968 längere Zeit gewohnt hatte. Die Benediktiner sangen ihnen bei der Trauung das *Salve Regina* des heroischen Heiligen Hermann des Lahmen von der Reichenau.

Den katholischen Glauben aber ließ sich Olga nicht einfach so überstülpen. Sie hinterfragte ihn auch noch jahrelang nach der Hochzeit in vielen Einzelgesprächen mit Priestern, Ordensschwestern und Mönchen. Sie forschte in der Bibel, studierte eingehend den Katechismus der katholischen Kirche und las weitere katholische Literatur.

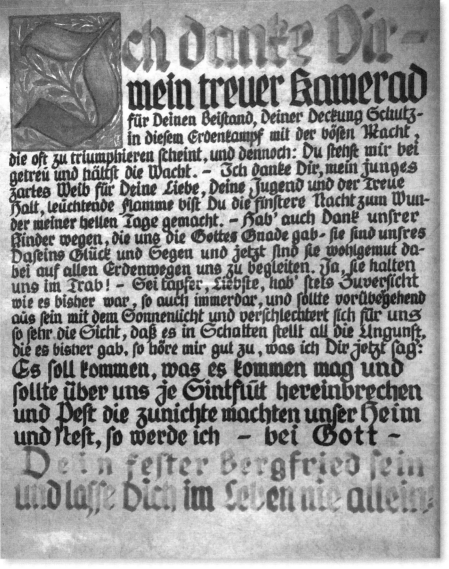

Ich danke Dir –
mein treuer Kamerad
für Deinen Beistand, Deiner Deckung Schutz –
in diesem Erdenkampf mit der bösen Macht,
die oft zu triumphieren scheint, und dennoch: Du stehst mir bei
getreu und hältst die Wacht. – Ich danke Dir, mein junges
zartes Weib für Deine Liebe, Deine Jugend und der Treue
Halt, leuchtende Flamme bist Du die finstere Nacht zum Wunder meiner hellen Tage gemacht. – Hab' auch Dank unsrer
Kinder wegen, die uns die Gottes Gnade gab – sie sind unsres
Daseins Glück und Segen und jetzt sind sie wohlgemut dabei auf allen Erdenwegen uns zu begleiten. Ja, sie halten
uns im Trab! – Sei tapfer, Liebste, hab' stets Zuversicht
wie es bisher war, so auch immerdar, und sollte vorübergehend
aus sein mit dem Sonnenlicht und verschlechtert sich für uns
so sehr die Sicht, daß es in Schatten stellt all die Ungunst,
die es bisher gab, so höre mir gut zu, was ich Dir jetzt sag:
Es soll kommen, was es kommen mag und
sollte über uns je Sintflut hereinbrechen
und Pest die zunichte machten unser Heim
und Rest, so werde ich – bei Gott –
Dein fester Bergfried sein
und lasse Dich im Leben nie allein.

Wenzels Schwur zum 10-jährigen Hochzeitsjubiliäum

215

Postscriptum:

Christian Dior (1905–1957)
– der geniale Modevermarkter

Dass Christian Dior einmal ein international bekannter französischer Modeschöpfer werden sollte, war ihm weder in die Wiege gelegt noch war es vorgezeichnet. Der Sohn eines Großindustriellen, dessen Unternehmen infolge der Weltwirtschaftskrise 1931 in Konkurs ging, wollte eigentlich Architekt werden, stattdessen begann er zunächst Hutmode für die Modebeilage der Zeitung *Le Figaro* und schließlich Modeskizzen für Pariser *Haute-Couture*-Modehäuser, darunter Elsa Schiaparelli, zu entwerfen, die er nur mühsam für 25 bis 30 Francs pro Stück absetzen konnte. 1938 schließlich entdeckte der Modeschöpfer Robert Piguet den begabten Maler und Zeichner und engagierte ihn als Modellisten.

Eines der ersten von Dior für Robert Piguet entworfenen Kleider wurde am 1. Juli 1939 auf dem *Circus*-Ball in Versailles – dem letzten großen gesellschaftlichen Ereignis in Frankreich vor dem Zweiten Weltkrieg – von der brasilianischen Jetsetterin Aimée de Heeren getragen, die auf dem Ball von Coco Chanel dem Unternehmer und späteren Dior-Investor Marcel Boussac vorgestellt worden war.

Von diesem seinem Schulfreund, dem vermögenden Textilfabrikanten Marcel Boussac, erhielt Christian Dior auch 1946 das vielversprechende Angebot, als Modeschöpfer die künstlerische Leitung für ein neu zu gründendes Haute-Couture-Haus zu übernehmen, das Boussac selbst finanzieren wollte. Noch im selben Jahr wurde so das Unternehmen *Christian Dior S.A.* mit einem Grundkapital von 60 Millionen Francs gegründet und am 16. Dezember ein Atelier in der eleganten Avenue Montaigne Nr. 30 eröffnet, wo sich noch heute der Pariser Vorzeigeladen der Marke *Dior* befindet.

Schon die erste Modekollektion, die Dior am 12. Februar 1947 präsentierte, wurde ein großer Erfolg und von amerikanischen Journalisten als *New Look* gefeiert. Der Ausdruck geht auf Carmel Snow, die damalige Chefredakteurin der Modezeitschrift *Harper's Bazaar* zurück, die gegenüber Christian Dior nach der Modenschau den prägenden Satz äußerte: „(...) *your dresses have such a new look*" [Ihre Kleider sehen so neuartig aus].

Mit den für seine Entwürfe so typischen eng geschnürten Taillen, den figurbetonten, wieder durch ein Korsett gestützten und dadurch den Busen hervorhebenden Oberteilen, den weiten, schwingenden, knöchellangen und durch mehrere Stofflagen bzw. Petticoats bauschigen Röcken aus edlen Materialien in verschwenderischen Mengen, mit kurzen Jacken sowie Wagenradhüten und langen Handschuhen kehrte Dior zum als „reaktionär" verschrienen Frauenideal der Vorkriegszeit zurück: Die elegante Dame und Prinzessin verdrängte wiederum die arbeitende, berufstätige emanzipierte Frau der harten, entbehrungsreichen Kriegsjahre. Der durch die allgemeine Knappheit geprägte nüchterne und schlichte Kleidungsstil der Kriegsjahre wich einer für den Alltag untauglichen, da unpraktischen, material- und arbeitsaufwendigen, betont femininen, eleganten Kleidung, die eher für eine Abendgarderobe geeignet war. Die sanduhrförmige Silhouette von Diors Kleidern stellte das krasse Gegenteil zu der von Coco Chanel stets propagierten Bewegungsfreiheit dar. Die Modejournalisten nannten Dior deshalb einen „Revolutionär der weiblichen Linie, wie er seit Paul Poiret nicht mehr dagewesen" sei. Dior, der seine erste Nachkriegskollektion nach ihrem Erscheinungsbild *Ligne Corolle* („Blütenkelch-Linie") nannte, wies darauf hin, vom Vorkriegsmodestil eines Edward Molyneux beeinflusst gewesen zu sein.

In der Tat waren Diors Entwürfe gar nicht so bahnbrechend neuartig, wie die Bezeichnung *New Look* vermuten ließ. Es handelte sich eher um ein romantisierendes Schönheitsideal, das an die

Ästhetik des *Fin de Siècle* erinnerte und vor allem in seinen voluminösen Abendroben aus Seide und Tüll zum Ausdruck kam. Hier konnte ein von Hand gefertigtes Nachmittagskleid durchaus einen Aufwand von 200 Arbeitsstunden und einen Stoffverbrauch von 20 und mehr Metern Saumumfang bedeuten, während angesichts der Materialknappheit in den unmittelbaren Nachkriegsjahren pro Bluse eigentlich nur 1,30 Meter Stoff verarbeitet werden durfte.

Coco Chanel, der Dior im Übrigen schon 1947 auch in der Parfümsparte mit seinem Damenduft *Miss Dior* Konkurrenz machte, soll bei ihrem Neuanfang 1954 über Diors Kreationen die abfällige Bemerkung gemacht haben: „Diese schweren, steifen Kleider, die nicht einmal in einen Koffer passen, lächerlich ...". Branchenkenner bemängelten denn auch den verschwenderischen Einsatz von knappen Ressourcen und kritisierten die Rückkehr zu fraulich-romantischer Mode in Zeiten der Frauenemanzipation.

Dennoch beeinflussten Diors teure *Haute-Couture*-Entwürfe sehr bald auch die Alltagsmode: Der Dior-Stil wurde weltweit kopiert und in erschwingliche Massenware umgesetzt. 1948 hatte Dior eine eigene *Prêt-à-porter*-Kollektion in New York eingeführt, sodass zu Beginn der 1950er-Jahre bereits 90 Prozent der Frauen in der US-Metropole den *New Look* trugen, während erste Trägerinnen von Dior-Mode in Paris noch tätlich angegriffen wurden.

Im Zusammenhang mit Diors Einfluss kam das Wort „Modediktat" auf: In den auf seine erste Kollektion folgenden Jahren präsentierte er für jede Saison einen neuen *Look*, dem die Modeindustrie mit ihren Konsumentinnen wie auch seine wohlhabenden Kundinnen willig folgten. Nach der *Blütenkelch-Linie* gab er die *Kuppel-Linie*, dann die *Maiglöckchen-Linie*, die *Bleistift-Linie*, die *H-Linie*, die *A-Linie* und anschließend die *Y-Linie* als ihr gegenteiliges Pendant vor. Man sprach von *Sacklinie*, *Tulpenlinie*, *Tonnenlinie* und *Scherenlinie* und von sich reden machte auch das berühmte *Ballonkleid*.

1949 stellte Diors Hamburger Publikum überrascht fest, dass der Schöpfer des femininen *New Look* zum *Garçon*-Stil umgeschwenkt war: Seine Vormittagskleider waren auf einmal sportlich, die Röcke (z. T. bleistiftförmig) eng, deutlich kürzer und hinten mit der berühmten Dior-Falte geschlitzt, die Taillen durch Ledergürtel betont. Selbst beim weit plissierten Rock und beim kleinen Abendkleid durfte ein wenigstens angedeuteter Gürtel nicht fehlen. Als Nachklang des *New Look* wurde die beibehaltene Verwendung von kostbaren Stoffen wie Taften, schweren Wollseiden, Brokaten und Samten gewertet, welche Dior durch Pelzwerk, Perlenketten und antik gearbeiteten Schmuck elegant zur Geltung brachte. Als Nachwehen des *New Look* galten auch seine Perlenstickereien, Pailletten und Applikationen, vor allem bei seinen Abendkleidern, zu denen die sportlich-androgyne Figur der weit ausschreitenden Mannequins recht grotesk wirkte.

„Im Grunde geht es in der Mode nur um die Betonung der Schönheit der Frau", soll Christian Dior sich für seine wechselnden Linien und Stile gerechtfertigt haben. Zu seinem Damenduft *Miss Dior* erklärte er: „Ich kreierte dieses Parfüm, um jede Frau in exquisite Weiblichkeit zu hüllen, so als ob jedes Stück Couture, das ich entworfen habe, eines nach dem anderen, dem geöffneten Flakon entströmt."

Eigentlich war Christian Dior nicht so sehr genialer Modeschöpfer als vielmehr ein begnadeter Modevermarkter, der sich das Lizenz-Geschäft erfolgreich zunutze machte: Er war der erste Modeschöpfer, der schon 1948 Lizenzverträge mit prozentualer Beteiligung abschloss. Für seine Entwürfe und zahlreichen Nebenprodukte, wie Nylonstrümpfe, Taschen, Maßschuhe, Modeschmuck, Parfüms und Kosmetika, vergab er weltweit ertragreiche Lizenzen und baute sich so in wenigen Jahren ein Mode-Imperium auf. Auch deutsche Firmen erhielten bereits kurz nach dem Krieg Dior-Lizenzen. Dior verstand es, Mode zum Event, seine Produkte zu Kultgegenständen und seine Rocklängen und -linien zum Maßstab für Trendbewusstsein zu machen. Das Alleinstellungsmerkmal, der in der Marketingsprache *Unique Selling Proposition* genannte Wert seiner Produkte, lag allein im Image der Marke *Dior*, das sich kurz und prägnant mit „elegant, luxuriös und weiblich" zusammenfassen ließ.

So wurde Dior schnell zum berühmtesten und einflussreichsten Couturier der Welt und sein Haus zum weltweit agierenden Konzern. Zu seinen Kundinnen zählten Prinzessin Margaret, die Königin von England, Soraya von Persien, Evita Perón und die Hollywoodschauspielerinnen Lauren Bacall, Ingrid Bergman, Marlene Dietrich, Ava Gardner, Olivia de Havilland, Rita Hayworth und Elizabeth Taylor.

„Ich sehe meine Arbeit im Kampf gegen das Mittelmaß", soll Christian Dior einmal gesagt haben; er sah überall Abwärtstrends und wollte schöpferisch dagegen ankämpfen. Der Fabrikantensohn, dessen Familie durch einen Börsenkrach ihr Vermögen verloren hatte und der dadurch gezwungen war, von ganz unten neu anzufangen, nahm seine Zuflucht zum Luxus und kaprizierte sich fast ausschließlich auf das Allerkostbarste.

Diors Lizenzpolitik für Kosmetika, Strümpfe und Accessoires wurde nach seinem Tod zu einer erfolgreichen Marketingstrategie und fand zahlreiche Nachahmer in der Modebranche.[73]

---

73 Porträt erstellt auf der Grundlage von *Wikipedia*, Stichworte „Christian Dior", „New Look", Unternehmen „Christian Dior S.A." mit inhaltlichen Ergänzungen aus weiteren Internetrecherchen

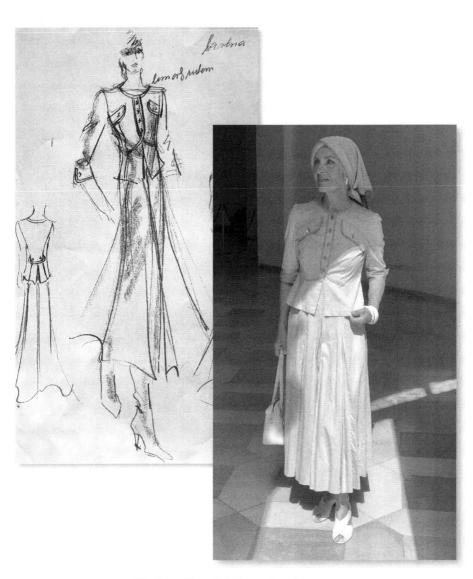

Kleid im Chanel-Stil – zeitlose Eleganz.
Der Entwurf von Prof. Bauerova
und das fertiggestellte Kleidungsstück bei der Präsentation

Bibliotheken und Welten

Olgas Abschied von ihrer realsozialistisch geprägten Kindheit und Jugend und den durch ihre Heirat bedingten Eintritt in ein vollkommen neues Leben in einer komplett anderen Welt dokumentieren am besten die Bibliotheken der beiden Männer, die sie liebten und prägten:

Während ihres langen Krankenhausaufenthaltes, als sie beide um ihr gemeinsames Kind bangten, versorgte Wenzel sie mit Unmengen von Büchern aus seiner umfangreichen Bibliothek, um sie auf andere Gedanken zu bringen. Sie las alles gern, wie er bald bemerken konnte. Bei jedem seiner Besuche im Krankenhaus sprach er mit ihr über das Gelesene. Sie war richtig gierig danach, immer mehr zu erfahren ...

Was waren das für Bücher, die er ihr zum Lesen gab und die sie regelrecht verschlang? – Na ja, genau das Gegenteil dessen, was sich in Vaters Bibliothek befand. Statt Marx, Engels, Lenin, Stalin usw. standen in Wenzels Regalen Vergil, Seneca, Platon, eine Bibel, die *Bekenntnisse* des hl. Augustinus, Werke von Romano Guardini (der ein guter Freund von Wenzels Patenonkel Jan war), diverse Lexika sowie unzählige Geschichtsbücher aus allen Epochen.

Mit dem Buch *Das Lied von Bernadette* des Deutschjuden und Prager Landsmanns Franz Werfel landete Wenzel bei Olga einen Volltreffer! Seither ist die Heldin dieses Buches, die bescheidene, begnadete Seherin Bernadette Soubirou von Lourdes, Olgas Freundin im Geiste. Ebenso erging es ihr mit der deutschen Mystikerin Anna Katharina Emmerick, deren Schriften über das *Leben und Leiden unseres Herrn Jesus Christus* neue, endgültige Weichen für Olgas spirituelle Ausrichtung stellten. Diese Schriften hatte ihr ihre gute

Freundin Dorle geschenkt. Wie ein Liebespfeil traf sie diese Lektüre mitten ins Herz. Jesus ist seither für Olga das Zentrum ihres Lebens geworden.

Eines Tages brachte ihr Wenzel ins Krankenhaus die Trilogie *Der Archipel Gulag* von Alexander Solschenizyn. Olga verschlang dieses Epos regelrecht. Alexander Solschenizyn war bekanntlich ein Offizier der Sowjetarmee gewesen, ebenso wie Lew Kopelew, dessen autobiografisches Buch *Aufbewahren für alle Zeit!* sie wenig später in die Hände bekam. Das Militärische hatte sie zwar immer schon angezogen und gefesselt, doch fing nun der geschichtliche und politische Rahmen an, ganz andere Konturen anzunehmen. Ihr sozialistisches Weltbild begann zu bröckeln, je weiter Olga solche Literatur las. Dennoch wollte sie von da an immer noch mehr wissen. Auch in dieser Hinsicht war sie bei ihrem Wenzel bestens aufgehoben. Ja, er selbst war für sie ein wandelndes Lexikon. Er wusste so unheimlich viel und war trotzdem immer bescheiden geblieben. Als gläubiger Katholik und deutscher Patriot war er ein entschiedener Gegner des Kommunismus und all seiner Schattierungen. Von Beruf Volkswirt, galt sein Interesse dennoch den Geisteswissenschaften, vor allem der Geschichte, den Kulturen und Sprachen.

* * *

Vaters Bibliothek in der Prager Plattenbausiedlung Maleschitz zierten vor allem die kommunistischen Klassiker wie die Gesamtwerke von Lenin, Marx und Engels, Ilja Ehrenburg, Wladimir Majakowskij, Maxim Gorkij – der die sowjetischen Konzentrationslager hochgepriesen hatte – und weitere rote Mitläufer, die Lenin und Stalin mit Recht „nützliche Idioten" genannt hatten, weil sie mit dem Kommunismus kokettierten und ihm zujubelten. Glänzende Beispiele hierfür waren Berthold Brecht, Lion Feuchtwanger, Ernest Hemingway, Erich Maria Remarque und John Steinbeck.

In rotes Leder gebunden prangte in Vaters Bibliothek die Chronik der russischen Oktoberrevolution von 1917, gleich daneben standen seine Lieblingsautoren Machiavelli, Voltaire, Rousseau, Émile Zola sowie einige Bände über die hussitischen Kriege im 15. Jahrhundert, deren großer Bewunderer er gewesen war. Ausführlich erklärte er der kleinen Olga die hussitische Kampfstrategie mit der Wagenburg. Die hussitischen Plünderungen, damals vor allem an den Deutschen, hieß er gut – mit der typisch kommunistischen Begründung: „Den Reichen nahmen sie ihr Vermögen weg und gaben es den Armen." So hegte Olga bald eine große Sympathie für die Hussiten und ihre „gerechten" Kriege ...

Postscriptum:

Zeige mir, was du liest, und ich zeige dir, wer du bist

(deutsches Sprichwort)

In den 1960er-Jahren besuchte Olgas Vater noch öfters die Bibliothek des Marxismus-Leninismus, die sich nicht weit von der Teynkirche, in der Celetna ulice, befand. Mit den Worten: „Lauf schon vor zur Oma, ich komme nach", entließ sie der Papa vor dem Eingang der Bibliothek, in dem er sogleich verschwand. Dies tat Olga gerne. Noch bevor sie aber bei der Oma an der Haustür klingelte, huschte sie noch schnell in die Teynkirche, zum Altar der Muttergottes. Dort lagen alte Gebetsbücher mit Heiligenbildchen darin, die sich Olga jedes Mal neugierig anschaute.

Hart auf hart prallten damals in Olgas Seele die extrem verschiedenen Bücher-Botschaften aufeinander. Auf der einen Seite die Gebetsbücher in der Teynkirche, die den Geist und das Wort Gottes vermittelten, auf der anderen Seite – ganz dicht daneben – Bücher, die die verzerrte Sprache des Widersachers wiedergaben, um die Seelen der Menschen zu verwirren.

In der Schule las Olga als Pflichtlektüre nämlich z. B. die Kindererzählung *Tschuk und Gek* von Arkadij Gajdar (alias Golikow, 1904–1941), ein Buch über den „Heldenpionier Nr. 001", den Denunzianten Pawlik Morosow (1918–1932), und Maxim Gorkis *Mutter*.

Um den Kontrast zu veranschaulichen seien die drei Beispiele der schulischen Pflichtlektüre hier kurz beschrieben:

Ganze zweieinhalb Monate Dienst in einer kommunistischen Sondertruppe zur Unterdrückung von Aufstandsbewegungen gegen die noch junge Sowjetmacht in Chakassien hatten ausgereicht, um den erst 18-jährigen Golikow bei der ortsansässigen Bevölkerung verhasst, aber gleichzeitig zum Helden der Sowjetpropaganda zu machen. Ihm wurden ungesetzliche Konfiskationen und Erschießungen, darunter eine eigenhändige Enthauptung, vorgeworfen. Selbst einem Hinrichtungsurteil entgangen, begann er ein zweites Leben als Schriftsteller unter dem Pseudonym „Gaidar", was auf Chakassisch wohl „wohin?" bedeutet. In der Erzählung wird den beiden Vorschulkindern Tschuk und Gek für einen an und für sich harmlosen Jungenstreich angedroht: „Was soll man mit solchen Rangen anfangen? Sie mit dem Stock prügeln? Sie einsperren, in Ketten legen und zur Zwangsarbeit verschicken?"

Pawlik Morosow war ein sowjetischer Bauernjunge, der zusammen mit seinem Bruder Fjodor nach offizieller sowjetischer Lesart von Verwandten seines „reaktionären" Vaters, eines – „Kulaken"[74]

---

74 Der Begriff *kulák* („Faust") bezeichnete seit dem 19. Jahrhundert Großbauern im zaristischen Russland. Spätestens nach der Jahrhundertwende bekam der Begriff für diese relativ wohlhabenden Bauern einen abwertenden Charakter. Unter Stalin wurde er mehr oder weniger auf alle selbstständigen Bauern ausgedehnt, die er im Rahmen der sog. Entkulakisierung (1929–1932) als Klassenfeinde in Arbeitslager deportieren oder erschießen ließ.

genannten – wohlhabenden Bauern, erschlagen worden sein soll. Sein Vater war inhaftiert worden, weil Pawlik ihn wegen Versteckens von Getreide angezeigt hatte. Pawlik Morosow wurde daraufhin – obwohl niemals Mitglied der Pionierorganisation – als „Heldenpionier Nr. 001" bezeichnet und zur sozialistischen Heldengestalt und Ikone stilisiert. Sein – inzwischen bezweifeltes – Schicksal diente zur Rechtfertigung und propagandistischen Durchsetzung der Zwangskollektivierung. Der russische Journalist Jurij I. Druschnikow (1933–2008), der über den Fall Morosow seit den 1980er-Jahren recherchierte, vermutete, dass die Kinder vom damaligen sowjetischen Geheimdienst OGPU umgebracht wurden, um ihre Ermordung mehreren „reaktionären Kulaken" des Dorfes anzulasten, die sich lange gegen die Kollektivierung gewehrt hatten. Diese wurden daraufhin inhaftiert, zum Tode verurteilt und hingerichtet. In der Folge dieses Schauprozesses gaben die verbliebenen Einzelbauern des Dorfes auf und gründeten einen Kolchos.

Gorkis Roman *Die Mutter* erschien bereits 1907 als erstes Werk der Stilrichtung des sog. Sozialistischen Realismus und handelt von der „proletarischen Bewusstseinsbildung" der Arbeiterfrau Pelageja Nilowna. Gorki verarbeitete hier den Petersburger Blutsonntag, die Niederschießung streikender Arbeiter auf ihrem Demonstrationszug zum Winterpalast, wodurch die erste Russische Revolution von 1905 ausgelöst worden war. Trotz ihres harten Arbeiterdaseins und der Gewalttätigkeit ihres Mannes unterstützt Pelageja Nilowna ihren Sohn Pawel bei seinen politischen Aktivitäten in der sozialdemokratischen Partei, setzt bei dessen Verhaftung die begonnene Flugblattverteilung fort und wird auch sonst politisch gegen das Zarenregime aktiv, bis sie schließlich selbst verhaftet wird. Aufgrund der agitatorischen Grundhaltung wurde Gorkis *Mutter* ein großer Erfolg bei der vorrevolutionären Leserschaft und galt als sozialistischer Vorzeigeroman der Sowjetzeit, deren Literaturkritik ihn mit überschwänglichen Lobeshymnen bedachte. Dennoch wird das Werk mit seinem didaktischen und agitatorischen Pathos und den ermüdenden Wiederholungen heute als literarisch eher schwach beurteilt und kaum noch gelesen.

Als Olga später mit der Bibliothek ihres Mannes vertraut wurde, flackerte der Kampf um das richtige Weltbild in ihr erneut auf. In vielen Diskussionen mit ihrem Mann Wenzel wurden einige Klischees und Feindbilder kommunistischer Prägung – zum Teil für sie sehr schmerzhaft – zurechtgerückt ...

In einem Eckhaus in der Kaprova ulice, die vor der Teynkirche in den Altstädter Ring mündet, wohnte der pragerdeutsche jüdische Schriftsteller Franz Kafka. Immer wenn Olga von der Bushaltestelle zu Oma Anežka zu Besuch ging, kam sie an diesem Haus, an dem eine Gedenktafel mit seiner Büste hing, vorbei.

Mit seinen Worten: „Das Buch ist die Axt für das gefrorene Meer in uns", trifft Kafka den Nerv dieses Postscriptums.

Im Zeitalter des Pfeffersprays

Vorbei sind die Zeiten, in denen ich allein ohne Angst mit der Deutschen Bahn zu Shootings unterwegs war. Ohne Zweifel, die Zeiten haben sich gewaltig geändert! Nun bin auch ich durch die neuen Umstände in Deutschland auf meinen Reisen mit Pfefferspray versehen.

Während ich im Bahnhof von Hannover auf meinen Intercity wartete, näherte sich mir eine Gruppe mit Energie nur so protzender, gut gelaunter, aber sichtlich gelangweilter nordafrikanischer junger Männer. Intuitiv umklammerte ich mit einer Hand mein Pfefferspray, das ich in meiner Tasche trug. Neben mir am Bahnsteig stand ein älterer Herr im Burberry-Trenchcoat mit einem Aktentrolley. Er sah wie ein Geschäftsmann aus. Ein Stückchen weiter warteten drei junge Mädchen in Hotpants bzw. Miniröcken mit reeperbahnähnlichen Oberteilen, die mehr entblößten als zudeckten. Die *Nafris* blieben schließlich bei ihnen stehen, quasselten aufgeregt untereinander in ihrer Gutturalsprache, grinsten und verdrehten ihre funkelnden Augen. Einer von ihnen drehte sein Musikgerät voll auf. Wie unerträglich! Schon wieder diese Rock-, Street- oder Heavy-Metal-Kakophonie. Nun fingen sie an, um die kichernden Mädchen herum zu „tänzeln", und dies sicher mit weniger Abstand als „einer Armlänge". Ihre Laute, Tanzbewegungen und Annäherungen wirkten auf mich wie ein lästig schwirrender Insektenschwarm. Ihr bizarr zitterndes, roboterähnliches Zucken, als ob ihre Gelenke ausgerenkt wären, war von Absicht und Ausrichtung her eindeutig zu interpretieren.

„Schimpansen würden es nicht besser hinkriegen", bemerkte trocken der Geschäftsmann, der mein Entsetzen beim Anblick dieser wilden Bahnhofsperformance ins Gesicht geschrieben sah.

Endlich fuhr der Zug ein. „Darf ich Ihnen helfen?", bot er sich mir an. Dankbar übergab ich ihm meinen Koffer, den er mir in den Waggon hob.

Meine Platzkarte führte mich in ein Abteil, in dem schon ein junges Paar mit Zwillingen saß. Eines der Kinder schlief friedlich in einem Tragetuch an Vaters Brust. Das zweite wurde gerade von seiner Mutter gestillt. Mir wurde bei diesem Anblick gleich warm ums Herz. Das *Nafri*-Chaoserlebnis vom Bahnsteig rückte damit in den Hintergrund. Leise begrüßte ich das junge Ehepaar, das freundlich zurückgrüßte, und nahm meinen Platz ein.

Als der Zug losfuhr, hörte ich mit Grausen die lärmenden *Nafris* anrollen. Sie kamen durch den Zuggang immer näher. Schließlich sah ich die „Kulturbereicherer" bzw. die „Schutz suchende" Horde durch das Schiebetürglas im Anmarsch. Als einer von ihnen die Abteiltür vorpreschend aufriss, sprang ich im selben Moment auf und versperrte ihm den Weg zu unserem Abteil mit einem eisigen „*It's occupied*". Ich wollte die Tür wieder zumachen, er schob jedoch seinen Fuß in den Türspalt und sah mich herausfordernd an. Es war ein Blick, der Bände sprach, und ich roch seine Alkoholfahne ...

Dieses Intermezzo beendete ich wortlos, aber sicher effektvoll folgendermaßen: Ich zog aus meiner Tasche die Pfefferspray-Gaspistole, die wie ein echter Revolver aussieht. Es genügte, sie nur vor seinen Augen in die Hand zu nehmen, ohne auf ihn zu zielen – das war die einzige Sprache, die auch er ohne Dolmetscher sofort verstand. Sein Fuß verschwand sogleich aus der Tür und ich zog sie zu. Es war für mich schon ein beruhigendes Gefühl, so eine „Knarre" in der Hand zu spüren, da ich mich in diesem kritischen Augenblick nicht so wehrlos fühlte.

Der „Schutz suchende" brummte seinem Kumpel etwas auf Arabisch zu, zeigte mir den Stinkefinger und zog mit seiner Truppe ab. Gott sei Dank!

Die junge Mutter, die weiter ihr Kind stillte, schaute mich indes von unten nach oben vorwurfsvoll an und fragte mich auf Manne-merisch (Mannheimer Dialekt): „Warum haben Sie sie nicht rein-gelassen, es sind doch noch drei Plätze frei?" Ihr hochgewachsener kräftiger Mann blickte dabei zuerst kurz zu mir, dann aber verlegen zum Boden – er wirkte verunsichert. Es war ein vielsagender Blick, in dem ich Langmut und Hilfsbereitschaft gepaart mit Sorge, Hilf-losigkeit, Furcht und Angst lesen konnte – es fehlte darin jedoch die Entschlossenheit.

Um die junge Mutter auf den Boden der Realität zu holen, äußerte ich mich gefasst: „Wissen Sie, ich bin viel unterwegs, und auf mei-nen Reisen habe ich schon einiges durchgemacht, was mich mittler-weile ziemlich abgehärtet hat. Eben habe ich diese jungen Männer – mit zweifelhaften Absichten – am Bahnsteig erlebt und in Anbe-tracht dessen habe ich aus Selbstschutz gehandelt."

Die junge Mutter antwortete nicht, seufzte nur kurz und stillte wei-ter ihr rosiges Kind. Das zweite Kind an der Brust des Vaters fing zu wimmern an.

Den Rest der Reise betete ich meinen Rosenkranz für die *Nafris*, für die junge Mutter und ihre Familie und meine weiteren Anlie-gen. Gut, dass ich zu meinem Jesus und der Muttergottes Zuflucht nehmen kann.

Postscriptum:

Überfremdung

Misstraue Fremden! „Bringe nicht jeden Menschen ins Haus (...). Einen Funken entfacht er zum Brand, der Niederträchtige lauert auf Blut. Hüte dich vor einem Bösen; denn er zeugt Böses. Warum willst du für immer einen Makel davontragen? Nimmst du den Fremden auf, entfremdet er dich deiner Lebensart; er entzweit dich mit deiner Familie. Wenn du Gutes tust, wisse, wem du es tust, dann wirst du Dank ernten für deine Wohltat. (...) Ohne Dank bleibt, wer einen Frevler beschenkt, auch hat er kein gutes Werk vollbracht. (...) Rüste ihn nicht mit Kampfwaffen aus, sonst greift er dich selbst mit ihnen an" (Jesus Sirach 11,29; 11,32-12,1; 12,3; 5).

„Der Fremdling in deinem Gebiet wird dir gegenüber allmählich hochkommen, du aber gehst immer mehr abwärts. Er wird dir leihen können, du aber wirst nicht ausleihen können; denn er wird das Haupt sein, du aber der Schwanz. So werden über dich all diese Flüche kommen, werden hinter dir her sein und dich treffen bis zu deiner Vernichtung; denn du gehorchtest nicht der Stimme des Herrn, deines Gottes, und hast seine Gebote und Satzungen, die er dir befahl, nicht gehalten. (...) Dafür, daß du dem Herrn, deinem Gott, nicht gedient hast in Freude und Frohsinn über den Überfluß an allem, sollst du deinen Feinden, die der Herr wider dich senden wird, dienen in Hunger und Durst, in Nacktheit und Entbehrung an allem (...). Der Herr wird von ferne, von den Grenzen der Erde ein Volk wider dich senden, das wie ein Adler auf Beute stößt, ein Volk, dessen Sprache du nicht verstehst, ein unbarmherziges Volk, das keinerlei Rücksicht kennt gegen den Greis und des Kindes sich nicht erbarmt. Es wird die Frucht deines Viehs und deines Ackerbodens verzehren, bis es dich vernichtet hat und es wird dir nichts übriglassen (...). Es wird dich einschließen in all deinen Ortschaften in deinem ganzen Lande, bis deine hohen und festen Mauern fallen, auf die du dein Vertrauen setztest" (Deuteronomium 28,43-45; 47-52).

Wie eine Löwenmutter

Nach der Geburt ihres ersten Kindes kam die Schwiegermutter zu Besuch und wollte Olga mit Rat und Tat zur Seite stehen. In der besten Absicht empfahl sie Olga ihre „beste Stillmethode", und zwar den sogenannten „Vier-Stunden-Rhythmus". Das hieß, das Kind sollte nur alle vier Stunden die Mutterbrust bekommen, ob es Hunger hat oder nicht. Olga sollte dann nach jedem Stillen die Kleine wiegen und alles in ein Heft eintragen, das die Schwiegermutter dazu besorgt hatte. Eine Zeit lang ging es gut, aber es war purer Stress, und zwar nicht nur für Olga, sondern auch für das neugeborene Kind!

Deshalb schlich sich Olga nachts, wenn die Schwiegermutter schlief, ins Bad und stillte das Baby sitzend auf dem Rand der Badewanne, um die Kleine sozusagen „überplanmäßig" zu versorgen, aber auch, um der strengen Aufsicht der Schwiegermutter zu entgehen …

Nach drei Wochen wurde es Olga zu bunt. Sie wollte ihr Kind stillen, wann sie es für richtig hielt, nämlich nach dem Bedürfnis und Verlangen des Kindes. Das Wiegen und Gewicht eintragen ließ sie schlicht sausen …

Als die Schwiegermutter dahinterkam, versuchte sie gleich – erneut in guter Absicht – die „Ordnung" in Olgas Stillrhythmus wieder einzuführen: Während Olga wieder einmal ihr Baby stillte, kam sie ins Schlafzimmer mit ihrem Sohn, den sie als ihren – offenbar ahnungslosen – Verbündeten mitnahm.

Olga saß also in ihrem Stillsessel, das Baby auf dem Arm, als die Schwiegermutter wieder damit anfing, die Vorteile des Vier-Stunden-Rhythmus hervorzuheben. Sie führte im Grunde einen Monolog, weil Olga die ganze Zeit lang schwieg und nur auf ihr trinkendes Kind schaute, das sie mit dem linken Arm an die Brust hielt. Da die

Schwiegermutter jedoch nicht aufhörte, auf sie einzureden, ergriff sie schlagartig mit der freien Hand ein kleines Holzelefantenspielzeug, das am Nebentisch lag, und warf es wie eine Granate in Richtung Schwiegermutter. Getroffen! Die Arme war so perplex, dass sie sich sofort zurückzog. Damit hatte sich Olga schweigend, aber beherzt wie eine Löwenmutter wieder die erste Rangstellung über ihr Kind erkämpft.

Sie dachte, der anwesende Ehemann Wenzel hätte sich dabei köstlich amüsiert, in Wirklichkeit jedoch hielt er eher überrascht den Atem an.

Postscriptum:

Kinderglück

„Es war einer der beglückendsten Momente meines ganzen Lebens. Plötzlich war er da, der kleine Mensch, den ich so sehr herbeigesehnt hatte. Er lag in meinem Arm, und es war das Selbstverständlichste der Welt, so als wäre er schon immer da gewesen. Manche Mütter berichten von einem Fremdheitsgefühl in den ersten Wochen und Monaten gegenüber dem Kind, doch das gab es bei uns nicht. Alles fühlte sich richtig an. Und da ich durch die Stillberaterin so gut vorbereitet worden war, fühlte ich mich auch sicher im Umgang mit dem neugeborenen Kind. Als die gut meinende Kinderschwester den Kleinen abends mit ins Säuglingszimmer nehmen wollte, sagte ich: ‚Stopp! Der bleibt hier!'

Ich müsse aber Ruhe bekommen, entgegnete sie. ‚Ja', antwortete ich, ‚da haben Sie recht. Und die Ruhe habe ich nur dann, wenn mein Sohn bei mir ist. Und zwar in meinem Bett, und nicht etwa in dem Babybettchen dahinten.'

Das war natürlich ungewöhnlich, und sie wurde auch ungehalten mit mir. Dabei bin ich überzeugt davon, dass sie alles nur richtig machen wollte. Sie schaltete dann übrigens ihren Mann ein, der beim Sender wiederum mit meinem Mann zusammenarbeitete. Und ihr Mann versuchte nun, mit meinem Mann über mich zu sprechen, und bat ihn, positiv auf mich einzuwirken. Das war wirklich zum Kaputtlachen. Aber mal im Ernst: Neugeborene Menschenkinder wollen genauso durchgängig bei ihrer Mutter sein wie kleine Hundewelpen oder Katzenbabys. Und keine Tiermutter dieser Erde würde die Kleinen freiwillig alleine lassen, außer sie muss zum Überleben für Futter sorgen. Dann trifft sie umfangreiche Maßnahmen, um die Kleinen in dieser Phase zu sichern.

Wir Menschen haben uns derartig weit weg von allem Natürlichen entfernt, dass es kaum zu glauben ist. Und leider sind diese künstlichen Lebenseinstellungen zum heutigen Maßstab aller Dinge geworden. Und wenn jemand dann einwendet, dass der natürliche Umgang doch günstiger und einleuchtender und auch besser für uns Geschöpfe sei, dann sind alle ganz aufgewühlt. Weil sie tief in ihrem Inneren wissen, dass es die Wahrheit ist. (...)

Die Mütter müssen ernst genommen werden und ihr Wille zum Stillen ebenso. (...) Die Frauen brauchen neben der Unterstützung des Mannes auch Hilfe im Haushalt, die es ihnen ermöglicht, sich dem Baby zuzuwenden. Und sie brauchen unendlich viel Liebe. Diese erste innige Mutter-Kind-Phase birgt große Geheimnisse, hier wird das Band für ein ganzes Leben geschmiedet. Und dies sollte mit der größtmöglichen Umsicht und Nachsicht geschehen."[75]

---

75 Eva Herman: Das Überlebensprinzip. Warum wir die Schöpfung nicht täuschen können. Holzgerlingen (Hänssler) 2008, S. 60-62

Scheinidyll im Garten

Auf das Shooting für eine Garten-Marke hatte ich mich schon gefreut, denn es sollte im Freien zwischen Gemüse-, Blumen- und Kräuterbeeten stattfinden. Was meine Vorfreude noch steigerte, war, dass mit mir auch Kinder gebucht waren. Das erfrischt mich immer.

Das Geschwisterpaar Selina und Matthias kam in Begleitung seiner Großmutter und eines etwas älteren Cousins in der Frühe am Ort des Shootings an. Beide Kinder lächelten mich etwas verlegen an, als sie erfuhren, dass ich vor der Kamera ihre Oma spielen sollte.

Um die Eingewöhnungsphase so kurz wie möglich zu halten, plauderte ich mit ihnen gleich in einem vertraulichen Ton. Ich erzählte ihnen ein bisschen von mir und meinen Enkeln, fragte sie, wie ihre besten Freunde heißen und was sie am liebsten spielen usw. Und schon war die anfängliche Verlegenheit vorbei.

Der Wetterbericht für diesen Shootingtag hielt sein Versprechen: Die Sonne schien am wolkenlosen Himmel und man spürte die angenehme Wärme des Spätsommers.

Mein Kunde wollte nur ein sehr dezentes Make-up für mich, was ich freudig begrüßte. Sogar auf die ursprünglich geplanten und von ihm für mich gelieferten Jeans war er bereit, zu verzichten: Ich durfte meinen Sommerrock und die hellgelbe Bluse anbehalten. Eine lange grüne Schürze mit dem Firmenlogo wurde mir vom Assistenten am Rockbund befestigt. Dazu bekam ich noch Gartenschuhe – und fertig war ich.

Die Fotos sollten entspannt und natürlich wirken. Dem Fotografen war es wichtig, dass ich mit den Kindern auf keinen Fall in die Kamera schaue.

Wir wurden an einer halbschattigen Stelle im Garten an einen alten verwitterten Holztisch unter einem Apfelbaum postiert, an dem reife rote Äpfel hingen. Daneben befand sich ein Komposthaufen mit wuchernder Kapuzinerkresse. Den Tisch zierten alte Tonblumentöpfe, ein alter blaukarierter Lappen und eine alte verzinkte Gießkanne. Die Kinder und ich erhielten jedoch jeder eine neue Gartenschaufel, natürlich mit dem entsprechenden Firmenlogo. Die Regie sah vor, dass wir Pflanzensetzlinge in die dunkle, feuchte, nach Leben duftende Komposterde eintopften. Beide Kinder waren sogleich mit allen ihren Sinnen dabei. Mit ihren zarten Kinderhänden gingen sie erstaunlich geschickt mit den jungen Pflänzchen um. Ihre Augen leuchteten. Es war wirklich eine gut gelaunte und angenehm entspannte Atmosphäre für alle Beteiligten – sowohl für die Kinder wie auch für das Team.

In der nächsten Szene sollte ich beide Kinder in einem Bollerwagen durch den Garten ziehen. Der Assistent setzte noch einen niedlichen Labradorwelpen zu den Kindern in den Bollerwagen. Das Tierchen schmiegte sich gleich an Selina und Matthias an und schleckte sie ab. Das entzückte die beiden und ihre Augen strahlten noch mehr.

Der ganze Vormittag des Shootings verlief also in einer geradezu idyllischen Harmonie, die wir alle als ausgesprochen angenehm empfanden.

Die vorgesehene einstündige Mittagspause wurde in einer Gartenlaube gehalten. Eine Cateringfirma servierte mehrere Sorten Pizza. Mit einem „Leckeeer!!" stürmten Selina und Matthias zu den Biertischen und griffen mit einem gesunden Kinderappetit entsprechend zu. Ihre Großmutter, eine auffallend sportliche Frau und begeisterte Mountainbikerin, saß zwischen ihnen und mir gegenüber. Sie war einige Jahre jünger als ich. Ihre schlanken muskulösen Oberarme waren mit geometrischen Mustern tätowiert, sie trug ein Käppi, ein schwarzes Adidas-Top mit dünnen Trägerchen und eine enge kurze

Sporthose, die ihre durchs Radfahren trainierte Figur bis in den letzten Winkel abbildete.

Ich führte abwechselnd einen Smalltalk mit dem Kunden, der Visagistin neben mir und dem Assistenten gegenüber. Dabei entging mir jedoch nicht, wie der kleine Matthias mit seinem älterem Cousin in Streit geriet: „Ich will Blut sehen!", kam unvermittelt mit gedrosselter Stimme aus Matthias' Mund. „Nein, gib's her!!! Ich will Pornos sehen!" – der Cousin rempelte ihn mit dem Ellenbogen und riss ihm das Smartphone aus der Hand. Matthias drehte seinem stärkeren Cousin eingeschnappt den Rücken zu. Der aber verließ mit dem fatalen digitalen Gerät in der einen und einem Stück Pizza in der anderen Hand schleunigst die Gartenlaube. Matthias' Kinderaugen leuchteten nun nicht mehr … Seine Oma blätterte unbekümmert in einer Sportrevue, während sein Schwesterchen sich neugierig an die Make-up-Zauberkiste der Visagistin herangemacht hatte.

„Jesus, rette die Kinderseelen!" – mehr als dieses Stoßgebet konnte ich nicht hervorbringen. Die Mittagspause war vorbei.

Postscriptum:

Horror in der Kinderstube

Die Kinder werden auf allen Kanälen mit Pornographie und „bestialischer Gewalt bombardiert. Dadurch steigt der sexuelle Missbrauch von Kindern durch andere Kinder rasant an. Die Polizei schlägt seit Langem Alarm, ohne dass die Politik wirklich reagiert. (...) 23 Prozent der Internetseiten mit Kinderpornographie zeigen Vergewaltigungen oder sexualisierte Folter. 69 Prozent dieser Kinder sind weniger als zehn Jahre alt, drei Prozent sogar weniger als zwei Jahre alt! Die Pornographie ist so allgegenwärtig, dass die Zahl von Kindern, die andere Kinder missbrauchen, rasant ansteigt. Es gibt schon Fälle Vierjähriger (!), die Szenen aus pornographischen Filmen imitieren und anschließend andere Kinder missbrauchen."[76]

„Die extreme und absurde Gewalt, die während [Horrorfilmen] gezeigt wird, (...) ist ein Symbol für das Loslösen von den gesellschaftlichen Normen, eine Emanzipation aus dem bürgerlichen Gefüge. Die Gewalt ist gewissermaßen eine Rache und ein Feldzug einer exzentrischen Welt, die sich nicht nach den Werten und den Prinzipien richten will, wie sie von den spießigen [Mitbürgern] verkörpert werden. Die Panik entsteht beim Zuschauer weniger durch die Gewalt an sich, sondern, weil sie von jemandem ausgeübt wird, der mental jenseits unserer Welt lebt. Von jemandem, zu dem wir keine Kommunikationsmöglichkeit haben, weil er sämtliche Fäden zur normalen Welt abgeschnitten hat. Angst und Horror werden durch ein Brechen der Norm erzeugt. Doch gerade darin liegt für viele Zuschauer dieser Filme das Bewundernswerte: Sie empfinden innerlich in der Betrachtung des Asozialen die Emanzipation, die sie sich selbst wünschen. Die Verachtung der gesellschaftlichen Regeln durch die asozialen Schlächter wirkt auf viele faszinierend und berauschend."[77]

„Ende der 70er-Jahre entstand der sog. Teen-Horrorfilm, in welchem man eine Synthese zwischen Teenagerdrama und Horror versucht, d. h., man bettet den Horror in eine typische Alltagssituation des Lebens von Jugendlichen. Der Horror steht dann symbolisch für die Ängste, die die Jugendlichen (meistens geht es um Jugendliche

---

[76] Mathias von Gersdorff (DVCK e.V.) in einem Rundschreiben vom 11.5.2018

[77] Mathias von Gersdorff: Was ist Horror? Horror, Gewaltverherrlichung und Okkultismus in den Medien. Frankfurt a. M. (DVCK e.V.) 2008, S. 25

während der Pubertät) in dieser Zeit haben. (...) Die [...] Kombination von Sexualität, die in einigen Filmen fast zu Pornographie wird, und extremer Gewalt ist beinahe in jedem Horrorfilm zu beobachten, vor allem aber in der Gattung des Teen-Horrordramas."[78]

„Unsere professionellen Medienschützer haben ständig die Meßkriterien liberalisiert mit der Behauptung, daß die Menschen heutzutage nicht so empfindlich sind. Doch genau das ist der Punkt: Die Überflutung mit Pornographie und mit Gewalt hat viele Menschen unsensibel und unfähig dafür gemacht, wie verrohend unmoralische Medienprodukte sind. Deshalb ist es so wichtig, daß man den Jugendmedienschutz wieder stärker an Werte und Prinzipien orientiert und nicht bloß an einer schwer meßbaren desorientierenden Wirkung."[79]

---

78 ebenda, S. 30-31
79 ebenda, S. 21

Heim und Herd

Am Wochenende organisierte Olgas Mutter liebend gern Canasta-Abende mit Gästen. Mit einer Flasche Wein (manchmal waren es mehr) ging es beim Kartenspiel leidenschaftlich zur Sache. Vater Eduard spielte nur unwillig mit, weil seine Frau dabei rauchte, während er Nichtraucher war. Er durfte sich dies aber vor den Gästen nicht anmerken lassen ...

Es waren also diese Samstagabende, an denen sich Olga schon als Kind ganz gern an den Herd stellte und nach Rezept – von den Karten spielenden Eltern ungestört – einen Kuchen buk.

Die Liebe zum Kochen und Backen ist ihr bis heute geblieben. „Kochen ist wie Malen", sagt sie, „man setzt Geschmacksnuancen wie Farbtupfer." Da wird schon etwas daran sein, denn die Speisen, von Olgas Hand zubereitet, sind meistens ein Gedicht. Bei ihren vegetarischen Kreationen vermisst man einfach kein Fleisch ...

Olga war nie verlegen bei dem Gedanken, was sie ihrer Familie zum Essen kredenzen sollte, denn sie richtete sich stets nach ihrer reichen kulinarischen Fantasie. Das Essen musste allerdings gesund sein, das hat auch heute noch bei ihr Priorität. Ihre erste Kornmühle kaufte sie sich bereits vor über 30 Jahren. In dieser Zeit lag die Biobranche noch in den Windeln ... Fastfood und Fertiggerichte waren bei ihr von Anfang an verpönt.

Mit Hingabe und Liebe kocht sie schon jahrelang für ihre Familie und scheut dabei keinen Aufwand. Kochen war für sie nie ein lästiges Übel, welches einen etwa vom Fernsehschauen abhält, sondern eine schöne, täglich neue Herausforderung. Darin verwirklichte sie sich selbst. Dies kam bei ihr jedes Mal zum Ausdruck, wenn sie ihrem Mann das Mittagessen für die Arbeit eingepackt in seiner Aktentasche oder den Kindern selbst gebackene Semmeln als Pausenbrot mitgab. Die Liebe, die sie ins Kochen hineinlegte, schmeckte man einfach.

Der Garten gehört zu Olga wie Benzin zum Auto. Mit dem „Gärteln" fing sie als ehemaliges Stadtkind vor 37 Jahren in Deutschland begeistert an.

Grundlagen und Kenntnisse wurden ihr teils von „ihrer" sudetendeutschen Bäuerin am Ammersee mit viel Geduld vermittelt, teils hatte sie sich auch einiges aus Fachbüchern selber angeeignet.

Nach 12 Jahren am Ammersee zog Olga mit ihrem Mann und ihren Kindern in die schwäbische Metropole Augsburg, wo sie ein Reihenhaus gekauft hatten. In kürzester Zeit mietete sie auch dort in der Umgebung drei Schrebergärten, mit deren Bestellung ihr Wenzel aufopferungsvoll half. Nach dort verlebten 15 Jahren bezog die Familie ihr neu gebautes Domizil im Unterallgäu. Dort übernahm sie die gesamte Gestaltung des Gartens „großorchestriert" in eigene Regie: „Mein Garten wird nicht geplant, sondern geboren! Und weil gut Ding Weile haben will, wird es noch länger dauern", war ihre Antwort auf die damals regelmäßig von Passanten gestellte Frage: „Wann wird wohl der Garten fertig?"

Einmal blieb ein Kind aus dem Dorf am Rande von Olgas Garten stehen und zeigte mit erhobenem Zeigefinger und einem empört verächtlichen Blick auf den Haufen von antiken Ziegelsteinen, urigen handgemachten Dachplatten von abgerissenen Bauernhäusern, zerbrochenen Kalksteinskulpturen aus entsorgten alten Gräbern, Nagelfluhsteinen usw. die Olga auf ihrem Grundstück zusammengekarrt hatte.

„Olgaaa, das alles, was hier schon so lange rumliegt, muss entsorgt werden!"

Das gute Kind gab mit Sicherheit nur seine akkurate und sterile Gartengestaltung liebenden Eltern wieder.

Mit Geduld erklärte Olga dem kleinem Sprössling: „Weißt du, das alles, was hier liegt, brauche ich nämlich, weil ich es zum Gartenausbau verarbeiten werde, aber ich verspreche dir, dass wenn etwas übrig bleibt, ich es dann entsorgen werde."

Olgas Gartengestaltung ist in der Tat sehr speziell und individuell. Das allermeiste Baumaterial hierfür fand sie in der Natur – wie den Nagelfluhstein, verschiedene Steinfindlinge oder wiederverwendbares altes Baumaterial von der Schuttkippe.

Bei der Durchführung von Bauarbeiten im Garten packt sie, ohne zu zögern, meistens selbst kräftig zu. Im alten Kleid mit Schürze und Kopftuch, das ihre gesunden, kräftigen Haare zusammenhält, schwingt sie den Pickel, die Schaufel oder den „deutschen" Spaten mit so einer Wucht, dass sie manchen – auch jungen – Mann mit ihrer körperlichen Leistung in die Tasche steckt. Ob mitten in der Gartensaison oder auch außerhalb: Man sieht sie häufig in ihrem Gartenrefugium fleißig den Schubkarren voller Steine, Erde oder Holz schieben. Wenn man sie dann fragt, warum sie sich keinen Bagger zu ihrem Gartengeländeausbau bestellt, zeigt sie lachend ihre Hände vor: „Das ist doch mein Bagger!" Olgas Gartengestaltungsideen kennen keine Grenzen und finden somit auch kein Ende. So sammelt sie also nicht nur alte Handarbeiten, sondern zu diesem Zweck auch alte Gartenwerkzeuge ...

Zudem war Olgas Enthusiasmus, mit dem sie ihr grünes Territorium zu bewirtschaften anfing, geradezu entwaffnend. Es trübte ihre Gartenfreude nicht, wenn mitunter von ihren über zwanzig frisch gepflanzten Kohlrabi über Nacht nur zwei im Beet übrig blieben. „Ja, die Genossen Schnecken holen sich ihre Prozente", meinte sie dazu heiter ... Dies entmutigte sie indes nicht, neue zu pflanzen.

Was die Gartengestaltung anbetraf, so tanzte Olga hier schon immer ziemlich aus der Reihe: Der Garten erfüllte für sie seinen Zweck an erster Stelle durch den Ertrag. Und so baut sie vor allem

Gemüse und Kräuter an. Ihre selbst gezogenen Gemüsepflanzen nennt sie „meine grünen Kinder". Zierblumen waren und sind für sie zweitrangig. Vergeblich würde man in Olgas Garten auch heute noch Rhododendron, Japangras oder Ähnliches suchen. Bei ihr darf selbstverständlich auch „Unkraut", wie Giersch, Brennnessel, Spitzwegerich, Löwenzahn und Co., sogar viel davon wachsen, weil es ihrer Meinung nach in die Suppe gehört, als gesunder Tee aufgekocht oder als Badeaufguss verwendet werden kann. Was in anderen Gärten als zu verabscheuendes Unkraut bekämpft wird, landet jeden Tag in irgendeiner Form auf Olgas Speiseplan.

Sie meint es ganz ernst, wenn sie sagt, dass uns der gute Gott solche Kräuter wie Brennnesseln oder Löwenzahn in rauen Mengen schenkt, damit für jeden von uns genug da ist.

Olga kocht täglich doppelt: für ihren Mann die gute alte Hausmannskost, für sich nur vegetarische Gerichte. Das heißt explizit: Sie verzichtet auf Fleisch, Zucker, Weißmehl, Kuhmilch sowie jegliches Fastfood und Industrienahrung. Sie trinkt auch keinen Bohnenkaffee und keinen Alkohol – ab und zu mal nimmt sie bei Krankheit als Stärkungsmittel ein oder zwei Esslöffel Rotwein, mit Wasser vermischt, zu sich. „Damit fahre ich am besten", sagt sie – und man sieht es ihr an.

Liebe Gäste, Herzlich willkommen im 1. geputztem und zwar im ersten geputzten Bad das ich alein geputzt habe. Merken: bitte wenn mann rein kommt nicht alles verwüsten rämlich es soll wenigstens bis Mittwoch sauber sein. Beispiel: kLo: geputzt Waschbecken: Dusche: nicht (toll) dreckig machen nicht direck machen dahin stellen! da auch nicht

Olgas Sohn überrascht mit einem geputzten Bad
... und fordert zum Ordnunghalten auf

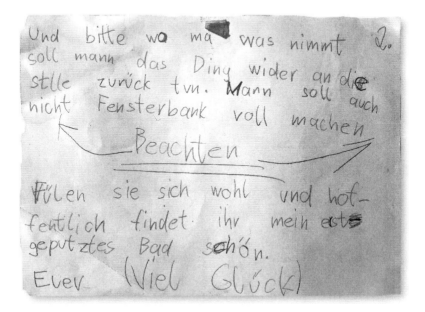

Und bitte wo ma was nimmt 2. soll mann das Ding wider an die stlle zurück tun. Mann soll auch nicht Fensterbank voll machen
Beachten
Fülen sie sich wohl und hoffentlich findet ihr mein erste geputztes Bad schön.
Euer (Viel Glück)

245

6.7.1995

Zum Geburtstag

Nun bist Du 40. geworden!
Sei immer ohne Sorgen!
Blüh wie die Rose auf der Heide
und behalte Deine Freude!
Du sorgst für uns Tagein Tagaus
wie eine kleine fleißige Maus.
Doch manchmal kommen trübe Tage
nimm sie mit Sonnenschein!
Dann wird die dunkle Welt für Dich
erhellet sein.

Deine Kinder

Postscriptum:

Heim und Herd sind Goldes wert

Hier möchte ich meinen Lesern einige glückliche Momente von unserem Heim und Herd nicht vorenthalten:

Im jugendlichen Alter waren unsere Töchter als Babysitterinnen sehr gefragt. Es war für sie eine gute Einnahmequelle für den heiß begehrten Führerschein. Auf diese Weise landeten bei uns nicht selten einige ihrer Schützlinge auch am Esstisch.

Der Nachbarsjunge Alex, auf den damals unsere älteste Tochter aufpassen sollte, trug eine Zahnspange. Nach dem gemeinsamen Tischgebet mit unserer Familie legte er für gewöhnlich seine Spange in ein Glas mit Wasser und ließ sich das Essen – ohne Spange – schmecken. Zu den mit Knoblauch, Majoran und Kümmel gewürzten böhmischen Kartoffelpuffern mit Steinpilzsoße, die es dieses Mal gab, füllte ich allen Kindern ein Glas mit Wasser aus dem Bioladen (*Sankt-Leonhard-Quelle – Mondfüllung*).

Alex, der seinem Wohlgefallen durch Schmatzen Ausdruck verliehen hatte, nahm anschließend satt und zufrieden seine Zahnspange wieder aus dem Wasserglas, setzte sie in den Mund, bedankte sich und rannte schnell aus dem Haus, um mit den anderen Kindern weiterzuspielen.

Beim Tischaufräumen schüttete ich das Mondfüllung-Wasser, das die Kinder übrig gelassen hatten, aus ihren Trinkgläsern zusammen und trank es aus. Nur Alex' Glas, in dem sich zuvor seine Zahnspange befand, ließ ich stehen.

Meine Tochter, die mir beim Abdecken helfen wollte, sah das Glas mit dem Spangenwasser von Alex noch auf dem Tisch stehen, hielt es irrtümlich auch für einen Rest von Mondwasser und trank es –

mein Beispiel nachahmend – schwuppdiwupp aus. Über diese fatale Verwechslung haben wir später noch lange zusammen herzlich gelacht. Es blieb für sie ohne Folgen. Hauptsache *Bio*!

Überhaupt wurden meine Töchter unter meiner Anleitung mit Haushaltsführung und Kochen so gut vertraut, dass es ihnen auch jetzt in ihrem Erwachsenenalter immer noch zugutekommt. Sie kochen ausgezeichnet, motiviert und mit viel Fantasie.

Besonders unsere jüngste Tochter legt auf gesunde und ästhetisch zubereitete Kost großen Wert. Als Mädchen war es ihr das einmal wert, bis drei Uhr nachts einen Geburtstagskuchen als Überraschung für ihren Papa zu backen.

Olga, glücklich mit ihrer fröhlichen Kinderschar

Als unsere Kinder schon aus dem Hause waren und nur der jüngste Sohn als Realschüler noch bei uns wohnte, kam ich einmal mit meinem Mann von einem anstrengenden Shooting-Tag müde und hungrig heim. Da fanden wir den Esstisch wunderschön mit brennenden Kerzen gedeckt vor und bekamen von unserem Nachzügler eigenhändig zubereitete Pizza serviert.

Als ich nach einem Radunfall mit einer Kopfverletzung einmal stationär im Krankenhaus lag, sprang plötzlich die Tür des Krankenzimmers auf: Mein Sohn kam mit zwei Taschen hereingestürmt, nahm mich in die Arme und drückte mich fest an sich mit den Worten: „Mama, ich habe dir *alles* mitgebracht, was du brauchst!" Dann übergab er mir meinen Rosenkranz, Heiltee von meinen Kräutern, eine Wärmeflasche und das Lammfell aus meinem Bett.

Solche rührenden Momente genoss ich dankbar jedes Mal sehr! Was ich als Mutter sehr schätze, ist die Tatsache, dass meine Kinder – trotz ihrer inzwischen eingeschlagenen unterschiedlichen Lebenswege – fest zusammenhalten und sich gegenseitig gerne helfen: einer für alle, alle für einen ...

> *„Das Haus, die Heimat, die Beschränkung –*
> *die sind das Glück und sind die Welt."*
>
> Theodor Fontane (1819–1898),
> deutscher Apotheker, Journalist,
> Theaterkritiker, Dichter

> *„Eigner Herd ist Goldes wert,*
> *ist er auch arm, macht er doch warm."*
>
> Johann Nepomuk Vogl (1802–1866),
> österreichischer Schriftsteller,
> Lyriker und Publizist

Geil, geiler geht's nimmer

Für eine Kurortimage-Broschüre waren von der Kundin unter anderem auch Aufnahmen von einem Seniorenpaar in einer Kirche geplant.

Einige Tage vor dem Shooting hatte mich die Stylistin Jessica angerufen und gefragt, ob ich auch etwas von meiner eigenen Garderobe mitbringen könne. So packte ich mein hellblaues Kostümkleid mit ein, von dem ich dachte, dass es eine passable Abrundung für die Szene in einer Kirche wäre.

Am Tag des Fotoshootings war das Wetter optimal. Dementsprechend gingen die Aufnahmen im Set schön zügig voran. Die dabei anwesende Kundin zeigte sich sehr zufrieden mit den Fotos „Spaziergang durch den Kräuter- und Rosengarten", durch den ich mit meinem Modellkollegen Siegfried vor der Kameralinse ungezwungen dahinschlenderte.

Dann folgten Aufnahmen im Swimmingpool, auf dem Massagetisch, in einem Café beim Kuchenessen und weiteren Örtlichkeiten.

Zu aller Letzt fuhren wir zur katholischen Ortskirche und Jessica fragte mich: „Hast du auch Kirchenklamotten dabei?" Ich zeigte ihr mein pastellfarbenes Kostümkleid, welches deutlich die Knie bedeckte.

„Die Farbe ist gut, aber das Kleid ist zu lang", meinte sie dazu.

Zugleich fiel die Kundin, die auch die Art-Direktorin war, mit ein: „Es sieht zu bieder aus", lehnte sie mein Kirchenoption-Kostüm rundherum ab.

Daraufhin suchten die beiden Damen für mich ein anderes Kleid aus ihrem mitgebrachten Styling-Fundus aus. Es war aus beiger Spitze, sehr eng geschnitten – ein bisschen im Grace-Kelly-Stil.

Das Kleid passte mir wie angegossen. Mein Problem war aber, dass es etwa 20 Zentimeter über meinen Knien endete. In diesem ziemlich knausrigen Gewand sollte ich in der Kirche eine betende Seniorin darstellen! Da lehnte sich alles in mir dagegen auf: „So etwas als Seniorin für die Kirche anzuziehen, bringt mich in Verlegenheit und ist mir peinlich. Ich empfinde es als eine Blamage und fühle mich dabei unmöglich!"

Also schlug mir Art-Direktorin Barbara – selbst mit einem Piercing in Nase, Ohr und Lippe – eine „Kombi" vor: Ich sollte als Alternative unter das beige Spitzen-Minikleid eine weiße Leggins anziehen und dazu weiße High Heels tragen.

Als ich diese für mich ungewöhnliche Kirchen-Dresscode-Garnitur, die – bezogen auf mein Alter Mitte fünfzig – aufgedonnert und wie auf zwanzig getrimmt wirkte, zähneknirschend anzog, rief Jessica in die Hände klatschend aus: „Ja, voll geil! Das ist es!"

Und Kundin Barbara fügte – offensichtlich zufrieden mit dieser kirchenfreundlicheren Kleiderkombi – trocken hinzu: „Cool!"

Für mich war sie im wahrsten Sinne des Wortes ein „Brüller". Mit äußerster Disziplin brachte ich mich zum Schweigen. Es war ein gut bezahltes Shooting und unser Haus war noch nicht abbezahlt; also ließ ich es um des schnöden Geldes willen geschehen. Allerdings kam mir blitzartig – wie eine Erleuchtung – der Gedanke, das Ganze anders zu unterlaufen ...

So betraten wir also das Kirchengebäude, um die Aufnahmen beim Beten zu machen. Mein Modellkollege Siggi war ganz locker und konnte seine Vorfreude kaum verhehlen, dass die „Afferei", wie er sagte, bald vorbei war.

Unser Fotograf Sepp musste meinen inneren Kampf gegen die hautengen Leggins, die High Heels und das Minikleid allerdings mitbekommen haben. Denn bevor ich mich mit meinem Seniorkollegen für die geplante Fotoszene an den Kerzentisch neben dem Altar stellte, um die Kerzen anzuzünden, flüsterte er mir zu: „Olga, ruhig Blut, schau dich um, du bist keine Ausnahme, alle Omas hier haben auch eine Hose an!" Er blickte mich kumpelhaft an.

Tatsächlich! In der Kirche saßen oder knieten einige Omas, andere ältere Damen schoben ihre Gehwagerl vor sich her, und alle hatten ausschließlich Hosen an.

Bevor uns die Nasen-Ohren-Lippen-Piercing-Stylistin Barbara im Set am Kerzentisch nach ihrer Vorstellung postieren konnte, sprang ich in Umsetzung meines oben erwähnten rettenden Gedankenblitzes noch schnell zum Fotografen und beschwor ihn, leise flehend: „Mach bitte nur ein Querformat, du kriegst dafür einen Kuchen von mir. Schneide mir auf jeden Fall die Beine ab!"

Es hat geklappt und Sepp hat seinen Kuchen mit der Post bekommen! Hosianna!

Postscriptum:

Kirchen-Omis in Hose

In unserer Heimatpfarrei waren damals ganze Bankreihen voll „von Kommunionkindern, die Jungens in Anzügen, die Mädchen in knöchellangen weißen Kleidern – glaubt man gern und sieht man auch auf alten Fotos. Überhaupt waren die Kirchen in Deutschland nach Ende des Krieges wieder proppenvoll. Die Leute suchten und verlangten nach dem Verhängnis des Nationalsozialismus und nach dem totalen Zusammenbruch Deutschlands nach dem Zweiten Weltkrieg wieder nach Gott! In den entbehrungsreichen Trümmerjahren war das Innere der Kirchen besonders schön geschmückt und eingerichtet, die Liturgie prächtig gestaltet – es wurden die schönen alten rührseligen Kirchenlieder gesungen. Alte Tonaufnahmen und die Erzählungen unserer Großeltern belegen dies. Bot sich draußen ein kaltes Bild grausamer Verwüstung – eine Trümmerlandschaft –, so wurde einem drinnen bei der hl. Messe warm ums Herz – das hat die Leute in den ersten Nachkriegsjahren aufrechterhalten und ihnen Trost gespendet.

Dann kam der Wirtschaftsaufschwung und der Wohlstand begann wieder Einzug zu halten – die Kirchenbänke begannen sich zu lichten ... Das war aber noch nichts im Vergleich zu dem, was im Gefolge der Studentenrevolte noch eintreten sollte. Die Kirche durchlebte in etwa zeitgleich ihre eigene ‚68er-Revolution‘ im Zweiten Vatikanischen Konzil. Schüttelten die Studenten den ‚Muff von tausend Jahren‘ ab (der ganzen Generationen Halt, Sicherheit und Geborgenheit geboten hatte), so öffneten die Konzilsväter die Fenster der Kirche zur Welt (nicht ohne von ihr angesteckt zu werden). Was konnte eine immer weltlicher werdende Kirche den Menschen noch bieten, was sie sich in Zeiten des Wirtschaftswunders nicht selbst verwirklichen konnten? Man wurde wieder selbstbewusst und brauchte den lieben Gott nicht mehr! Die Reihen lichteten sich immer mehr. Die Kirche erlebte einen Bilder- und Liturgiesturm, wie er seit der Reformation nicht mehr gewesen: Aus den Kirchen wurden die schönen Hochaltäre und Heiligenstatuen herausgeholt, die alten Fresken weiß übertüncht, die hl. Messe und die Sakramente wurden im Namen des Schlichten verkürzt und zerstückelt, der Choralgesang abgeschafft und die Kirchenlieder der neuen Zeit angepasst. Mit einem Wort: Alles, was das Gemüt zu frommer Andacht anregen konnte, landete auf dem Müllhaufen der Geschichte. So verwandelte sich das Kircheninnere allmählich immer mehr zu einem Konferenzsaal und die Liturgie zu einer Talkshow. Das alles ging aber nicht etwa überstürzt oder Schlag auf Schlag vor sich, sondern fast unmerklich so, wie steter Tropfen den Stein höhlt! Und so sah man über die Jahre – auch alltags – die frommen Großmütter in Kopftuch und Rock oder Kleid an den noch nicht entsorgten Seitenaltären Kerzen anzünden und beten. Unsere Eltern, die nach der alten Messe befragt, sich nur noch an eine zu strenge Beichte erinnern konnten, machten all diese Neuerungen bedenkenlos mit, waren sie doch einerseits erleichtert über die Lockerungen der Vorschriften, andererseits aber noch so autoritär erzogen, dass sie alles, was ‚von oben‘ kam, gar nicht erst infrage stellten. Der Zahn der Gewöhnung nagte an so vielen! Einzig die lieben Omis hielten die Flamme des Gebetes am Brennen! Es gibt aber nichts, was nicht noch eine Steigerung erfahren dürfte: Das Wirtschaftswunder hatte sich zum Luxusleben ausgewachsen und an die Seite des Reichtums hatte sich die Bequemlichkeit gesellt. Immer mehr Menschen blieben der Kirche fern und nun sieht man sogar sonntags im Hochamt fast nur noch unsere tapferen Großmütter. Diese aber erscheinen in der Kirche seit geraumer Zeit in Hose. Wer kann es ihnen zumindest im kalten Winter verdenken, da doch die Kleider und Röcke mit der Zeit immer kürzer geworden ...“

(Diese Impression stammt von einer Freundin aus der Enkelgeneration, die den alten Ritus der katholischen Kirche wie eine Offenbarung für sich entdeckt hat.)

Zum Kleiderwechsel: „Männergewand soll eine Frau nicht tragen, und ein Mann soll keine Frauenkleider anziehen; denn ein Gräuel vor dem Herrn, deinem Gott, ist jeder, der solches tut“ (Deuteronomium 22,5).

Die geilen Liwanzen

*E*benfalls an einem schönen Tag im Sommer buk ich in der Küche *Liwanzen,* eine süße altböhmische Spezialität aus dünnem Hefeteig, den man, zu runden Kücherln geformt, in der Pfanne mit Butterschmalz kurz anbrät. Das fertige Gebäck wird mit Zimt und Zucker bestreut und mit Zwetschgenpowidl (Pflaumenmus) bestrichen.

Vor dem Küchenfenster auf einer alten Eichenholzbank saßen meine beiden kleinen Söhne mit ihren Spielkameraden und modellierten aus Knetmasse Dinosaurier.

Der Geruch von frisch gebackenen Liwanzen drang durch das gekippte Fenster zu ihnen hinaus. Und schon streckten sich gierig ihre Pfötchen zu mir in die Küche. Während ich die Leckerbissen unter die Buben verteilte, rief der kleine Manuel, sich artig bedankend, aus: „Geil! Danke!"

Ich fragte ihn freundlich, ob er mir sagen könne, was das Wort „geil" eigentlich bedeute. Da lächelte er mich mit seinen Pausbäckchen und einem Ring aus Zimt und Zucker um seine Lippen herum an und antwortete mir ganz schlicht: „Geil ist cool!" Und so war ich im Bilde …

Postscriptum:

Die Allgegenwart des Geilen

Das in unserer Gesellschaft mittlerweile omnipräsente und geradezu inflationär gebrauchte Wort „geil" übt eine gewaltige Macht aus. Ja, es „vergeilt" allmählich alles um uns herum, nicht zuletzt unsere Kinder klein und groß ...

Um noch besser im Bilde zu sein, nahm ich den *Brockhaus* zur Hand. Die Synonyme für das Wort „geil" darin sind eindeutig: „wollüstig, geschlechtlich erregt"[80]. Im *Wörterbuch sinnverwandter Ausdrücke* von Thomas Schreiber findet man das Wort „geil" nur in Bezug auf das Wort „buhlerisch"[81]. Dieses hat drei Bedeutungsstränge:

1. „unterwürfig, kriechend, kriecherisch, speichelleckerisch, sklavisch, knechtisch, lakaienhaft, hündisch, (...), schmeichlerisch, augendienerisch";

2. „mannstoll, weibstoll, verbuhlt, leidenschaftlich, liebestoll, vergafft, vernarrt, verliebt" und

3. „sittenlos, schamlos, unanständig, sinnlich, begehrlich, lüstern, wollüstig, geil, brünstig, ausschweifend, locker, zügellos, liederlich, verführerisch. → anrüchig, ausschweifend, dirnenhaft".

Viele haben das Wort „geil" als Ausdruck der Begeisterung arglos verinnerlicht und denken über seine eigentliche Bedeutung gar nicht erst nach. Sie würden wahrscheinlich nur verständnislos den Kopf schütteln, wenn ich hier freimütig bekenne: Wenn ich das

---

80 Der Große Brockhaus, Bd. 4, Wiesbaden (F.A. Brockhaus) 1978, S. 394
81 Thomas Schreiber: Treffend Schreiben – Treffend Sprechen. Wörterbuch sinnverwandter Ausdrücke. München (Compact Verlag) 1982, S. 139

Wort „geil" nur höre, wird mir schlecht, aber wenn ich dieses Wort aus einem Kindermund vernehme, wird mir angst und bange!

Es gab im Alten Testament die beiden Städte Sodom und Gomorrha, die vollkommen „geil" waren. Sie nahmen ein jähes Ende, sie wurden vom Erdboden vertilgt. Welche Aussichten hat dann unsere von den Geboten Gottes abgewichene und deshalb langsam aber sicher zur Hure Babylon (Offb 17-18) mutierende Gesellschaft?

Welten prallen aufeinander ...

Mit der 20 Jahre jüngeren Modellkollegin Margot war ich in die Schweiz unterwegs. Ein mittelmäßig bezahltes Mode-Shooting und dazu noch eine zu niedrig angesetzte Reisekostenpauschale hatte sie veranlasst, mich anzurufen und anzufragen, ob wir gemeinsam hinfahren könnten, um uns die Reisekosten zu teilen. Da wir zusammen gebucht waren, nahm ich ihren Vorschlag gerne an.

So fuhr ich also mit meinem alten zerkratzten Renault Kangoo zu ihr nach München, wo wir anschließend mein Gepäck in ihr nagelneues Elektroauto umluden. Während des Umladens fiel ihr Blick auf meinen Anti-Abtreibungsaufkleber an der Hintertür meines Kangoo. Auf ihm war eine schwangere Frau abgebildet mit dem Schriftzug: „Bei jeder Abtreibung stirbt ein Kind."

„Ja, Hammer, was ist das denn für ein komischer Aufkleber?", fragte sie mich höhnisch.

„Was findest du an ihm so komisch?", parierte ich.

Darauf Margot voller Überzeugung: „Es sind doch keine Kinder, die abgetrieben werden, sondern immer nur Zellhaufen!"

Mit ihrem Einwand berührte sie bei mir unbewusst eine sehr empfindliche Seite. Ich musste mich eisern zusammenreißen, um ruhig zu bleiben: „Gute Margot, ich habe acht Geburten hinter mir und jedes Mal trug ich unter meinem Herzen freudig ein Kind, einen winzigen Menschen mit Leib und Seele und nicht bloß einen Zellhaufen!" Und im gleichem Atemzug empfahl ich ihr: „Schau dir im Internet die Dokumentation *Der stumme Schrei* des Gynäkologen Bernard Nathanson an, da erfährst du vom Facharzt im Detail, was hinter dem Wort ‚Abtreibung' genau steckt und was dabei wirklich geschieht und ob es sich dabei nur um einen Zellhaufen oder um ein Kind handelt!"

„Huch, du bist mir aber eine Exotin, da kriege ich ja richtig Gänsehaut!", rief sie schaudernd aus. „Komm aber, wir müssen fahren, die Zeit ist knapp ...!" Sie öffnete mir die Beifahrertüre, damit ich bei ihr einsteige.

Dieser anfängliche Missklang gleich zu Beginn unserer gemeinsamen Reise, der bei uns beiden die Gesichtszüge gefrieren ließ, besserte sich allerdings schlagartig, als ich wenig später meinen fleischlosen Proviant auspackte und mit Margot teilte.

Sie war eine Vegetarierin und kaufte wie ich nur Bio-Lebensmittel. So ließ sie sich – voll des Lobes – genussvoll meinen Auflauf, Salat sowie Vollkornkuchen schmecken und ich war heilfroh, dass die Anfangspannung zwischen uns sich inzwischen gelegt hatte ...

Zum Glück war Margot ziemlich redselig, sodass ich mich während der Fahrt nicht um eine Konversation mit ihr bemühen musste, ganz abgesehen davon, dass es mir nach der anfänglichen Missstimmung auch gar nicht danach zumute war ...

Margot erzählte am liebsten über sich: So erfuhr ich, dass sie Single, aber zurzeit mit einem zehn Jahre jüngeren *Toy-Boyfriend* liiert und dass ihr Lieblingshobby ihr Body sei, wie sie gern halb witzig, halb ernst von sich behauptete. Demnach war sie ein Dauergast in Fitness-, Beauty- und Yogastudios – also ein wahrer *Beauty-Junkie*.

Und wirklich war ihr gazellenhafter Körper von Kopf bis Fuß in bester Form und sehr gepflegt. Ihre Aussagen über ihre eigene Schönheit und ihre Rundungen unterstrich sie noch mit der Betonung, dass bei ihr alles echt sei. Dabei zeigte sie flüchtig mit ihren Acrylfingernägeln auf ihre rechte und linke Brust: „Weißt, da und da, kein Silikon, gell, alles Natur pur!" Dann strich sie sich leicht über ihr Gesicht: „Auch kein Botox, alles echt!"

Stolz ließ sie mich auch wissen, dass sie in den 1990er-Jahren auf den internationalen Laufstegen für Armani, Dior, Missoni, Yves Saint Laurent und andere teure Label lief.

Darüber hinaus war Margot auch politisch engagiert: Sie war bei den *Grünen* und Mitglied von *Greenpeace*, beteiligte sich an den Wanderkröten-Sammelaktionen im Frühjahr sowie am Spendensammeln zugunsten der bedrohten Nashörner und Elefanten in Afrika.

Für Tiere hatte Margot jedenfalls ein großes Herz ... Apropos: Das Tier, um das sie damals in größter Sorge war, war die einheimische Fledermaus, deren Bestände angeblich stark zurückgegangen seien. Für tiefschürfendere Informationen zu diesem Thema drückte sie mir einen Flyer in die Hand, welche Schutzmaßnahmen notwendig seien, um den bedrohten Fledermäusen ihren Lebensraum zu bewahren ...

Im Studio in Zürich angekommen, wurde ich von meinem alten Bekannten, dem Fotografen Nils mit offenen Armen empfangen: „Aaah, die Rock-Olga ist wieder da! Griaß di! Na, wie goat's dir, moane Liabe, was macht deine Hosenallergie?", umarmte mich, herzlich spöttelnd, Nils und gab mir einen Kuss auf die Wange. Dann nahm er mich kurz zur Seite. „Pass mal auf, heute kommst du mit deinen Röcken garantiert zu kurz, die Kundin hat die gesamten Klamotten schon geliefert, Marke *Androgyn*! Also alles verhost!", lachte er mich augenzwinkernd an ...

„Das werde ich schon überleben, Nils, du kennst mich doch", versicherte ich ihm.

Die Fashion-Aufnahmen liefen perfekt organisiert und reibungslos dahin. Ich schlüpfte dabei von einer Hose in die andere.

Die größte Kunst dieses Tages bestand bei diesem Shooting darin, die ganze androgyne Hosenparade trotz meines heftigen Widerwillens über mich ergehen zu lassen, ohne dass die Kundin etwas davon bemerkte.

Postscriptum:

Recycling getöteter Kinder

Einige Worte zur „grünen" Weltanschauung: In ihrer ersten Zeit in Deutschland gab auch Olga bei den Wahlen ihre Stimme den *Grünen*, in der irrigen Annahme, hier wäre sie Gottes Natur am nächsten und würde sie bewahren helfen. Sie verließ jedoch diese immer weniger grüne und zunehmend ideologisch linkslastige Kaderpartei sofort wieder, als eine gewisse Jutta [von] Ditfurth, eine schrille Linksradikale der ersten Stunde, als frisch gebackenes Sprachrohr der Grünen in der Öffentlichkeit von sich reden machte. Sie war in der Frauenbewegung aktiv, die sich mit dem Spruch „Mein Bauch gehört mir!" gegen das Abtreibungsverbot hervortat. Von ihr stammt der Satz: „Ich bin sechsunddreißig, da finde ich zwei Abtreibungen auf ein lustvolles, knapp zwanzigjähriges Geschlechtsleben relativ wenig."[82] Mit dieser ihrer „Weltanschauung" fehlte sie natürlich damals bei kaum einer linken Straßenzusammenrottung, die sich gegen den damaligen Paragrafen 218 richtete …

Dies war keine private Meinung dieser einäugigen Menschenrechtlerin mehr, die sich in ihrem heiligen Eifer sonst für viele Rechte dieser Welt einsetzte, aber einem Kind im Mutterleib sein elementarstes Recht – das Grundrecht auf Leben – absprach! Schon 1971 bekannten sich – nach französischem Vorbild – 374 Frauen in der Zeitschrift *Stern* unter der Schlagzeile „Wir haben abgetrieben!" öffentlich zu ihrer Abtreibung, um damit gegen den Paragrafen 218 zu protestieren. Und so gelangte dieser „Bauchspruch" – jahrelang feministische Kampfparole für ein Leben vernichtendes „Recht auf Abtreibung" – inhaltlich auch in das Parteiprogramm der *Grünen*.

---

82 *Cosmopolitan*, Nr. 8/1988

Gleichzeitig wurde er zur Totenglocke für unzählige ungeborene Kinder im Mutterleib. Die Spirale der Abtreibungsgewalt nahm so ihren tragischen Verlauf ... In unserem ach so aufgeklärten, angeblich humansten Zeitalter triumphiert die pure Heuchelei. Was ist es denn sonst, wenn den Wehrlosesten unter uns mit einem „Recht auf Abtreibung", sprich: Kindstötung im Mutterleib, das elementarste Grundrecht auf Leben streitig gemacht wird?

Der Kinderschlächter Herodes selbst darf irgendwo vor Freude hüpfen, dass sein mörderisches Lebenswerk durch scheinheilige Politiker, die die Auslöschung des Lebens der ungeborenen Kinder im Mutterleib legalisiert haben, millionenfach übertroffen wird! Es ist in der Tat ein globales Desaster, eine wahrlich herodianische Vision vermeintlichen Glückes mittels Tötung, fast eine Vorstufe zur Apokalypse – dieser Reiter, der Tod auf dem fahlen Pferd (Offb 6,8), scheint schon unterwegs zu sein ...

Die bei der Abtreibung zerstückelten Kinderkörper enthalten bekanntlich wertvolle Zellsubstanzen, die ökonomisch interessierte Kreise verwerten wollen:

Im Februar 2009 wiesen Irmtraut Babel, Diplom-Oecotrophologin, und Dr. med. Elisabeth Leutner von „Ärzte für das Leben" darauf hin: „dass es nicht nur eine Forschung mit embryonalen Stammzellen gibt, die öffentliche Beachtung findet, sondern dass auch in anderen Bereichen der Medizin und Forschung und sogar in der Kosmetikindustrie oft ‚versteckt' und selbst für Wissenschaftler nicht immer bekannt fetale Zellen zum Einsatz kommen, für deren Nutzung ungeborene Kinder sterben bzw. ihre Tötung zeitlich dem technischen Prozess angepasst werden muss, da ansonsten das kindliche Gewebe nicht mehr brauchbar ist. Leider scheint es auch so zu sein, dass viele Wissenschaftler nichts mehr dabei finden, Zellen von Embryonen oder von abgetriebenen Föten zu ‚verzwecken'."[83]

Gelegentlich sickert auf Umwegen durch, dass sich die *humanen* „Ingredienzien" möglicherweise als „Frischmacher" für die Haut in einer Schönheitsgesichtsmaske befinden. Mit anderen Worten: Die ausgeschlachteten Körperchen der abgetriebenen Kinder werden *summa summarum* auf verschiedenste Weise zum Wohl unserer „Kulturgesellschaft" im wahrsten Sinne des Wortes *„verwertstofft"*!

Bei der Deklarierung der Inhaltsstoffe von Cremes kann sich die Pharmaindustrie angesichts des heutigen hohen Niveaus der wissenschaftlichen Forschung irgendwie behelfen, damit die „Verbraucher*innen" beim Auftragen von Hautcremes in ihrer Gewissensruhe nicht gestört werden. Also: *Gute-Nacht-Creme* – gute Nacht mein sensibles Gewissen! Auch aus diesem Grund benutzt Olga ausschließlich pflanzliche Pflegekosmetik ...

Es gibt hierzu im Übrigen eine makabre Parallele aus der Mottenkiste der einstigen alliierten Gräuel-Propaganda während des Ersten Weltkriegs gegen Deutschland: Damals wurde nämlich allen Ernstes über eine Verfügung des deutschen Kaisers berichtet, wonach nahe der Front „Kadaververwertungsanstalten" einzurichten wären, in denen aus den sterblichen Hüllen gefallener deutscher Soldaten durch Aufkochen Schmierstoffe, Schweinefutter und Dünger gewonnen werden sollten. Später wurde diese Behauptung in der britischen *Times* vom 22. Oktober 1925 als „Gerücht" und in der amerikanischen *Times Dispatch* vom 6. Dezember 1925 als „Lüge" enttarnt.[84]

---

83 https://docplayer.org/46364643-Arzneimittel-und-abtreibung.html
84 vgl. Geheimnis eines Gerüchts, in: Geheimsache! Was nicht im Geschichtsbuch steht. München (FZ-Verlag) 2011, S. 17-19

Ehefrau und Mutter,
Hausfrau und Kräutertante

Nach der Hochzeit fing für Olga und Wenzel ein völlig neues Leben an, für Olga aber in ungeahnter Weise ...!

Wenzel bekam eine gute und sichere Anstellung bei einer staatlichen Behörde in München. Deshalb zog das junge Ehepaar von Heidelberg in einen kleinen Ort am Ammersee um. Das tägliche Pendeln nach München nahm Wenzel gerne in Kauf, da er sah, dass das Leben auf dem Land seiner Frau Olga ausgesprochen guttat. Damals erwachte in ihr die schlummernde Liebe zur Natur.

Nach der Geburt ihres ersehnten ersten Kindes versank Olga uferlos und glückselig in ihrer Mutterrolle, die sie voller Stolz und Inbrunst mit ihrem neuen Beruf als Hausfrau verband.

Den lukrativen Job, das große Geldverdienen, vermisste sie dabei überhaupt nicht. Ein treuer, guter Mann, liebenswerte Kinder, ein eigener Herd und ein eigenes Heim – das waren für sie Entdeckungen der wahren Lebenswerte, nach denen es sich für Olgas Gemüt zu streben lohnte. Und schon war die Leere in ihrer Seele zum Großteil ausgefüllt. Die sogenannte patriarchale Lebensweise begann ihr quasi automatisch zu gefallen, ja, es brachte sie innerlich zum Aufblühen, die Kinder daheim zu hüten und sich von ihrem Mann versorgen zu lassen. Dazu muss man sagen, dass Wenzels Haltung in ihrer Ehe rein altruistisch war: Zuerst kamen immer seine Frau und die Kinder, bevor er an sich dachte. Sein Einsatz für die Familie war jederzeit total. Noch heute wundert sich Olga über seinen nie aufhörenden Fleiß und Altruismus – trotz seines mittlerweile hohen Alters von 81 Jahren.

Trotz der Warnungen der Ärzte vor weiteren Risikoschwangerschaften aufgrund von Olgas schwachen Nieren, kam bald nach der ersten Tochter eine zweite und dann auch eine dritte Tochter zur Welt. Olga wollte aber viele Kinder ... Ihr Leben bekam für sie erst als Mutter den wahren, ja einen höherwertigen Sinn ...

Das schöne Landleben zog sie richtig in den Bann. Sie holte Milch und Eier bei der Bäuerin, einer Vertriebenen aus dem Sudetenland, bei der sie lernte, wie man Gemüse anbaut. Olga half im Stall beim Ausmisten und Füttern, bei der Feldarbeit, beim Kartoffelklauben, Rüben- und Kartoffelhacken und auch bei der Ernte. Als Gegenleistung bekam sie von den Bauern kostenlos ein Stück Wiese direkt am Ufer des Ammersees überlassen, wo sie ihren ersten Schrebergarten anlegte. Diese Garten-, Feld- und Stallarbeiten füllten sie vollkommen aus. Diese rein äußerlich gesehen tagein, tagaus immer gleiche Landarbeit tat Olga ausgesprochen gut.

Eine Babysitterin hatte sie nicht – sie wollte auch keine. Ihre Kinder nahm sie damals überall hin mit, nicht nur zum Einkaufen, sondern auch aufs Feld, in den Stall, in den Wald oder zum See, ob allein oder mit ihrem Mann. Sie hatte erkannt, dass die Mutterschaft ihre Lebensaufgabe war, die sie mit keiner Nanny teilen wollte.

Nach drei Töchtern erlitt Olga drei Totgeburten, was sie auch psychisch schwer mitnahm. Trotzdem schenkte sie – zur größten Freude ihres Mannes – noch zwei Buben das Leben. Als der jüngste Sohn zwei Jahre alt war, nahm sich Olga noch ein Pflegekind in ihre Obhut – einen aufgeweckten Jungen von neun Monaten. In den Sommerferien kamen zusätzlich regelmäßig zwei Söhne von Olgas geschiedener Schwester zu Besuch. Da war das Haus voll von Kindern – auch dies tat Olga damals sehr gut!

Ihre fünf Kinder stillte sie insgesamt siebeneinhalb Jahre, worauf sie bis heute stolz ist. Das Stillen war für sie immer das Schönste – ein inneres Refugium, in das sie, ob bei Tag oder Nacht, jedes Mal gern mit allen Sinnen eintauchte. Diese wonnige Selbstversunkenheit in das Kind sowie der beidseitige innere Wärmeaustausch der bedürftigen und schenkenden Liebe beim Stillen war ihr sehr kostbar und durch nichts zu ersetzen. Sie fühlte, dass ihr Kind mit der Muttermilch nicht nur Nahrung in sich aufnahm, sondern auch wonneartige Erregungen, wie sie nur beim Stillen so intensiv empfunden werden konnten. Sie hatte sprichwörtlich nie genug davon. All ihre Kinder zog sie grundsätzlich mit Stoffwindeln groß.

Im Sommer spülte sie die Windeln vor dem Waschen in einem Kübel mit Wasser, mit dem sie dann ihre Tomaten und Kartoffeln begoss. Das war der beste Dünger: Ihr Gemüse spross und gedieh daraufhin prächtig!

Bei allen ihren Geburten (auch bei den Totgeburten) lehnte sie jegliche angebotenen Schmerzmittel ab, denn sie glaubte, dass der natürliche Geburtsschmerz auch seinen tieferen Sinn sowohl für die Mutter wie auch für das Kind hat.

Sobald eines von ihren Kindern aus dem Stillalter heraus war, verspürte Olga aufs Neue die Sehnsucht nach einem weiteren Kind. Auf dem Speicher bewahrte sie eine luftdicht zusammengeschnürte Plastiktüte mit ungewaschenen Babystramplern und -jäckchen auf. Wenn es ihr danach war, schnürte sie die Tüte auf und roch genüsslich und sehnsüchtig an der winzigen Babykleidung, um den typischen, unbeschreiblich lieblichen, ihr so wohltuenden, und für sie so heilsamen Säuglingsgeruch in sich aufzunehmen.

Nach Gott waren Olga ihr Mann, ihre Kinder und ihr Herd das Wichtigste in ihrem Leben. Für sie war sie stets bereit, alle Opfer zu bringen.

Was die Erziehung anbetraf, so besaß Olga kein besonderes pädagogisches Talent. Sie machte alles „aus dem Bauch heraus". Heute bereut und sie bedauert in ihrer Kindererziehung einiges, vor allem die körperliche Züchtigung. Aber bekanntlich gibt man häufig das, was man selbst als Kind „mitbekommen" hat, mehr oder weniger bewusst an seine eigenen Kinder weiter ... Nun, da alle Kinder aus dem Haus sind, blickt Olga öfters zurück. Sie erinnert sich an ihr eigenes Versagen in mancherlei Hinsicht, als Mutter wie auch als Ehefrau, und dies schmerzt sie sehr, weil sie ihre Verfehlungen nicht mehr rückgängig machen kann. Sie betet zum Herrn und seiner heiligen Mutter Maria, dass sie die Folgen dessen, was sie in ihrer Familie „angerichtet" hat, soweit es geht, wieder „glattbügeln" kann ...

Eine tiefe Bewunderung hegt Olga bis heute zur Natur, speziell zu Heilkräutern und Tieren. Die Tiere reagieren auf Olgas Gemüt ungewöhnlich zutraulich. Schon lange träumt sie von eigenen Hühnern, wenn endlich das Grundstück einmal von allen Seiten umzäunt ist. Die Hühnerrasse hat sie sich schon ausgesucht: *„Deutsches Reichshuhn"* – eine alte, kräftige, durch ihren stolzen Gang berühmte Rasse, die allerdings in ihrem Bestand gefährdet ist. Die Hühner sind robust und brauchen daher viel freien Auslauf; in einer Legebatterie eingesperrt würden sie eingehen.

Die Schönheit und Einmaligkeit der „Apotheke Gottes" – der Kräuter – fasziniert sie und bringt sie mit ihren Wirkungen immer aufs Neue zum Staunen. In der von ihr festgestellten Tatsache, dass die Heilkräuter sozusagen „Asketen" sind, weil sie meistens an sehr mageren, ungedüngten und auch steinigen Böden wachsen und gedeihen, erblickt Olga eine göttliche Symbolik.

Ihr Mann Wenzel teilt diese ihre Passion nicht immer ganz, weil er die von Olga gesammelten Kräuter wegen seiner kranken Leber meistens in Form eines bitteren Heiltees oder einer Suppe zu sich nehmen muss, während er doch lieber einen halben Augustiner trinkt ...

Und überhaupt fängt Olga, wenn sie über Kräuter spricht, bald zu schwelgen an: „Gott weiß um unsere Gebrechen und in seiner Güte legt er uns das Heilmittel dagegen – die Heilkräuter – direkt vor unsere Füße. Man braucht sich nur zu bücken oder in die Knie gehen, um sich das Heil aus Gottes Natur zu holen ...“

An einem 24. Juni, dem St.-Johannis-Tag vor einigen Jahren, als Olga von ihrer Kräutersammelrunde strahlend nach Hause kam, die Arme voll mit einem riesigen Strauß von gelben Blüten, hinter dem sie kaum noch hervorsah, fragte sie ihr Mann Wenzel: „Was sind das schon wieder für Kräuter?“

Olga lächelte ihn mit von den Kräutern halb verdecktem Gesicht an: „Das ist Johanniskraut.“

„Wozu ist das gut?“, wollte Wenzel wissen.

„Für mich, damit ich dich nicht so oft nerve ... Oder für dich, wenn ich es trotzdem tue“, antwortete Olga mit verschmitztem Lächeln. Nun wusste Wenzel, was ihm bald „blühen“ würde ...

Postscriptum:

Sorge als wahre Mutter und dann bete ...

Es waren für mich erfüllte Jahre, die ich mit meinen Kindern daheim verbrachte. Wenn ich jetzt auf diese Zeit zurückblicke, erkenne ich, dass es eigentlich die schönste Zeit meines Lebens war. Natürlich war nicht alles reine Idylle, es gab – wie in jeder Familie – auch Ärger und Sorgen. Trotzdem waren meine Kinder meine größte Freude – Antrieb und Sinn meines Lebens.

Eine große Hilfe bei der Kindererziehung waren für uns die katholischen Pfadfinder- und Jugendgruppen, in die all unsere Kinder bis ins heranwachsende Alter eingebunden waren. Mit diesen waren sie oft unterwegs in Wanderlagern mit Selbstversorgung und hl. Messe mitten in der Natur. Dies prägte ihre Seelen und stärkte ihren Glauben.

Später, als sie in den darauffolgenden Jahren das Elternhaus verließen, um ihren eigenen Lebensweg zu gehen, legten meine Kinder zu meinem großen Kummer ihren Glauben ab. Nicht nur Erfolge, sondern auch holprige Irrwege und tiefe Täler warteten auf sie, wie es im Leben oft vorkommt.

Die Sorgen um meine Kinder übergebe ich täglich der besten aller Mütter: „Heilige Maria, Mutter Gottes, bitte für uns Sünder, jetzt und in der Stunde unseres Todes. Amen."

„Gebt mir betende Mütter und ich rette die Welt."
Augustinus Aurelius (354–430),
Bischof von Hippo, Philosoph,
Kirchenvater und Heiliger

„Wohl nur eine Mutter vermag das Unglück ihres Kindes wie ein eigenes zu empfinden, es zu durchleiden bis auf den Grund."
Dr. Carl Peter Fröhling (*1933),
Germanist, Philosoph und Aphoristiker

Die schwierigsten Fälle: „Was sind deine schwierigsten Fälle?" fragte ich den Gefängnispfarrer. „Die schwierigsten Fälle sind die, denen bei dem Wort ‚Mutter‘ nichts Gutes einfällt."
unbekannt

„Eine Mutter, die ihr Kind ordentlich erzieht, leistet an einem einzigen Tag mehr für ihr Volk als so mancher Politiker in seiner ganzen Amtszeit."
Werner Braun (1954–2006),
deutscher Aphoristiker

Generationenwechsel:
Fuck, geil, cool und Tattoo

*V*iele Jahre später selbst Großmutter, fand ich mich im Frühjahr mit meinen Enkeln im Englischen Garten in München auf einem aufwendig neu eingerichteten Spielplatz wieder. Es war dort alles sauber und die Spielgeräte trugen noch den Glanz der Neuheit. Einige Kinder tollten dort fröhlich und ausgelassen herum. Ihre Augen leuchteten vor Freude an Spiel und Bewegung im Freien.

Ringsum blühten die Sträucher in ihrem weißen und rosafarbenen Kleid und präsentierten ihre anmutige Schönheit fast verschwenderisch der sonst noch spärlich erwachten Frühlingsnatur. Den dazu passenden akustischen Rahmen bildeten die fröhlichen Kinderstimmen, vermischt mit dem Zwitschern und Piepsen der Vögel. Es war ein herrlicher Nachmittag.

Meine Enkelin kippte Sandkuchen aus ihren bunten Förmchen. Ich stand bei ihr mit dem neugeborenen Enkel im Tragetuch. Es war für mich wahrlich eine Wonne, den Säugling an meinem Körper zu spüren. Seine Wärme und sein Geruch erinnerten mich intensiv an die für mich viel zu schnell vergangene Zeit meiner eigenen Mutterschaft, die ich trotz aller Sorgen sehr genossen hatte. Es tat meiner Seele richtig gut, das kleine Bündelchen im Tragetuch so lieblich an mich gedrückt zu spüren. Ich musste immerzu sein Köpfchen küssen und dabei meinen Finger in sein Händchen legen, den er sofort mit seinen winzigen Fingerchen umklammerte.

Gleich neben uns befand sich eine Rutsche. Eine junge Mutter in einer kurzen Lederjacke mit Metallnieten und in engen, mit einigen Löchern „verzierten" Jeans, deren Bund tief unter den Hüften abschloss, assistierte ihrem kleinem Sohn beim Rutschen. Lachend hob sie ihren putzigen Knirps immer wieder hoch auf die Rutsche. Während er herunterrutschte, lallte er vergnügt vor Freude, wobei die Mutter jede seiner erfolgreichen Rutschpartien mit einem lang gezogenen „geeiiil!" honorierte.

„Willst du noch einmal rutschen, Maxi?", fragte sie aufmunternd ihr Kind.

„Jaaa!", rief der Knirps begeistert. Das alles lief wie am Schnürchen. Man konnte der jungen Mutter ansehen, dass auch sie ihren Spaß an der Freude ihres quietschvergnügten Söhnchens hatte.

Ohne mich als Moraltante aufspielen zu wollen, beobachtete ich mit Entsetzen, dass ihr jedes Mal, wenn sie ihr Kind auf die Rutsche hob, ihre Hüftjeans mehr als ihr lieb sein konnte herunterrutschten. Was man ihr noch zugutehalten konnte, war, dass sie sich ihre Jeans – im Unterschied zu den sogenannten *Saggern*[85], bei denen der Hosenschritt zwischen den Knien sitzt und die deshalb absichtlich her-

---

85 *Sagger*, kurz für *Saggy Pants* (von engl. *saggy* für „absinkend", „herunterhängend"), kamen in den 1990er-Jahren mit der aus den afroamerikanischen Ghettos stammenden *Hip-Hop*-Subkultur mit den Elementen *Rap* (MCing), DJing, *Breakdance*, *Graffiti-Writing* und *Beatboxing* in Mode. Sie sollen auf eine Praxis aus US-Gefängnissen zurückgehen, bei der neuen Inhaftierten als erstes der Gürtel abgenommen wird, damit sie sich mit ihm nicht erhängen oder Schlägereien austragen. Dadurch rutschen die Hosen tiefer. Auch der leichtere Zugang bei Durchsuchungen wird als Ursprung angesehen. Entlassene Strafgefangene trugen dann auch außerhalb des Gefängnisses ihre Hosen auf diese Art, wodurch diese neue Mode Einzug in die Subkultur des *Gangsta-Rap* hielt, einem Genre der Rapmusik, das klischeehaft das Lebensumfeld eines Gangsters im Sinne von „Mitglied einer (Jugend-)Gang" beschreibt, gewaltorientiert ist und ein hartes Image vermitteln soll. Später wurde die Mode auch in anderen Bereichen populär, wie z. B. in der Skateboarding- und Snowboard-Szene. In einigen US-Bundesstaaten ist das öffentliche Tragen von *Saggy Pants* sogar unter Strafe verboten (zusammengefasst aus den *Wikipedia*-Artikeln zu den Stichworten „Baggy Pants", „Hip-Hop (Subkultur)", „Gangsta-Rap").

unterrutschen sollen – doch jedes Mal wieder hochzog. Und weiter ging die Gaudi ...

Nach einer Weile forderte sie ihren kleinen Sohn auf: „Jetzt müssen wir aber nach Hause, der Papa wartet schon auf uns!"

„Nein, ich will nicht!!!", schrie der Maxi trotzig und wehrte sich so sehr, dass er sich in seinem Widerstand an die baumelnde Metallkette klammerte, die vorn an den Jeans seiner Mama hing. Mit allen Kräften versuchte er seine Mami an der Kette zurück zur Rutsche zu zerren. Dabei passierte es, dass ihre Hüftjeans noch weiter nach unten rutschten und den vor Trotz und Wut blitzenden Augen ihres Kindes einen verstörend tiefen Einblick gewährten.

Das gesamte Geschehen, eingebettet in die heile Welt des Kinderspielplatzes, wirkte auf mich irgendwie paradox.

In mir stieg die Wut hoch: „Mannomann, Frau, kannst du deinem Kind keinen besseren Anblick bzw. kein besseres Erscheinungsbild bieten?

Indessen zog die Mutter von Maxi wie automatisch wieder ihre Hose höher, packte ihr Söhnchen und steckte ihn in den Kinderbuggy. Maxi bäumte sich zornig und schreiend auf und wollte sich partout nicht von seiner Mama umgürten lassen. Ein vollmundiges, verärgertes „Fuck!" glitt der jungen Münchnerin über die Lippen und sie drückte dabei das kleine zappelige widerspenstige Bündel fester in den Kinderwagensitz. Um ihr Kind anschnallen zu können, musste sie in die Hocke gehen. Dabei kamen gut zwei Drittel der farbigen Tattoos mit infernalen Motiven auf ihrem Gesäß zum Vorschein.

Ja, es ging an diesem wonnigen Frühlingstag am Kinderspielplatz ziemlich bunt zu ...

Da stellte sich mir die Grundsatzfrage: Inwieweit kann diese Mutter als erste Ansprechperson des Kindes ihrem Söhnchen noch eine gesunde Portion Scham vermitteln?

„Wo die Scham fehlt, da fängt der Schwachsinn an", oder: „Der Verlust der Scham ist das erste Anzeichen von Schwachsinn", soll Sigmund Freud einmal gesagt haben.

Kann man solch einen Modetrend nicht durchaus als „schwachsinnig" bezeichnen?

Es ist kaum zu glauben, dass Modedesigner, sog. „Modeschöpfer*innen" oder „Modezar*innen" solche oder ähnliche Jeans bzw. Hosen für Frauen als solche entwerfen, die sie doch als attraktives, einfach schönes Wesen darstellen wollen oder zumindest sollten. Man fasst es kaum.

Das Straßenbild – nach Arnold – spricht täglich Bände von solchen „Modekreationen". Der Durchschnitt der Frauen heute wirkt in ihren – bevorzugt modernen – Hosen eher cool, vielleicht geil, möglicherweise sexy, auf jeden Fall androgyn, aber manchmal einfach echt peinlich – hätte Arnold wohl hierzu verlauten lassen.

Postscriptum:

Die Jeans – eine Revolution in der Kleidermode

Schließlich benutzt die Revolution heute die Kleidermode als ein Mittel der Gleichmachung von Grund auf. Ihr bevorzugtes Instrument sind die *Blue Jeans*, die praktisch das Standardkleidungsstück für den westlichen Menschen geworden sind. Mit den folgenden Ausführungen soll niemand verletzt und schon gar nicht verurteilt werden; es geht einfach um die Wahrheit.

Eine erste Wirkung besteht in der Gleichmachung der sozialen Stände und der Unterdrückung jedes Schmuckes. Zu Anfang waren die *Jeans* eine *Arbeits*kleidung. Sie wurden seit den 50er-Jahren und vor allem nach 1968 zu einem Symbol der Forderung, zu einem

Protest gegen die Welt der Erwachsenen, die von wirtschaftlichem Interesse und Wohlstand gekennzeichnet war. Die *Jeans* wurden zur Uniform der 68er-Revolution mit ihrer Pop- und Rockmusik sowie ihrer unreinen Ausschweifung. Darum hat man sie immer enger gemacht, um sich auf diese Weise am sechsten Gebot zu vergreifen. Die Jeans sind auch ein Symbol der Auflehnung gegen [jegliche] Obrigkeit, (...) Hierarchie [und] Unterordnung. Man tritt gewissermaßen absichtlich mit einer Arbeitskleidung in die Öffentlichkeit und verachtet so den Blick des anderen. Auch wenn sich zweifellos nicht alle, die Jeans tragen, dessen bewusst sind, wollen die Jeans im Grunde genommen aussagen: Ich pfeife auf dich und darauf, deinem Blick angenehm zu sein. Die allgemeine Verbreitung der Jeans endete jedoch schließlich damit, aus ihr ein konventionelles Kleidungsstück zu machen. Deshalb hat man sie natürlich ‚personalisieren' müssen, was man heute in der Mode sehen kann: verwaschene, zerrissene, durchlöcherte, neu zusammengenähte Jeans. Die Verachtung des Nächsten offenbart sich jetzt nicht nur durch das Tragen einer für die Arbeit bestimmten Kleidung, sondern auch einer schmutzigen und unwürdigen Kleidung. Das ist der Kult der Hässlichkeit, des Vulgären. Derjenige, der Jeans trägt, bringt zum Ausdruck, dass er sich in diese gegen jede Hierarchie aufsässige Gesellschaft eingefügt hat. Sie ist ein Symbol, eine Uniform. Das hängt nicht von der Absicht dessen ab, der sie trägt. (...)

Schließlich sind die *Jeans* das Instrument einer zweiten, noch viel schlimmeren Gleichmachung: die Unterdrückung der Unterscheidung von Mann und Frau. Sie sind das Kleidungsstück *par excellence*, das die Geschlechter nivelliert. Eine Frau, die Jeans trägt, entweiblicht sich, verliert all ihren Liebreiz, jede wahre Anmut, ohne sich dessen selbst bewusst zu sein. Sie verliert die Achtung der Männer und zieht entweder ihre Geringschätzung oder ihre Begierde auf sich. Diese Gleichmachung geht in die Richtung der Bewegung, die jedem erlauben will, sein Geschlecht zu wählen: *Gender Mainstreaming*. Man will jede natürliche Festlegung leugnen. Man möchte, dass Mann und Frau austauschbar sind.“[86]

„Die kleine Jacintha aus Fatima sagte: ‚Die Sünden, die die meisten Seelen in die Hölle stürzen, sind die Sünden der Unreinheit. Man bringt gewisse Moden in Umlauf, die unseren Herrn sehr beleidigen. Die Leute, die Gott dienen, dürfen diesen Moden nicht folgen. Die Kirche hat keine Mode. Unser Herr ist immer derselbe. Die Sünden der Welt sind sehr groß‘.“[87]

Weltliche Stimmen bestätigen: Der je nach Epoche sehr enge und körperbetonende Schnitt von Jeanshosen kann einen explizit sexuellen und erotischen Charakter haben, sowohl bei Frauen als auch bei Männern. Solch ein körperbetonender Sitz enger Jeans wurde beispielsweise von den *Rolling Stones* gezeigt. Bei Frauen als Jeansträgerinnen wird eine massive Körperbetonung durch bis unters Knie sehr eng geschnittene Beinpartien und hautengen Sitz am Po erzielt. Die das Hinterteil hervorhebenden und in der Taille eng und einschnürend sitzenden Jeans zeichnen so die weiblichen Körperformen nicht nur nach, sondern kreieren sogar neue frauliche Formen und erfüllen somit eine dem Korsett ähnliche Funktion. Die Merkmale solch körperbetonender und erotisch wirkender Jeans sind für einen Teil ihrer Träger ausschlaggebend. In einer Umfrage aus dem Jahr 1980 – als enge Jeans noch bevorzugt getragen wurden – nannten 3,3 Prozent der befragten Personen den engen Sitz als Grund für das Tragen von Jeans. Diese Personengruppe scheint es zu bevorzugen, dass Jeans ihre normale Funktion als Kleidungsstück nicht mehr erfüllen, weil die schmalen Hosenbeine so eng anliegen, dass sie die

---

86 Pater Raymond OP: Predigten über *Die christliche Sittsamkeit*. Stuttgart (St. Athanasius) 2010, S. 19-21
87 ebenda, S. 21

Bewegungsfreiheit erheblich einschränken. Die zu engen Jeans verhindern ein normal bequemes Sitzen auf einem Stuhl, weshalb sie gelegentlich auch als *Stehjeans* bezeichnet werden.[88]

88 zusammengefasst aus *Wikipedia*, Stichwort „Jeans – sexuelle Aspekte"

Kleider machen Leute

*B*leiben wir also besser beim Kleid. Wetten, dass es in Europa mehr Damentoiletten mit der Kennzeichnung einer Frau im Kleid gibt, als in Wirklichkeit Frauen tatsächlich ein Kleid tragen? Das erscheint mir in der Tat paradox.

Mein Modellkollege Reiner, ein ansehnlicher Mann, der fast 40 Jahre verheiratet war, beklagte sich bei mir auf einer Zugfahrt nach Österreich: „Olga, ich habe eine schöne, gute, fleißige Frau, aber ich würde mir so sehr wünschen und dahinschmelzen vor Beglückung, wenn sie auch wenigstens ab und zu mal ein Kleid oder einen Rock tragen würde. Denn schöne Beine hat sie obendrein.“

Da fragte ich ihn: „Hast du das deiner Frau schon mal gesagt oder vorgeschlagen?“

Plötzlich lag auf seinem Gesicht ein Schatten von Unmut.

„Natürlich habe ich es meiner Frau gesagt, mehrmals sogar, aber es war jedes Mal so, als ob ich in ein Wespennest gestochen hätte“, antwortete er mir nachdenklich. „Mittlerweile habe ich damit aufgehört und mich damit abgefunden, weil mir nichts anderes übrig bleibt. Ich will keinen Ärger mit meiner Frau haben ...“

„Probiere vielleicht mal einen anderen Weg: Kaufe ihr ein schönes Kleid zum Geburtstag“, riet ich ihm.

„Oh ja, das habe ich zuletzt vor 25 Jahren getan, als wir in Italien im Urlaub waren. Sie trug das Kleid da nur einen Tag und dann war Sense. Als wir wieder daheim waren, landete das Kleid dann irgendwann in der Altkleidersammlung.“

„Gib nicht auf, Reiner, kaufe ihr wieder ein Kleid und mache ihr dabei Komplimente, wie schön du sie findest, das kann sie anspornen“, versuchte ich mich in seine traurige Lage zu versetzen.

Als er so dasaß mit gerunzelter Stirn, sah ich einen dezimierten Mann vor mir.

„Weißt du, was ich aber komisch finde? Ihr schon altes Hochzeitskleid, das immer noch in ihrem Kleiderschrank hängt, liebt sie sehr. Aber die weiteren Kleidungstücke, die sonst noch so neben ihrem Hochzeitskleid hängen, sind eine einzige Hosenverpestung."

Ja, das waren die Worte eines teilweise frustrierten Ehemannes, den die kompromisslose Hosenparade seiner Frau sichtlich bedrückte.

„Reiner, schon wegen des Hochzeitskleids deiner Frau, mach weiter. Ich sehe doch eine Chance für dich. Kaufe ihr wieder ein Kleid und noch einen Blumenstrauß dazu mit der Bitte, dass sie es auch trägt. Sag ihr, dass du sie im Kleid sehr schön findest und dass es dir Freude macht, sie im Kleid zu sehen."

Reiner ließ einen lang gezogenen Seufzer vernehmen: „Irgendwie bin ich schon müde ..."

Sein Unmut ließ keine andere Interpretation zu: Es war klar, wer in seiner Ehe „die Hose anhat".

Postscriptum:

Hosen – Eine Kriegserklärung an die Weiblichkeit

Häufig staunt man, wie diese graue Hosenanonymität viele „Frauen ihres gesunden und selbstkritischen Blickes beraubt und wie dementsprechend wenig man darin noch Eleganz und Anmut vorfindet.

Mit der Hose legt die Frau ihre Würde ab, ihre gesunde Menschennatur wird durch diese als Mode getarnte Vermännlichung besonders angegriffen.

278

Denn die Hosen bei Frauen sind eigentlich keine übliche Mode-erscheinung (sonst wären sie nach gut 50 Jahren schon längst wie-der aus der Mode gekommen), sondern sie sind ein Herzstück, ja vielleicht die Speerspitze der feministischen Ideologie, sie sind eine weltanschauliche Kriegserklärung an die natürliche und gott-gewollte Weiblichkeit ... Und nichts ist so wenig feminin wie der Feminismus."

(Dieses Schlusswort stammt von Vera, einer in Prag lebenden Jour-nalistin, die wie ich eine notorische Rock- und Kleidträgerin ist. Wir hatten uns vor Jahren im Prager Salon *Styl* kennengelernt.)

Die Fake-Managerin

Von der Rolle einer Firmenchefin kann man in meinem Fall wirklich nicht sagen, dass sie für mich wie auf den Leib geschneidert wäre. Die Vorstellung, im Büro zu arbeiten, gleicht für mich eher einer Horrorvision. Tausendmal lieber sammle ich im Wald Äste für unseren Kaminofen, setze Komposthaufen an, grabe meine Beete um oder klaube Kartoffeln aus der Erde ...

Es ging damals um einige Marketing-Fotosequenzen für einen namhaften amerikanischen Konzern. Ich sollte dabei eine kompetente Konzernchefin darstellen, die ihrem männlichen Kollegen – gemäß dem Wunsch der Kundin – in allem überlegen und voraus ist.

Bei nüchterner Betrachtung dieser Aufgabe war mir klar, dass ich hier wieder einmal komplett an falscher Stelle war. Lediglich der Druck des Geldverdienens hielt mich dazu an, das Beste daraus zu machen.

Dazu wurden mir ein strenger Hosenanzug mit Nadelstreifen und weißem Hemd sowie Markenklunker verpasst und gleich zu Beginn ein asiatischer Modellkollege als Geschäftspartner beigesellt, mit dem ich eine Konferenz vor der Kameralinse glaubwürdig „faken" sollte.

Für diese Szene wurden wir in einem hochmodernen, weißgrau gestalteten Büroraum positioniert. Der Assistent drückte mir nur noch eine Aktenmappe mit Stift in die Hand, während der asiatische Kollege Huang ein *Tablet* halten sollte. Als letzten Schliff bekamen Huang und ich noch ein bisschen Puder ins Gesicht und los ging's ...

Wir standen einander zugewandt und – wie gewünscht – in die Unterlagen vertieft, als Fotograf Peter den Teamleuten zurief: „Gib dem Huang etwas unter die Füße, damit er mindestens so groß ist wie die Olga! Und ihr beiden, bitte mehr Kompetenz in die Sache reinlegen! Olga, von dir will ich ein kleines bisschen Arroganz im Blick, damit man sieht, dass du die Chefin bist. Geht das?"

„Ja, das geht, ich war und bin in echt sowieso eine Chefin – allerdings auf meinem Spezialgebiet", lockerte ich die Situation absichtlich auf.

Der quirlige Peter ließ sich von mir leicht fangen: „Auf welchem Spezialgebiet?", fragte er unmittelbar und montierte dabei das Stativ höher.

„Beim Kinderkriegen, am Herd, in der Speisekammer, am Bügelbrett, im Garten ... – da war und bin ich immer noch die Chefin!", sprach ich die Wahrheit aus.

„Schmarrn! Im Ernst? Du siehst gar nicht so aus", staunte Peter und schraubte dabei ein anderes Objektiv an die Kamera.

„Wie hast du dich dann in der Modellbranche verirrt?", witzelte Peter.

„Das frage ich mich auch", witzelte ich zurück.

Huang musste auf einen Stapel von Telefonbüchern steigen, damit war der Größenunterschied zwischen uns beglichen. Und wir legten los mit dem Schauspielern vor der Kamera, nach dem Motto „Schein, aber nicht sein ...".

„Alles Bestens!", lobte Peter am Ende. Von der begeisterten Kundin bekam ich ein hochwertiges Parker-Schreibset im Lederetui geschenkt.

Noch am selben Tag zuhause angekommen, begoss ich – die Chefin – meine Tomatenpflanzen mit gut gereifter Brennnesseljauche und mulchte sie mit frischem Schachtelhalm. Mein Gatte freute sich über das noble Schreibset, welches ich ihm weiterschenkte. Die

Rechnung für das Shooting musste im Übrigen er mir schreiben, weil ich nicht mal weiß, wie man korrekt eine Rechnung schreibt. Er führt für mich auch das ganze Jahr über Buch, denn von Buchhaltung verstehe ich ebenfalls nichts ... Da ist nämlich *er* der Chef und ich bin froh darüber ... Es lebe die vielfältige Verschiedenheit von Mann und Frau!

Postscriptum:

Im Wettlauf mit der Zeit schon passé – aus dem Tagebuch einer Unorganisierten

Ich bin eine Nachteule und komme morgens nur schwer aus dem Bett. Früher hatte ich mir wenigstens noch die Disziplin auferlegt, spätestens um 9 Uhr aufzustehen und dafür zeitiger schlafen zu gehen. Das ist mittlerweile passé. Von einem geregelten Tagesablauf mit festen Arbeits- und Mahlzeiten kann schon lange nicht mehr die Rede sein – als selbstständige Freiberuflerin kann frau sich ihre Zeit ja frei einteilen und lässt zunächst mal auf sich zukommen, was der Tag so zu bringen verspricht. Erst einmal ein ordentliches gemütliches Frühstück, dabei den Laptop hochfahren und die E-Mails abfragen: Hier ergibt sich meist schon etwas, was zu beantworten ist – und sei es ganz privat ... Das ist zwar schon eine erste Ablenkung von der Arbeit, aber der Tag ist ja noch lang und ich kann ja später noch richtig loslegen ... Nach einiger Zeit endlos fesselnden Chattens – gleichzeitig per E-Mail, *Social Media*, SMS, *Telegram* und *WhatsApp* – rührt sich das schlechte Gewissen: Du wolltest doch mit dem Arbeiten anfangen ... Also los, du wolltest doch dies und jenes noch im Internet nachrecherchieren ... – Ah, da gibt es eine ganz interessante Doku zu dem Thema – die müsste ich mir als Grundlage zur Orientierung erst mal reinziehen ... – Aber eigentlich hattest du heute vor, deine Buchhaltung für die Steuererklärung zu sortieren und abzuheften ... – Ach, nee, darauf habe ich jetzt überhaupt keinen Bock, das alles von irgendwoher zusammenzusuchen. – Aber die Doku dauert wieder anderthalb Stunden, da verlierst du doch ziemlich viel Zeit ... – Während ich so überlege, was wohl jetzt am sinnvollsten zu erledigen wäre, lächelt mir von der Verlaufschronik meines Browsers die Krimiserie von gestern entgegen: Wenn ich mir einen einstündigen Krimi als Motivationsanschub gönne, kann das doch nicht schaden ... Und schon hält mich die Spannung und Dramatik des Krimis in ihrem Bann ... Der Krimi ist zu Ende, da stellt sich die quälende Entscheidungsfrage von Neuem: Jetzt musst du dich zusammenreißen! Die Tat ist der größte Feind der Depression, sagt einer meiner Berufskollegen immer: sofort den Ordner her und die Steuerunterlagen zusammengesucht ... – Mit den Kontoauszügen lässt es sich zunächst recht gut angehen, bis dann plötzlich einige fehlen, die noch nicht gleich auffindbar sind. Sie können eigentlich nur in diesem oder jenem Papierstapel sein – oh je, aber jetzt diese ganzen Stapel durchschauen ... Jetzt weiß ich wieder, warum ich das ständig vor mir hergeschoben habe ... Ich wusste, es würde in eine ewige Sucherei ausarten ... – Aber warum hast du denn auch die Belege und Rechnungen nicht gleich regelmäßig mit abgeheftet, dann hättest du dir das Ganze jetzt sparen können ... – Das sage ich mir zwar jedes Jahr wieder, aber ich schaffe es irgendwie nicht – genauso, wie sich die mühsam abgetragenen Stapel auf meinem Schreibtisch, ohne mich zu fragen, wie von selber wieder auftürmen. Ach, was in so einem Stapel alles steckt: Da ist die alte Merkliste, die ich doch schon ewig vermisst und gesucht hatte, wo ich auch die Rückrufnummer und mein Preisangebot für den Auftrag X notiert hatte. – Na ja, das ist jetzt überholt, also weg damit. – Nicht so voreilig, vielleicht ist ja irgendetwas auf dieser Liste noch wichtig? Ah, da ist ja die Ausgabe der Zeitschrift YZ, da wollte ich doch noch hinschreiben ... Wie mir also der Papierstapel auf meinem Schreibtisch immer neue Organisationslücken offenbart, klingelt das Telefon – eine willkommene Ablenkung von dieser unangenehmen Entdeckungsreise durch Papierwelten. Es ist meine alte Studienfreundin: Was es da wohl wieder Neues von einer ganz anderen Front gibt ... Oh, das nimmt mich gefangen und so verquatschen wir zwei weitere volle Stunden ... Nach dem Auflegen des Hörers wieder auf den eigenen Alltag zurückgeworfen, fällt mir als Erstes wieder das beabsichtigte Schreiben an die Zeitschriftenredaktion ein: Das könntest du jetzt eigentlich gleich erledigen. Gleichzeitig wolltest du dich doch noch zu diesem Vortragsabend anmelden – das mache ich gleich mit ... Ja, und die Krankenkasse wollte ich ja auch noch anrufen ... Die Steuererklärung ist unterdessen ganz in Vergessenheit geraten bzw. ich habe eigentlich keinen Nerv mehr dafür – dazu habe ich ja noch die ganze restliche Woche Zeit. Lieber setze ich mich dann doch an meinen Text mit der Recherche ... Aber irgendwie habe ich jetzt Hunger und nun muss es erst einmal was zu futtern geben. Die ungesunden Süßigkeiten und die Nusspackung dürfen bei der Arbeit nicht fehlen, sie werden unkontrolliert nacheinander aufgeknabbert – dass ich sie ganz aufgezehrt habe, bemerke ich meistens erst, wenn die automatische Zufuhr in den Mund einen jähen Abbruch erfährt, weil die Packung plötzlich leer ist. Unterdessen habe ich dann doch damit angefangen, mir die Doku reinzuziehen ... Hier reißt mich ein weiteres Telefonat heraus: Es ist mein Auftraggeber, der aus mir unerfindlichen Gründen nun die Abgabefrist verkürzt. Nein, da kann ich mir die Doku jetzt zeitlich doch nicht mehr leisten: Mein Gott, du musst jetzt sofort mit dem Text anfangen, sonst schaffst du den Abgabetermin nicht ... Da musst du pro Tag soundsoviel Seiten schaffen – die habe ich heute noch nicht zusammen, also muss ich jetzt nachsitzen ... Und so zieht sich meine Arbeitszeit unmerklich in die Länge, manchmal bis 3 oder 4 Uhr nachts! Schließlich und endlich zufrieden mit meinem ‚Arbeitstag‘ lege ich mich schlafen, ohne natürlich für den nächsten

Tag ausgeschlafen zu sein. Ich wache auf und bin noch zu müde, um aufzustehen: Was kommt mir da gelegener, als dies oder jenes vorab noch zu schmökern oder im Bett ein Rätsel zu lösen ... Es ist schon später Vormittag, aber wenn ich jetzt aufstehe, brauche ich erst mal einen Kaffee ... Da ruft die Sprechstundenhilfe von Dr. Sowieso an und fragt, ob ich den Arzttermin vergessen hätte ... Ach, herrje, den Terminzettel wollte ich mir doch an die Pinnwand heften, aber irgendwie finde ich den nicht mehr ... Da musst du wohl einen neuen Termin vereinbaren, wie ärgerlich! Und wieder geht wertvolle Arbeitszeit verloren ... Ich bekomme einen neuen Termin für den späten Nachmittag angeboten und nehme ihn an, aber das bringt mir meinen ganzen Zeitplan für heute durcheinander: Die fehlende Zeit muss ich dann am Abend wieder reinholen und so nimmt der Teufelskreis des Jagens nach der Zeit seinen Lauf ... Hättest du die Nacht nicht zur Verfügung, so wärst du angesichts eines solchen Zeitmanagements schon verloren – nicht umsonst hast du dir schon die Spitznamen ‚Nachtfalter‘ und ‚Nachtgespenst‘ eingeheimst. Es hilft nichts, du musst deine anarchische Lebensweise dringend ablegen! Sind denn alle guten Vorsätze für das neue Jahr schon passé? – im Wettlauf mit der Zeit sind sie schon passé, denn ich komme einfach nicht hinterher ...“

(Das ist das ehrliche Bekenntnis einer Freundin, niedergeschrieben als Bestandsaufnahme während eines Zeitmanagement-Seminars für Selbstständige und Freiberufler.)

Traumfrau und Horrorsekretärin

*A*ls Wenzel einmal seine Olga nach einem Shooting im Fotostudio abholte, schwärmte ihm der begeisterte Fotograf – sie anhimmelnd – vor: „Sie haben eine Traumfrau!"
Wenzel schmunzelte dabei leicht, denn er wusste aus seiner langjährigen Erfahrung um die verborgenen Verwandlungskünste Olgas, dass aus seiner bewundernswerten „Traumfrau" unter Umständen schon mal ganz schnell auch eine „Albtraumfrau" werden kann ... Wie sagte doch einst Vergil? *Varium et mutabile semper femina* – „Unbeständig und immer veränderlich ist die Frau!"

So hat Wenzel für Olga viele Kosenamen parat: Einer davon ist „Horrorsekretärin" in Anbetracht dessen, dass Olga für Büroarbeit ziemlich untauglich wäre.

Olgas ganze Buchhaltung, das Ausstellen von Rechnungen und alles Weitere, was mit ihrer freiberuflichen Tätigkeit als Model verbunden ist, hat aufopferungswillig Wenzel von A bis Z übernommen. Er fungiert auch als ihr Chauffeur, seitdem er in der Rente ist.

Manchmal betitelt Wenzel seine Frau auch als „Brandmeisterin", weil Olga liebend gern Feuer im Ofen anmacht. Das Feuerholz für den ganzen Winter besorgt sie eigenhändig im Wald. Zu diesem Zweck ist sie stolze Besitzerin eines „Holzsammelscheins" vom örtlichen Forstamt. „Äschtle" sammeln grenzt bei ihr fast an eine Leidenschaft. An ihrem jetzigen Wohnsitz, der von Wäldern umgeben ist, bietet sich die Gelegenheit zum Holzsammeln von selbst. Olga und Wenzel fühlen sich in dem alten gemütlichen Dorf im Unterallgäu sehr wohl. Sie lieben nicht nur die schöne Natur rundherum, sondern auch den offenen, fleißigen Allgäuer Menschenschlag. Als Olga eines Tages von Wenzel erfuhr, dass fast alle deutschen Kaiser Schwaben waren, meinte sie dazu: „Das wundert mich gar nicht, bei so einem starken, eigenwilligen und rechtschaffenen Volk!"

Unter ein Foto von Olga, welches er einrahmen ließ, hat Wenzel den lateinischen Spruch geschrieben: *Mulierem fortem invenit* – „Eine starke Frau hat er gefunden!"

Postscriptum:

Eine starke Frau, wer wird sie finden?

Eine starke Frau, wer wird sie finden? Ihr Wert gleicht den Dingen, die von weit herkommen, von den äußersten Enden. Es vertraut auf sie das Herz ihres Mannes, und an Gewinn wird es nie fehlen. Sie erweist ihm nur Gutes, nie Böses, alle Tage ihres Lebens. Sie trägt Sorge für Wolle und Flachs und schafft mit kundiger Hand. Sie gleicht dem Handelsschiff: von ferne bringt sie ihr Brot herbei. Noch ist es Nacht, da steht sie auf, gibt Nahrung ihren Hausgenossen und Speise ihren Mägden. Sie schaut sich um nach einem Acker und erwirbt ihn; von ihrer Hände Verdienst pflanzt sie einen Weinberg. Sie gürtet mit Kraft ihre Lenden und stärkt ihre Arme. Sie merkt und sieht, wie gut ihr Werk gedeiht. Selbst des Nachts erlischt nicht ihre Leuchte. An Großes legt sie ihre Hand, und ihre Finger ergreifen die Spindel. Sie öffnet ihre Hand dem

Äschtle sammeln

287

Armen und streckt dem Dürftigen entgegen ihre Arme. Sie fürchtet nicht Schnee und Kälte für ihr Haus; denn all ihre Hausgenossen sind doppelt gekleidet. Decken und Gewänder verfertigt sie sich; von feinem Linnen und Purpur ist ihr Kleid. Angesehen ist ihr Mann, wenn er am Tore sitzt mit den Ältesten des Landes. Linnen fertigt und verkauft sie und liefert Gürtel dem Kananäer. Kraft und Anmut

Olga bei der Waldarbeit

sind ihr Kleid; am letzten Tag noch wird sie lachen. In ihrem Munde wohnt Weisheit, und das Gesetz der Milde ist auf ihrer Zunge. Sie wacht über den Wandel ihres Hauses; ihr Brot ißt sie nicht müßig. Ihre Söhne kommen hoch und preisen sie selig; es rühmt sie auch ihr Mann. Viele Töchter haben sich Reichtümer gesammelt: du hast sie alle übertroffen. Trügerisch ist Anmut, die Schönheit eitel; ein Weib, das den Herrn fürchtet, wird gepriesen. Laßt sie die Früchte ihrer Hände genießen; man künde an den Toren das Lob ihrer Werke" (Spr 31,10-31).[89]

89 zitiert nach dem Römischen Messbuch „Schott", aus der Messe von einer heiligen Frau, die nicht Martyrin war

Eine noble Karosse

Eine noble Karosse sollte ich top-gestylt mit meinem Shooting-Partner Rudi besteigen. Das Deluxe-Auto war mit für meine Verhältnisse ziemlich komplizierten Funktionen ausgestattet, die ich selber beim Autofahren kaum benötigen würde ... Mein Mann und ich sind VW-Käfer-Fans ... Selbst mit drei Kindern fuhren wir immer noch jahrelang den alten Käfer.

„Also hört zu: Ihr habt Kohle, genießt den Luxus, den ihr euch leisten könnt, und fahrt gerade voller Freude lässig mit eurem neuen Schlitten zu eurem Schweizer Chalet", weihte uns der Fotograf in die Vorstellungen des Kunden ein.

Weiter sprudelte es wie ein Wasserfall aus seinem Mund: „Folgendes soll auf jeden Fall rüberkommen ... Noch einmal: Ihr seid sorgenfreie, vermögende, positiv und optimistisch in die Zukunft schauende, selbstbewusste und aufgrund eines erfolgreichen Berufslebens finanziell gut abgesicherte Rentner – alles in allem: fitte Senioren, die ihr Leben ohne jegliche Geldsorgen mit viel Spaß, Freude und schneller Fahrt mit diesem heißen Feger noch gestalten können."

Kollege Rudi – selbst Rentner – neigte sich zu mir herüber und flüsterte mir zu: „Das wäre toll! Auf mich warten daheim einige noch unbezahlte Rechnungen, die letzte vierstellige vom Zahnarzt ... Und wie sieht es bei dir aus?"

„Ähnlich", antwortete ich, „wenn es bei mir so wäre, wie sich unser Kunde wünscht, dann wäre ich nicht hier ..."

Unser Getuschel wurde jäh vom Fotografen mit einem „Wir legen los!" unterbrochen.

Von diesem Moment an ließ ich vor meinem inneren Auge mein Traumfortbewegungsmittel mit einer Stärke von 1 ES vorüberziehen

– das heißt mit genau *einer* Eselstärke im Vergleich zu den 400 Pferdestärken (PS) des Schlittens, in dem ich aktuell posieren musste.

Schon längere Zeit hege ich den Traum von einer eigenen Eselin, mit der ich auch im Wald arbeiten kann – mir fehlt dazu nur noch die Wiese und der Stall. Den Namen für meine Eselin *in spe* habe ich schon ausgesucht: *Stella fidelis* – „Stern der Treue". Esel schätze ich aufgrund ihrer Eigenschaften als Lasttiere inzwischen mehr noch als Pferde. Im Unterschied zu Pferden sind sie auch keine ausgeprägten Fluchttiere ...

Das ganze Shooting über schwelgte ich mit meiner blühenden Fantasie in diesem meinem Traum ... Währenddessen lieferte ich dem Fotografen überzeugend immer aufs Neue den von mir jeweils erwarteten Gesichtsausdruck – entspannt, genießerisch, lächelnd ohne Ende.

Der später dazugekommene Kunde, der am *Apple*-Bildschirm den Verlauf der Aufnahmen verfolgte, äußerte sich dazu, in einem Moment mit dem Kopf in meine Richtung nickend: „Hammerweib!"

Obwohl Rudi und ich sicher nicht zu dieser Sorte sorgloser Senioren gehörten, bekamen wir unsere Rollen zur vollsten Kundenzufriedenheit super hin – Übungssache!

Ich selbst muss bis zu meiner Rente noch so viel wie möglich arbeiten, denn die langen Jahre, die ich mit meinen fünf Kindern daheim zugebracht habe, um sie gut versorgt großzuziehen, werden vom Staat nur mit lächerlichen Almosen bei der Rentenberechnung berücksichtigt. Auf diese Weise also bekomme ich hautnah mit, wie sehr der Staat die Mutterschaft wertschätzt ...

Wahrer Luxus sind für mich in unserer narzisstisch geprägten Massengesellschaft indes nicht Action und Geld, sondern Ruhe und Stille ...

Postscriptum:

Statussymbole

„Das Auto ist oftmals das Lieblingsspielzeug der Männer. Ebenso wird ein teures Auto häufig als Statussymbol für die Männer gesehen, die sehr erfolgreich in ihrem Job sind bzw. zeigen wollen, dass sie viel Geld besitzen. Kein Wunder also, dass der *Porsche* oder *Ferrari* als Zeichen für ‚schnellen Erfolg' gilt. Die teuren Autos zeigen, dass ein Mann Erfolg, Geld und Wohlstand besitzt – doch auch hier kann der Schein manchmal trügen. Wie wichtig ist das Auto als Statussymbol heute noch und welche Statussymbole gibt es bei Männern noch?

Eine Studie hat ergeben, dass das Statussymbol Auto je nach Automarke verschiedene Männergruppen bildet. Der *Mercedes* steht für Exklusivität, während der *Volkswagen* als Familienauto gilt. *Cabrios* besagen, dass der Mann ein Genussmensch ist, der in seiner Freizeit gerne das Abenteuer sucht. Die *Minivans* sind eindeutige Familienautos und auch bei Frauen sehr beliebt. Denn Frauen achten beim Kauf eines Fahrzeugs meist eher auf den praktischen Aspekt als auf das Aussehen. Dies gilt natürlich nicht immer. Der *Audi* gilt seit jeher als der typische Firmenwagen und zählt daher eher zu den soliden Statussymbolen. Wer sich einen BMW zulegt, der weiß natürlich die Qualität zu schätzen – denn was der BMW hat, hat eben nur der BMW. Diese Marke gilt als sportliches sowie exklusives Fahrzeug mit einem gewissen Esprit. Der *Volvo* oder auch ein *Saab* zählen zu den Marken, die Sicherheit und Seriosität ausstrahlen. Meist werden diese Fahrzeuge von Männern gewählt, die sich auf ein solides Leben konzentrieren. Der *Porsche* und der *Ferrari* gehören laut dieser Studie zu den absoluten Merkmalen für Männer, die ihren Erfolg den anderen vorzeigen möchten. Diese Marken sind bei allen Männern beliebt und ziehen angeblich neidische Blicke ebenso an wie die Sympathie der Frauen. Ob das auch so ist, sei einmal dahingestellt.

Für einen Mann ist beim Kauf eines Autos häufig am wichtigsten, was es alles kann. Hauptsache er hat einen Tempomat, ganz gleich ob damit nur im Stadtverkehr gefahren wird – der Tempomat darf nicht fehlen. Eine Klimaanlage muss ebenso vorhanden sein, auch wenn sie nur sehr selten benutzt wird. Der Mann möchte möglichst viel Technik und Spielzeug im Fahrzeug verbaut wissen. Die Frau hingegen setzt eher auf die Aspekte der Sicherheit, Geräumigkeit im Kofferraum und auf eine langfristige Verwendung. Ebenso soll das Fahrzeug nett aussehen, in Rosa mit Blümchen drauf und vielleicht auch etwas verspielt. Männer hingegen wählen ein Fahrzeug je nach Lust und Laune aus – da ist es völlig egal, ob sich Familienzuwachs ankündigt – das sportliche Zweisitzermodell muss trotzdem her. Hauptsache es steckt viel Technik im Auto, dann ist der Mann mit seinem Statussymbol vollends zufrieden.

Wenn ein Immobilienmakler mit einem alten Golf zum Kundengespräch auftaucht, werden wohl viele das Weite suchen und sich denken: oh, mein Gott nichts wie weg, wer weiß, wie die Wohnung aussehen mag! Deswegen ist es in der Geschäftswelt auch äußerst wichtig, mit dem Auto eine gewisse Seriosität auszustrahlen. Ob BMW, Mercedes oder auch die Marke Audi sind in dieser Sparte sehr gern gesehene Fahrzeuge.

Neben dem Auto ist die Uhr ein eindeutiges Statussymbol bei den Männern. Eine *Cartier* oder *Rolex*-Uhr spricht für Qualität, Reichtum und Wohlstand und ist der Traum eines jeden Mannes. Bei Frauen ist es mehr der Schmuck im Allgemeinen als die Uhr an sich. Ein schönes Collier von *Joop* oder *Klein* begeistert jede Frau. Das nächste Statussymbol ist das Feuerzeug. Die Männer, die den Reichtum ausdrücken möchten, verwenden ein *Dupont*-Feuerzeug. Das

Smartphone zählt zu den geschlechter-unabhängigen Statussymbolen der heutigen Zeit. Wer IN sein möchte, besitzt also mindestens ein Smartphone.

Doch welche Statussymbole zählen heute wirklich noch bei den jüngeren Generationen? Genießen Autos, Uhren und Schmuck wirklich noch einen solch hohen Stellenwert bei jungen Menschen? Eine Studie aus dem Jahr 2013 hat ergeben, dass viele Produkte als Statussymbole noch immer eine große Rolle in Deutschland spielen. Mit großem Abstand liegt noch immer das Auto als Statussymbol weit vorn, es folgen elektronische Geräte wie *Tablets*, *Laptops*, *iPods* oder *Smartphones*, Mode und auch Schmuck. Alle klassischen Statussymbole werden also auch heute noch genannt und spielen eine wichtige Rolle. Allerdings können sich mittlerweile immer mehr Leute eines dieser Statussymbole leisten und deshalb verlieren sie ein wenig ihren Stand als richtiges Statussymbol. Dafür legen immer mehr Menschen auf weniger materielle Dinge wert: **Als neue Statussymbole gelten zum Beispiel immaterielle Dinge, wie genügend Zeit für sich zu haben, gesund und fit zu sein oder Kinder zu haben.**

Ganz lossagen können sich aber auch junge Leute (...) nicht von den traditionellen Statussymbolen. Die Studie hat ergeben, dass vier der fünf beliebtesten und begehrtesten Marken noch immer die Marken großer Autokonzerne sind. Nach dem Elektronikkonzern *Apple* als die Marke für Statussymbole schlechthin wurden *Audi*, *Mercedes Benz*, BMW und *Porsche* als am höchsten angesehene Marken genannt. So zeigt sich, dass auch wenn die Menschen selbst vielleicht nicht mehr unbedingt nach dem Besitz dieser Statussymbole streben, der Besitz eines Autos dieser Marken doch immer noch großen Eindruck auf die Menschen macht. Jemand, der mit einem *Porsche*, *Audi* oder gar *Ferrari* vorfährt, scheint es im Leben zu etwas gebracht zu haben.

Eine wichtige Rolle spielen Statussymbole auch heute noch im Berufsleben. Und das wesentlich mehr als nur im privaten Umfeld. Nicht nur ein Immobilienmakler macht mit einem teureren und neueren Auto einen professionelleren Eindruck, sondern auch Führungskräfte oder Geschäftspartner bei einem offiziellen Treffen oder Event. Dies kann nicht nur wichtig sein, um Geschäftspartner zu beeindrucken und zu überzeugen, sondern auch um in der eigenen Firma überzeugend zu wirken. Insbesondere in den meist durch Männer dominierten Führungsebenen sind Statussymbole wie teure Autos oder teure Uhren zu sehen. Denn Statussymbole repräsentieren Erfolg und Ansehen auch bei Mitarbeitern und Kollegen und verschaffen der Person, die sie besitzt, ein höheres gesellschaftliches Ansehen als anderen ohne diese Statussymbole."[90]

---

90 zitiert nach: Ratgeberübersicht Autos. Das Auto – Statussymbol des Mannes, in: *markt.de, Der Marktplatz für Deutschland*, https://www.markt.de/ratgeber/autos/auto-als-statussymbol-des-mannes/

Frau am Steuer – ungeheuer!

So oder ähnlich könnte man Olgas Bezug zum Automobil mit einer gehörigen Prise Humor und einer gewissen Bewunderung für ihre ungestüme Courage beim Fahren bezeichnen. Das Auto war für sie nie ein Statussymbol, sondern lediglich ein Mittel zum Zweck. So verwechselte sie den feinen *Renault Kangoo* notorisch mit einem Schwerlasttransporter.

Wie bereits erwähnt, hatte sie eine starke Schwäche für alte Ziegelsteine entwickelt. Überall, wo sie solche entdeckte, schleppte sie sie mit nach Hause – besser gesagt: Der arme Renault Kangoo musste die schwer im Magen liegende Suppe auslöffeln!

Wie damals, als sie an einer Abbruchstelle vorbeifuhr und die Erlaubnis von der Firma bekam, sich Ziegelbacksteine mitzunehmen, so viele sie wollte ...

Beim Anblick der prächtigen Ziegelsteine von einer alten Brauerei aus dem 16. Jahrhundert, die noch dazu wesentlich größer als die heutigen waren, jauchzte Olga vor Freude! Ohne lange zu überlegen, legte sie los und packte zu.

Es mag sein, dass ein unwiderstehlicher Eifer aus lange zurückliegenden Zeiten der „Brigade der sozialistischen Arbeit" noch in der roten Vorzeigeplattenbausiedlung Maleschitz oder beim Hausbau ihrer Eltern sie beflügelt hatte – auf jeden Fall landete ein Ziegelstein nach dem anderen in ihrem Kangoo. Da sich im Kofferraum nur ein Einkaufskorb mit Bioladenware befand, dieser jedoch sogleich auf dem Beifahrersitz einen neuen Platz angewiesen bekam, stand der Beladung des Autos eigentlich nichts mehr im Wege. Es dauerte daher nicht lange, bis das Auto fast bis zur Decke mit Ziegelsteinen vollgestopft war! Der Baggerfahrer der Abrissfirma verfolgte das ganze Geschehen mit einem mehr als verwunderten Blick ...

Da es bereits Mittag wurde, hatte Olga es plötzlich eilig und wollte nun schnell nach Hause, um ihrem Mann rechtzeitig das Essen zu servieren. Als sie den Motor anließ und losfahren wollte, bemerkte sie sogleich, dass mit dem Kangoo etwas nicht stimmte. Es fühlte sich an, als ob das Auto nicht richtig fuhr, ja, es zog das Lenkrad verdächtig nach rechts. Es fuhr kaum noch, sondern kroch mehr oder weniger, war in eine beträchtliche Schieflage geraten und gab durch ein seltsames Motorgeräusch zu verstehen, dass ihm irgendetwas gar nicht gut bekam. „Ob das vielleicht etwas mit der überschweren Last im Kofferraum zu tun haben könnte?", dachte Olga und lag mit dieser Vermutung vollkommen richtig! Nur war die Freude über die wunderschönen barocken Ziegelsteine größer als irgendwelche technischen Sorgen bezüglich des Autos, die sie getrost beiseiteschob: „Es wird sich nach dem Ausladen schon wieder aufrichten", meinte sie. Doch daheim „angekrochen", richtete sich der Renault leider nicht mehr auf – nicht einmal, als alle Ziegelsteine ausgeladen waren. Die Achse war gebrochen, die Kupplung kaputt und noch einige weitere „Kleinigkeiten". Die fällige Reparatur kostete ein paar Tausend Euro. Dafür hatte Olga die Ziegelsteine kostenlos erworben!

Ihr Mann konnte nicht umhin, die ganze Transportaktion seiner Gattin mit einem heimeligen Kauderwelsch zu kommentieren: „Na, das hast du mit deiner *Olgistik* wieder mal wirklich bestens *olganisiert!*"

Die nächste Ziegelsteinrunde fuhr dann der Bauer mit seinem Bulldog für Olga.

Das Allerschönste an der Sache war, dass Olgas Mann, statt mit ihr zu schimpfen, sich daran machte, aus den besagten Ziegelsteinen einen sehr originellen, fast echten viktorianischen Zaun zu mauern, der Olgas Herzenswunsch gewesen war. Ist *das* nicht Liebe?

Im Übrigen schaffte es Olga kurze Zeit später, die neue Achse des Kangoo wieder entzweizubringen – der Grund: Das Auto war aufs Neue überladen, diesmal mit großen Nagelfluh-Natursteinen und Holz ...

Beim Herausfahren aus der Garage schlug sie wiederholte Male die Seitenspiegel des Autos ab. Ihr Mann sieht die Sache „Olga und Auto" inzwischen gelassen: „Die Kratzer, besonders die schönen, sind eigentlich alles Kreationen von Olgas Fahrkunst, ja, wenn man so will, ist sie eigentlich eine wahre Künstlerin ..."

Olga betrachtet ihre Fahrkünste indes nüchtern und selbstkritisch, schließlich hatte sie außerdem auch einige Problemchen mit dem Einparken.

Das ist eigentlich kein Wunder, wenn man bedenkt, auf welche Weise sie einst – vor 43 Jahren – zu ihrem Führerschein, Pardon, zu ihrem „Wodka-Führerschein", gekommen war. Wie denn bloß?!

Jawohl, richtig vermutet! Denn damals war in ihrer alten kommunistisch-paradiesischen Heimat dank der totalen Korruption auch das Unmögliche möglich. Und so geschah es, dass ein bestechlicher Polizeibeamter Olga gegen eine Flasche Wodka und einen ausgemachten Obolus den für die Führerscheinprüfung vorgesehenen Fragebogen eigenhändig selbst ausfüllte und als „bestanden" bestätigte ...

Und da gibt es heute, bitte schön, immer noch solche Moralisten, die nicht aufhören wollen, auf die Kommunisten zu schimpfen. Na, so was!

Die nötigen Fahrübungen machte mit ihr dann übrigens ihr getreuer Papa Eduard und immerhin düste sie dann ganze vier Jahre lang mit ihrem „Wodka-Führerschein" herum.

Doch später in Deutschland musste sie den echten Führerschein natürlich nachholen ...

Postscriptum:

Die Do-it-yourself- und Biogeneration

„Mein Auto, mein Haus, mein Boot: Die klassischen Status-symbole sind tot oder zeigen bereits unübersehbare Verfalls-erscheinungen. Sie hinterlassen einen ganzen Friedhof an Produk-ten, Lebensentwürfen und Konzepten, die in Zukunft nicht mehr gefragt sein werden. Was tritt an ihre Stelle?

Das Statussymbol gibt es genauso wenig wie den sozialen Status. Die *Smartwatch* bringt Anerkennung unter Fans innovativer tech-nologischer Spielereien, lässt die Neo-Ökos jedoch kalt. Die exor-bitant teure Kaffeemaschine wird überhaupt nur von anderen Lieb-habern erkannt. Und nur wem ,fair' wichtig ist, der erkennt und schätzt faire Fashionmarken an anderen. Die neuen Statussymbole sind differenzierter, subtiler und kleinteiliger denn je. Von vergan-gen Statusobjekten unterscheidet sie vor allem eins: Sie sind nicht länger universell.

,Haste was, biste was' – diese Maxime der Wirtschaftswunderzeit ist vorbei. Finanzielle Stärke führt nicht mehr zwingend zu hohem Ansehen, und auch mit der Maxime ,Höher, schneller, weiter' lässt sich nur noch bedingt punkten. (...)

Unter Gut- und Topverdienern hat sich deshalb das Konzept *Stealth Luxury* als Statussymbol durchgesetzt: nur für Eingeweihte erkenn-bare Luxusgüter, die auf den ersten Blick völlig unauffällig wirken – zum Beispiel schlichte Kleidung oder Uhren, deren gewaltiger Preis nicht durch ein sichtbares Markenlogo nach außen getragen wird. (...)

Doch auch hier haben sich bestimmte Marken als Statussymbol für einen nachhaltigen und umweltfreundlichen Lebensstil durchgesetzt: Auch eine fair produzierte *Nudie*-Jeans oder ein aus Plastik-müll recyceltes Shirt muss man sich leisten können. So sind auch die fairen Klamotten aus Biobaumwolle letztlich ein Luxusgut. Der materielle Wert der Güter – die ihrerseits immaterielle Ideale ver-körpern – macht sie exklusiv.

Für Liebhaber des nachhaltigen Lebensstils und für viele Städter hat das Fahrrad das Auto längst als Statussymbol ersetzt. Vom drauf-gängerischen *Fixie* über das nostalgische *Retrobike* bis hin zum *High End*-Designrad sind Geschmack und Preisspanne keine Grenzen gesetzt. (...)

Auch die Anhäufung von technischen Geräten im Wohnbereich, von der Stereoanlage bis zur Spielkonsole, hat ihren Reiz verloren – denn das hat mittlerweile fast jeder. Stattdessen wächst die Faszina-tion für *Do-it-Yourself.* Jeden Samstag strömen die Menschen in die Baumärkte, um sich mit geeigneten Utensilien zu versorgen: selber bauen, werkeln, basteln, kochen und einmachen lautet die Devise. Glücklich der, der sogar sein eigenes Gemüse anbauen kann. Wer seinen Gästen ein selbst zubereitetes Festmahl mit Zutaten aus dem eigenen (urbanen) Garten kredenzen kann, sichert sich einen So-zialstatus, der mit materiellen Werten scheinbar nichts mehr zu tun hat."[91]

---

91 zitiert nach Lena Papasabbas: Friedhof der Statussymbole. Universal gülti-ge Statussymbole sterben aus. In einer Gesellschaft, deren Struktur multi-dimensional geworden ist, wird sozialer Status zu einer relativen Größe, in: *Zukunftsinstitut*, Nr. 2/2016, https://www.zukunftsinstitut.de/artikel/friedhof-der-statussymbole/

Dauerschleife Rosenkranz

Samantha war zuständig für mein Make-up bei den Beauty-Aufnahmen in Wien. Leicht von der langen Anreise ermüdet, setzte ich mich im Maskenraum bequem in den Armlehnenstuhl vor dem Spiegel und genoss die Gesichtsmassage zum Entspannen.

Die Make-up-Artistin Samantha beherrschte ihr Handwerk hervorragend und war dabei, mein Gesicht zu bearbeiten.

Auf dem Schminktisch neben all ihren Utensilien lag auch ihr iPhone, aus dem, sich stets wiederholend, die immer gleiche Rockmusik lief. Mir ging diese atonale Musik bald auf die Nerven, da mir Rock- und Popmusik sowieso zuwider ist und ich auf sie – ganz egal, welche Richtung – fast allergisch reagiere, sie ganz schnell als unerträglich empfinde.

„Wann hört das Lied auf, Samantha?", fragte ich sie vorsichtig und hoffte dabei, dass sie meine Frage richtig auffasst und ihre Musik abstellt.

„Das hört nicht auf, das ist eine *Dauerschleife* mit Beyoncé und Miley Cyrus, die höre ich mir seit zwei Tagen ununterbrochen an", antwortete sie, ohne auch nur im Geringsten Anstalten zu machen, die Musik abzustellen.

Sie war gerade dabei, mir die Wimpern anzukleben, und schwelgte weiter in ihrer Begeisterung: „Gestern habe ich in den VIP-Nachrichten im Internet gelesen, dass Miley sich an den Satan verkauft hat – cool! ...", sprudelte sie hervor.

„Oh, Schreck lass nach!", dachte ich mir. Nach einer Weile bat ich sie dann aber doch, die Musik abzuschalten, weil ich sonst Kopfweh bekäme.

Meiner Bitte kam sie sofort nach, fragte jedoch einfältig nach: „Magst du keine Musik?"

„Oh doch, ich mag sehr gerne Musik, aber Rock, Pop & Co. kann ich nicht ausstehen", ließ ich sie wissen.

„Was hörst du dir dann sonst an?", wurde sie neugierig, während sie Rouge auf meine Wangen auftrug.

„Am liebsten klassische Musik, wie Bach, Händel und Schubert, aber auch Gregorianische Gesänge, Volkslieder und Kirchenlieder", antwortete ich.

„Boah, solche Musik hat ja überhaupt keinen Biss!" – Ihr spontanes Entsetzen war echt.

Im selben Moment kam jedoch der Friseur herein und wollte wissen, ob er mit meinen Haaren anfangen könne.

Im Studio waren für den Set drei Generationen Models versammelt. Ich war unter ihnen die Älteste.

Samantha musste die ganze Zeit dabei bleiben, um auf Wunsch des Fotografen oder des Kunden kleine Make-up-Korrekturen vorzunehmen.

Die meiste Zeit während des Shootings stand sie jedoch abseits im Raum und ließ – mittels Ohrenstöpsel mit ihrem iPhone verkabelt – ihre Gehörgänge mit Beyoncé & Co. durchspülen ...

Die Wirkung der „Dauerschleife" war nicht zu übersehen. Samantha nickte die ganze Zeit rhythmisch mit dem Kopf hin und her, stampfte mit den Füßen, wackelte mit den Hüften und drehte sich hin und wieder um die eigene Achse. Plötzlich hob sie eine Hand mit ausgestreckten kleinem und Zeigefinger (= Symbol für Satan) in die Höhe. Dabei drehten sich auch ihre Augen nach oben; ihr gesamter Körper schaukelte und zuckte vibrierend. Sie wirkte wie eine Marionette, deren Bewegungen eine andere Kraft bewirkt oder, besser gesagt, bestimmt ... Unwillkürlich fiel mir ein: ein Voodootanz!

„Samantha, hast du einen Joint genommen?", rief ihr laut und leicht ironisch der Fotograf zu.

„Nee, Quatsch, mir reicht mein Musikvibrator", bekannte sich grinsend die Ü30erin offen zu ihrer Leidenschaft.

Während der Mittagspause ging ich nach draußen, um tief durchzuatmen und wieder zu meiner geistigen Basis zu gelangen.

Im Maskenraum, der gleichzeitig als Umkleide diente, fiel mir mein Rosenkranz aus der Tasche. Samantha hob ihn sogleich auf und fragte: „Bist du eine Muslima?"

„Hei da, wie kommst du *darauf*? Ich bin das genaue Gegenteil davon, nämlich Christin!", unterstrich ich mein Glaubensbekenntnis.

„Mein Ex-Freund ist Muslim und der hat auch so eine ähnliche Kette mit Holzperlen gehabt." Sie reichte mir meinen Rosenkranz auf ihrer Handfläche.

Ich nahm ihn dankend entgegen und versuchte Samantha den gravierenden Unterschied zwischen beiden Religionen wenigstens etwas näher zu bringen, weil es sich einfach aus der Situation so ergab: „Wenn dein Ex-Freund ein bekennender Muslim ist, zweifle ich sehr daran, dass er den *Rosenkranz* betete, weil es sich um christliche Gebete zu Jesus und seiner heiligen Mutter Maria handelt und nicht um Gebete zu Allah oder Mohammed.

Samantha mischte bereits neue Make-up-Schattierungen, schaute mich seitlich an und betonte im Brustton der Überzeugung:

„Ich denke, dass es vollkommen wurscht ist, ob zu Allah, Shiva, Jesus oder Buddha. Jeder kann glauben, was er will. Oder? Was denkst du?"

„Wenn du mich so fragst, dann sage ich dir, was ich denke bzw. was ich glaube: Es war nicht Mohammed und auch nicht Buddha oder Shiva, der für unsere Missetaten am Kreuze starb, sondern Jesus

Christus, unser Herr, und deswegen kann ich nur an ihn glauben! Und übrigens wurde Jesus gekreuzigt, obwohl er nur die Liebe predigte, während Mohammed selber kreuzigen ließ und zu Hass und Totschlag gegen Nichtmuslime aufrief. Außerdem nahm er sich ein neunjähriges Mädchen – Aischa – zur Ehefrau! Deshalb sind Kinderehen im Koran erlaubt!"

Deutlicher konnte meine Antwort kaum ausfallen.

Samantha schaute mich leicht empört an: „*Das* glaubst du echt? Olga, wir leben doch im 21. Jahrhundert!"

„Umso mehr brauchen wir Jesus ...", konnte ich unseren Dialog noch schnell abschließen, als mich wieder der Friseur übernahm ...

Postscriptum:

Mächtiges Heilmittel in allen Lebenslagen

Festen Halt fand die inzwischen fünffache Mutter Olga in dieser bedrohlich unruhigen Zeit im meditativen Rosenkranzgebet, dem sich stets wiederholenden *Engelsgruß* verbunden mit dem *Vaterunser*. Wenn sie in diesem Gebet die Geheimnisse des Lebens Jesu und seiner heiligen Mutter Maria betrachtet, kann sie nichts auf dieser Welt aus der Fassung bringen.

Aus diesem unerschütterlichen Glauben stammt auch ihr Lebens-Credo: „Eine Frau wird siegen!" Nicht umsonst zeigt die Statue auf der Mariensäule in München die Muttergottes mit einer Schlange und einem Halbmond unter ihren Füßen! – Islam hin oder her ...

Für Olga ist das Rosenkranzgebet die beste Abwehr, ja das stärkste Kaliber gegen alle Gefahren und Bedrohungen! Für den Schutz der Muttergottes gibt es, sagt sie, in der Menschheitsgeschichte genügend Zeugnisse, die sich der Mensch mit seinem beschränkten Verstand – trotz aller Errungenschaften der Wissenschaft, die Olga mit Vorliebe mit dem Ausspruch des hl. Paulus als „Bruchstücke" bezeichnet – nicht erklären kann.

Wenn sie den Rosenkranz in der Hand hält und betet, ist es für sie gefühlsmäßig so, als ob eine gute, milde, fürsorgliche Mutter sie an der Hand hält. Einen unsagbaren Trost darf das verletzte Kind in ihr dadurch jedes Mal von der Muttergottes empfangen. Um nichts auf der Welt würde Olga auf diese mystische Freude verzichten ...

„Der Rosenkranz ist kein Weg, sondern ein Raum, und er hat kein Ziel, sondern Tiefe. In ihm zu weilen, tut gut. Verweilen in der Lebenssphäre Mariens, deren Inhalt Christus ist".

Romano Guardini (1885–1968)
katholischer Religionsphilosoph
und Theologe: Der Rosenkranz unserer Lieben Frau,
Kevelaer (topos) 2009, unveränderter Nachdruck:
Würzburg (Werkbund-Verlag) [7]1964, S. 35; 32

„Wenn die Gläubigen diese erhabenen Geheimnisse (des Rosenkranzes) der Reihe nach verehren und sich in sie versenken, so wird ihnen diese Betrachtung zu einer großen Hilfe werden. Der Glaube wird vermehrt und gesichert vor Unwissenheit und um sich greifende verderbliche, irrige Lehren, und wir selbst werden seelisch aufgerichtet und gestärkt."

Papst Leo XIII., Enzyklika *Octobri mense*
über den marianischen Rosenkranz,
22. September 1891, Nr. 7

„Es gibt kein angemesseneres und heiligeres Gebet (...). Unser stolzes Jahrhundert mag den marianischen Rosenkranz verlachen und ablehnen, aber unzählige Heilige jeden Alters und Standes haben ihn nicht nur verehrt und mit großer Andacht gebetet, sondern in jeder Lebenslage als mächtige Waffe zur Vertreibung teuflischer Mächte, zur Bewahrung eines heiligen Lebens, zur leichteren Erreichung der Tugend und schließlich als ein friedensstiftendes Mittel unter den Menschen gebraucht."

Papst Pius XI., Enzyklika *Ingravescentibus mali*
über das Rosenkranzgebet als Zuflucht der Kirche
gerade heute angesichts der bedrohlichen Lage,
29. September 1937, Nr. 14

„Aufs Neue und mit Nachdruck bekennen Wir unbedenklich, daß Wir Unsere große Hoffnung auf den marianischen Rosenkranz setzen, um Heilung für die Nöte unserer Zeit zu erlangen; den die Kirche stützt sich nicht auf Gewalt und Waffen, auch nicht auf menschliche Hilfsquellen, sondern allein auf die Hilfe von oben, wie sie gerade durch solche Gebete gewonnen wird".

Papst Pius XII., Enzyklika *Ingruentium malorum*
über das Rosenkranzgebet und die Not unserer Zeit,
15. September 1951, Nr. 15

Apropos Musik

An der Seite ihres Mannes bzw. durch ihn angeleitet erwachte in Olga auch die Liebe zur klassischen Musik. Noch heute weiß sie ganz genau, welches die erste Schallplatte war, die ihr Wenzel am Anfang ihrer Ehe noch in Heidelberg zum Anhören abspielte: Es war die monumentale D-Moll-Symphonie von César Franck, dirigiert von Herbert von Karajan. Olga war davon ganz hingerissen. Ach, was war dies für eine herrlich dramatische Musik! Es eröffneten sich ihr ganz neue Welten ...

Wenzels Schallplattensammlung war immens, fast jeden Abend legten sie sich gemeinsam eine Schallplatte auf. Olga gewöhnte es sich auch tagsüber an, beim Kochen, Bügeln und Putzen klassische Meister anzuhören. Oft holte sie sich aus dem Schallplattenschrank Johann Sebastian Bach – er blieb ihr musikalischer Favorit, ein musischer Inbegriff von Harmonie, Ordnung und Gesetz bis heute. Je nach momentaner Stimmung und Gefühlslage waren es jedoch auch andere Komponisten, deren Platten sie auflegte, wie Schütz, Corelli, Vivaldi, Rameau, Schubert, Mozart, Boccherini, Beethoven, Bruckner, Dvořák und Smetana und viele andere mehr. Die Gregorianischen Gesänge, die sie durch den Besuch der tridentinischen, der alten lateinischen Messe näher kennenlernte, betrachtet Olga schlicht als Heilsalbe für die Seele und liebt sie sehr. Mit Richard Wagner jedoch, den er selbst sehr mochte, traf Ehemann Wenzel allerdings nicht ihren musikalischen Geschmack ...

Rockmusik – egal welcher Richtung – verabscheut sie heute. Sie spürt, dass die atonalen Töne wie auch das pausenlos einhämmernde Staccato des *Rock* die natürliche Harmonie und die unmittelbare, lebensbereichernde und rettende Beziehung zu Gott zerstören.

Postscriptum:

Pop- und Rockmusik, Stars und Idole – Gift für Kinderseelen

Wie schädlich für das Seelenleben die seichte Pop- und Rockmusik ist, brachte Mathias von Gersdorff von der *Aktion „Kinder in Gefahr"* auf den Punkt. Mit den Gedanken dieses Autors und Streiters für die Sache der Kinder und Jugendlichen stimmt Olga vollkommen überein: „Nicht wenige Jugendliche suchen im ekstatischen und gedankenlosen Kollektivismus der Diskotheken, *Raves* und *Love-Parades* Halt. In diesen Massenveranstaltungen findet der orientierungslose Jugendliche, der sämtliche Werte und Prinzipien weit von sich weist, einen Ort, wo er durch die frenetische Stimmung, die dort herrscht, für einen Augenblick das findet, was er sucht, und zwar ein Eintauchen in eine Selbstvergessenheit, bei der er sich ganz seiner Spontaneität und seinen Instinkten überlassen kann. Der Jugendliche sinkt in einen Kollektivismus, der seine Person völlig in Besitz nimmt. Dieser Kollektivismus ist eine wahre Ekstase. Ek-stase – ,Außer sich sein': Jeder persönliche Wille, jeder rationelle Akt wird ausgeschaltet, und der Mensch versinkt in einen kollektiven Gemütszustand."[92]

Zu Miley Cyrus schrieb Mathias von Gersdorff im Übrigen Folgendes: „Miley Cyrus wurde durch die *Sitcom* [= Situationskomödie und Fernsehserie] Hannah Montana [2006–2011] bekannt. Mit 13 Jahren wurde sie dadurch zum Mädchen-Idol. Mit der Zeit begann sie ihren kindlichen Stil abzulegen und zeigte sich zunehmend verführerischer und erotischer und folgte so anderen Pop-Sternchen, die als

---

92 zitiert nach: Mathias von Gersdorff: Medienkinder. Das Einsinken des Menschen in der Masse. Frankfurt a. M. (DVCK e.V.) ²2003, S. 46

Kinder-Stars begannen, um später wie Prostituierte auf den Bühnen aufzutreten. (...) Mit der Zeit wurden ihre Musikvideos zunehmend unmoralischer, und sie selbst verwickelte sich in immer peinlichere und schamlosere Sexualskandale. Damit geben diese Pop-Stars ein katastrophales Beispiel für die Mädchen ab, die sich schon in sehr jungen Jahren mit ihnen identifizieren, sie imitieren und sie geradezu anhimmeln. Am Anfang bieten sie eine Projektionsfläche für ihre kindlichen Träume von Popularität und Anerkennung. Mit der Zeit werden diese Idole zunehmend zu skandalösen und unmoralischen Figuren, die sich wie Prostituierte kleiden und laufend mit neuen Sex-Affären die Öffentlichkeit schockieren. (...) Schon sehr jung lernen [die Mädchen], daß ihre sexuelle Anziehung ihren ‚Marktwert‘ bestimmt und sie deshalb jegliches Opfer auf sich nehmen müssen, um in dieser sexualisierten Welt bestehen zu können."[93]

---

93 zitiert nach: Mathias von Gersdorff: Sexualisierung der Kindheit. Wie Kinder durch Politik, Pop-Kultur, Werbung und Medien manipuliert werden. Frankfurt a. M. (DVCK e.V.) 2011, S. 16-17

Eroberung der Schamlosigkeit

Pamela jobbt schon einige Jahre als Model. Für ihre Modellkarriere hat sie ihr Soziologiestudium abgebrochen. Nun bereut sie es. Ihr Traum, ein Top-Model mit Top-Gagen zu werden, ist bis heute nicht in Erfüllung gegangen …

In die Modellbranche hatte sie ihr damaliger Freund, ein Fotograf namens Benno, eingeführt, den sie auf einer ausgelassenen Party kennengelernt hatte.

„Du hast einen tollen sexy Model-Körper!", schwärmte Benno damals. Pamela fühlte sich natürlich geschmeichelt.

„Ich mache dir Fotos, auf denen viel Fleisch zu sehen ist; die kannst du dann an die Modelagenturen verschicken. Mit deinem Body hast du die besten Chancen!"

So fing sie mit ihm auch eine Beziehung an und erhoffte sich dabei eine blendende Modellkarriere.

Ich lernte Pamela bei einem Fashion-Shooting in Kopenhagen kennen. Ein paar Monate später stand sie wieder mit mir vor der Kamera als meine Tochter beim Shooting für eine Kosmetik-Marke. Sie war von sich eingenommen, aber zugleich sensibel, offen und sehr mitteilsam. Während des Fluges nach Portugal saßen wir nebeneinander und unterhielten uns über alles Mögliche.

„Willst Du meine Mappe sehen?", fragte sie mich auf einmal und im gleichen Atemzug legte sie mir ihre großformatige Modellmappe auf den Schoß. Gespannt auf meine Reaktion öffnete sie ein Prosecco-Fläschchen, das sie soeben von der Stewardess serviert bekommen hatte.

„Die nehme ich zu jedem Shooting mit", kommentierte sie dazu, „man weiß nie, auf wen man trifft und von wem man eventuell

309

Folgeaufträge bekommt ...", fügte sie hinzu und nippte an ihrem Champagner.

Es war zu spüren, dass Pamela sehr auf ihre Karriere fixiert war, auch wenn sich diese nicht so entwickelt hatte, wie sie sich das gewünscht hätte.

Ich wendete ein Blatt nach dem anderem und begriff sofort, was ihrem Ex-Freund Benno als „viel Fleisch" vorgeschwebt hatte: Es war tatsächlich vor allem ihre Nacktheit zu sehen, „viel Fleisch" eben, zwar in sehr wohl geformten Proportionen, aber alles andere Drumherum diente da vorwiegend als Fleisch-Hülse. Auf einer Parodie-Aufnahme war sie in einem abgeschnittenem Ordensgewand als Klosterschwester mit einer weißen Haube auf dem Kopf und einer Zigarette im Mund zu sehen. Ihre langen Beine steckten dazu in schwarzen Netzstrumpfhosen und High Heels. So stand sie da provokativ angelehnt an ein Schild, auf dem das Wort „KEUSCH?!" mit Fragezeichen und Ausrufezeichen zu lesen war.

Ich klappte die Mappe wieder zu und gab sie Pamela zurück.

„Gefällt es dir?", fragte sie mich einfältig.

„Also, auf jeden Fall sehr aussagekräftig", versuchte ich mühsam meine innere Empörung zu verbergen, aber mehr konnte ich auch schon nicht mehr über die Lippen bringen ...

Anschließend tauschten wir unsere Erfahrungen mit den Modelagenturen aus und sprachen über unsere Auftragslage.

In leicht verbittertem Ton beklagte sie sich: „Ich musste mir noch einen festen Halbtagsjob dazunehmen, weil ich allein mit den Shooting-Aufträgen meine Wohn- und Lebenshaltungskosten niemals decken könnte. Allein für meine Wohnung in München zahle ich ein Heidengeld! Und wie läuft es bei dir mit den Aufträgen?"

„Bei mir klopft auch nicht gerade *Mercedes Benz, Tchibo, L'Oréal* oder *Sony* jede Woche an die Tür. Das Geschäft ist hart geworden, die Gagen werden nach unten gedrückt ... Das weißt du aber selbst gut genug. Ich muss leider bis zu meiner Rente weitermachen, weil ich monatlich in eine private Rentenzusatzversicherung einzahle", klärte ich sie über meine Verhältnisse auf.

„Hm, ich habe eine Halbtagsstelle in der Asylindustrie, einen scheiß Integrations-Job, der mich ziemlich kaputt macht, zwar gut bezahlt, bin aber nach jeder Schicht reif für die Klapse – echt!"

Und Pamela ließ seufzend ihren Dampf ab:

„Die Mehrheit der muslimischen Asylanten verachtet uns. Man hört von manchen nicht selten, dass wir wie Huren herumlaufen, und dann versuchen sie uns auch anzumachen. Die wollen vor allem Geld, Sozialleistungen und natürlich Sex von uns. Die Kölner Silvesternacht hat mich überhaupt nicht überrascht, die war bei diesen Einwanderern vorprogrammiert. Sie meinen, nur weil wir nicht von Kopf bis Fuß eingehüllt, wie die Mumien, herumlaufen, zu denen sie ihre Frauen gemacht haben, weil wir durchaus auch mal unsere Körperrundungen oder Bein zeigen, gäbe ihnen dies das Recht, uns als Freiwild zu behandeln und über uns herzufallen. Es ist ein Quatsch, zu glauben, dass sich die Muslime mit ihrem mittelalterlichen Frauenbild hier vollkommen integrieren werden. Das wollen die meisten gar nicht, viele täuschen es nur vor. Dieses Täuschen heißt bei ihnen *Taqīya* und es ist Bestandteil ihres Glaubens. *Allahu akbar* [„Gott ist groß"] ist das Einzige, was bei ihnen zählt. Wenn ein Muslim mit seinen drei Frauen hier ankommt, dann übernimmt der deutsche Staat – sprich der deutsche Steuerzahler – die finanzielle Verantwortung für alle seine drei Frauen samt den Kindern. Die eine zählt offiziell als seine Ehefrau und die restlichen zwei kriegen Hartz 4 plus Kindergeld. In dem Land, aus dem er ‚geflüchtet' ist, müsste er sonst selber für seine drei Frauen und alle Kinder, die er mit ihnen hat, sorgen und aufkommen! Das hat sich schon längst unter den Muslimen herumgesprochen. Und deshalb:

‚Hurra, und ab nach Deutschland!' Soll doch der deutsche Trottel für sie arbeiten, blechen und kuschen! Und wenn er nicht kuscht, dann ist er ein Nazi oder ein ausländerfeindlicher Rassist. Das ist ein ganz schön nerviger und sinnloser Job, der mir an die Substanz geht. Ich bleibe vorerst dabei nur, weil der Posten halt gut bezahlt ist. Aber ich schaffe diesen Job nur halbtags, weil ich dann mit den Nerven fertig bin."

Das Flugzeug landete, wir durften uns abschnallen. Pamela erhob sich und streckte sich nach ihrem Handgepäck im Fach über uns. Ein orientalisch aussehender männlicher Passagier ließ von seinem Sitz aus einen eindeutig interpretierbaren Blick von ihren hochhackigen Stiefeletten über ihre Leopard-Latexhosen bis hin zu ihrem bauchfreien Oberteil mit ebensolchem Wildkatzenmuster gleiten ...

Postscriptum:

Zukunft unter dem Halbmond?

Ein goldener Ring im Rüssel eines Schweines – ein Weib, das „schön, aber schamlos ist" (Spr 11,22) steht als Spruch schon im Alten Testament. „Bedenke, o Mensch, dass Du Staub bist und zum Staub wieder zurückkehren wirst", sagt der Priester zu jedem Einzelnen bei der Auflegung des Aschenkreuzes am Aschermittwoch. Diese Mahnung stammt aus dem ersten Buch der Bibel über die Schöpfung, aus der *Genesis* (3,19).

Das Spottbild über die Keuschheit aus Pamelas Modellmappe ist für den Mainstream-Kleidungsstil unserer Zeit symptomatisch.

„Nur tote Fische schwimmen mit dem Strom", könnte man den christlichen Mädchen und Frauen zur Ermutigung, aber auch zur

Warnung mit auf den Weg geben. Mit einer „Armlänge" Abstand ist es garantiert nicht getan. Wir gehen keinen sicheren Zeiten entgegen. Schließlich gilt auch hier: „Gott läßt seiner nicht spotten. Was der Mensch sät, das wird er ernten. Wer auf sein Fleisch sät, wird vom Fleisch Verderben ernten: Wer aber auf den Geist sät, wird vom Geiste ewiges Leben ernten" (Gal 6,7-8).

„Und es trieb Allah die Ungläubigen in ihrem Grimm zurück; sie erlangten keinen Vorteil; und Allah genügte den Gläubigen im Streit, denn Allah ist stark und mächtig. Und er veranlaßte diejenigen vom Volke der Schrift [= von den Juden und Christen], die ihnen [= den Ungläubigen] halfen, von ihren Kastellen herabzusteigen, und warf Schrecken in ihre Herzen. Einen Teil erschlugt ihr und einen Teil nahmt ihr gefangen. Und er gab euch zum Erbe ihr Land und ihre Wohnungen und ihr Gut, und ein Land, das ihr nie [zuvor] betratet. Und Allah hat Macht über alle Dinge."

Der Koran. Übersetzung aus dem Arabischen
von Max Henning. Leipzig (Verlag Reclam jun.) 1979, ⁷1989,
Sure 33,25-27, S. 376

„Die Demokratie ist nur der Zug, auf den wir aufspringen, bis wir am Ziel sind. Die Moscheen sind unsere Kasernen, die Minarette unsere Bajonette, die Kuppeln unsere Helme und die Gläubigen unsere Soldaten."

Recep Tayyip Erdoğan, gegenwärtig Präsident der Türkei,
1998 in einer Rede als Bürgermeister von Istanbul,
ein Gedicht zitierend

Der Untergang Roms

Unsere sechstägige Rom-Wallfahrt führte uns bis zu den christlichen Anfängen dieser altehrwürdigen Stadt zurück. Es waren beeindruckende Tage, in denen wir uns unter einer sehr guten priesterlichen Leitung die historischen Zusammenhänge vor Ort ins Bewusstsein rufen lassen durften. Dies war ein unvergessliches, glaubensstärkendes Erlebnis, das allerdings von einer düsteren „Schauung" überschattet wurde:

Am letzten Tag besuchten wir die Kirche S[ancta] S[anctorum] San Salvatore della Scala Santa, wo sich die Heilige Treppe befindet, auf der unser Herr Jesus Christus zu Pontius Pilatus hinaufgestiegen ist, um dort sein Urteil der Kreuzigung zu vernehmen. Diese Treppe erklimmen die frommen Besucher auf den Knien und betend, wofür sie einen Ablass von ihren Sünden erhalten. Dies war für uns natürlich viel mühsamer als die Stufen zu Fuß hinaufzusteigen. Der Gedanke aber, dass über diese Steintreppe Blut von unserem gemarterten, gegeißelten Jesus geflossen ist, zwang uns regelrecht in die Knie.

Der Andrang der Gläubigen war groß, die Augusthitze schwer zu ertragen und man musste sich in Geduld fassen, bis man zur ersten Stufe der Heiligen Treppe gelangte. Vor uns wartete schon eine Personengruppe, die ich der Sprache nach für Kroaten oder Slowenen hielt. Bei der Hitze waren natürlich alle leicht gekleidet, manche trugen Sonnenhüte. Unter dieser Gruppe befand sich auch eine junge Frau in einem sehr kurzen luftigen Sommerkleid, sie wedelte sich mit einer Reiseführer-Broschüre Wind in ihr mit Schweißperlen bedecktes Gesicht. Um den Hals trug sie eine goldene Kette mit Kruzifix und einer Muttergottes-Medaille. Auf ihrem Nacken waren indes chinesische Buchstaben eintätowiert.

Endlich gelangte ich bei der ersten Stufe an. Es war ein stark bewegender, die Seele erhebender Moment. Ergriffen sank ich in die Knie, meinen Jesus anbetend. Langsam bewegten sich die Menschen vor mir auf den Knien zur letzten oberen Stufe. Oben angelangt, richteten sie sich auf und gingen zum Ausgang.

Als ich ungefähr auf halber Höhe der Treppe war, stieß mich sanft von der Seite her eine Frau aus unserer Gruppe an und hauchte mir zu: „Unglaublich!" Sie zeigte mir dabei nach oben. Ich wandte meinen Blick von der Heiligen Treppe ab, sah auf und traute meinen Augen nicht: Bei der jungen Frau, die mir zuvor schon unter den Wartenden vor allem durch die chinesischen Schriftzeichen auf ihrem Nacken aufgefallen war und die sich nun einige Stufen über mir fromm betend auf gebeugten Knien nach oben bewegte, gab das viel zu kurze Sommerkleid den Blick auf einen spärlichen Tanga-Slip frei, der kaum etwas „verhüllte".

Ich nahm an, dass sie sich dieses peinlichen Umstands nicht bewusst war, und wollte sie auf diese Ungeheuerlichkeit aufmerksam machen. Oben angelangt, hatte ich sie aber leider aus den Augen verloren.

Dennoch ließen mir die Gedanken keine Ruhe: Wie kann diese junge Frau diesen bedenklichen Kleidungsstil mit ihrem christlichen Glauben vereinbaren? Auf der einen Seite ihre inbrünstige Verehrung Jesu, auf der anderen ihre so leichtsinnige unkeusche Kleidung?

Als ich zum ersten Mal das deutsche Wort „keusch" hörte, wusste ich nicht, was es bedeutet. Deshalb blätterte ich also wieder in den zahlreichen Wörterbüchern meines Mannes. Hier fand ich als Synonyme für das Wort „keusch": anständig, schamhaft, sittsam, unverdorben, züchtig, ehrbar, sittlich, tugendhaft ... Mir schien es, dass diese Wörter vollkommen aus der Mode gekommen waren ...

Wie ich so darüber nachdachte, fiel mir ein Ereignis aus meiner Jugendzeit wieder ein:

Meinen ersten – und letzten – Minirock hatte ich von meiner Mutter als Teenager geschenkt bekommen. Sie und ich waren als Vorzeigeäffchen die ersten, die diese Mode in der Betonplattenbau-Siedlung Maleschitz einführten. Den Stoff hierzu hatte sie auf dem Schwarzmarkt gekauft.

Ich kann mich noch heute ganz genau an die Anprobe bei der Schneiderin, Frau Nováková, erinnern.

Zuerst wurde bei meiner Mutter Maß genommen, die gerade erst eine Venenoperation hinter sich hatte. Auf die Frage der Schneiderin, wie lang der Rock denn sein solle, zeigte sie mit der Handkante ungefähr 15 Zentimeter über ihren Knien an. Frau Nováková hob die Augenbrauen und blickte fragend von den noch frisch geröteten OP-Narben an den Beinen meiner Mutter zu ihr auf. Als diese jedoch keine Miene verzog und damit zu verstehen gab, dass es ihr Ernst war, ließ sich auch die Schneiderin nichts mehr anmerken und fuhr fort, die von meiner Mutter gewünschte modische, verführerisch heiße Rocklänge in den Stoff einzuzeichnen, nach dem Motto: Die Kundin hat immer Recht!

Dann kam ich an die Reihe: Der Karo-Stoff gefiel mir prinzipiell gut, der Schnitt auch. Beim Bestimmen der Länge hatte damals aber leider immer noch meine Mutter das Sagen.

„Noch kürzer, Frau Nováková, noch kürzer", stachelte sie die Schneiderin an, „so, wie es jetzt modern ist!"

Die verdutzte Schneiderin zeichnete zum Schluss nach der Anweisung meiner Mutter bei mir die Länge von nur etwa 10 Zentimetern unter meinem Gesäß ein ...

Weil ich damals ebenso wie meine Mutter gerne die neuesten Klamotten vom Schwarzmarkt angeberisch zur Schau trug, zog ich den Minirock einige Male an und stolzierte damit durch die Siedlung. Aber jedes Mal war es mir dabei sprichwörtlich nicht wohl in meiner

Haut. Eine seltsame Mischung von Gefühlen des Halbnacktseins einerseits und des Bloßgestelltseins andererseits kam da in mir hoch, und daraus erwuchs ein starkes Bedürfnis nach Beschützung meines Ichs, meiner ureigensten Persönlichkeit. Vor allem ärgerte ich mich dabei jedes Mal sehr, wie massiv meine Mutter auf die Schneiderin eingewirkt hatte und wie selbstverständlich sie über meine Kleidung bestimmte.

Aus Trotz zog ich besagten Minirock nach kurzer Zeit nicht mehr an. Seitdem hatte ich einen inneren Widerstand dagegen entwickelt und zog auch zuhause nie mehr einen Minirock an ...

Postscriptum:

Prophezeiungen für Rom

Und wir sahen in einem ungeheuren Licht, das Gott ist: ‚etwas, „das aussieht wie Personen in einem Spiegel, wenn sie davor vorübergehen'[,] einen in Weiß gekleideten Bischof, ‚wir hatten die Ahnung, daß es der Heilige Vater war'; verschiedene andere Bischöfe, Priester, Ordensmänner und Ordensfrauen einen steilen Berg hinaufsteigen, auf dessen Gipfel sich ein großes Kreuz befand aus rohen Stämmen wie aus Korkeiche mit Rinde. Bevor er dort ankam, ging der Heilige Vater durch eine große Stadt, die halb zerstört war und halb zitternd mit wankendem Schritt, von Schmerz und Sorge gedrückt, betete er für die Seelen der Leichen, denen er auf seinem Weg begegnete. Am Berg angekommen, kniete er zu Füßen des großen Kreuzes nieder. Da wurde er von einer Gruppe von Soldaten getötet, die mit Feuerwaffen und Pfeilen auf ihn schossen. Genauso starben nach und nach die Bischöfe, Priester, Ordensleute und verschiedene weltliche Personen, Männer und Frauen unterschiedlicher

Klassen und Positionen. Unter den beiden Armen des Kreuzes waren zwei Engel, ein jeder hatte eine Gießkanne aus Kristall in der Hand. Darin sammelten sie das Blut der Märtyrer auf und tränkten damit die Seelen, die sich Gott näherten (Tuy, 3.1.1944)."[94]

Don Bosco „sagte, in Italien werde einmal viel Blut fließen. Der Papst werde aus dem Vatikan, von nur zwei Kardinälen begleitet, fliehen müssen, und das über die Leichen der Kardinäle hinweg. In vierzig Meilen Umkreis von Rom werde man nur noch sieben Geistliche finden. (...) Auch die ehrwürdige Helena Aiello (Künderin des Unbefleckten Herzens Mariens und Trägerin der Wundmale Christi, deren Seligsprechungsprozess weit vorangeschritten ist) äußert sich im gleichen Sinn: ‚Die Kirche ist innerlich und äußerlich verwundet. Was wird aus Italien, aus der Welt, aus dem Stellvertreter Christi? (...) Russland wird seine Irrtümer in allen Völkern verbreiten.‘ Schon 1959 vernahm Helena Aiello: ‚Russland wird über alle Nationen Europas ziehen, besonders Italien, und wird seine Flagge über der Peterskirche hissen. Italien wird streng geprüft werden durch eine große Revolution, und Rom wird im Blut gereinigt werden für seine vielen Sünden, besonders die der **Unreinheit**. Die Herde ist im Begriff, sich zu zerstreuen und der Papst muss sehr leiden.‘"[95]

„In der großen Botschaft von La Salette spricht die Muttergottes: ‚Italien wird gestraft werden für sein Bestreben, das Joch des Herrn der Herren abzuwerfen. Es wird darum dem Krieg übergeben werden. Das Blut wird auf allen Seiten fließen. Die Kirchen werden

---

94 aus dem dritten Geheimnis von Fatima, offizielle Version, zitiert nach: Gérard R. Mura / Martin A. Huber: Fatima – Rom – Moskau. Durch die Weihe Russlands zum Triumph Mariens. Stuttgart (Sarto) 2010, S. 270-271
95 Gérard R. Mura / Martin A. Huber: Fatima – Rom – Moskau. Durch die Weihe Russlands zum Triumph Mariens. Stuttgart (Sarto) 2010, S. 265-266

geschlossen oder profaniert werden. Die Priester und die Ordens-leute werden vertrieben werden. Man wird sie dem Tod, einem grausamen Tod übergeben."[96]

---

96 ebenda, S. 273

Musikalische Integration

*M*usik erreicht unmittelbar die Sinne und löst Emotionen aus. Aus psychologischer Sicht kann Musik maßgeblich einen Heilungsprozess unterstützen, positiv beeinflussen, motivieren, beruhigen, körperliche Entspannung bewirken usw. Es gibt genügend Studien darüber.

Umgekehrt kann Musik aber auch destruktiv auf Körper und Seele wirken – das ist ebenso unbestritten.

Bei einer Fashion-Show in Düsseldorf, die an einem Abend stattfand, übten wir, etwa 20 Models, von früh morgens bis zum späten Nachmittag Posen und Bewegungen auf dem Laufsteg in einer riesigen Halle. Es waren auch zwei männliche Models dabei.

Ein erfahrener, mit Tattoos übersäter DJ namens Uwe war für die *Catwalk*-Musik zuständig. Sein Assistent Mgan, aus Eritrea stammend, war eifrig dabei, sich zu „integrieren". Zu seinen Aufgaben gehörte unter anderem, Rauch mit einer Patrone zu produzieren, aber auch „Vortanzen", um die Models nach den Anweisungen des Choreografen zu animieren.

Mgan, schwarz wie Ebenholz und mit Rastalocken, war sehr gelenkig und schlaksig und hatte einen federleichten Gang. Man hätte sich ihn gut als einen geschickten und schnellen Antilopenjäger mit Speer in der afrikanischen Savanne vorstellen können. Er kam zur Probe in Begleitung seiner molligen, blonden deutschen Ehefrau, die ihr gemeinsames Kind, einen Säugling mit wunderschönen braunen Augen dabei hatte.

Neben dem DJ-Mischpult hatte Mgan einen Beistelltisch mit zwei Stapeln weißer T-Shirts aufgestellt, auf denen in dicken schwarzen Lettern „FUCK YOU!" aufgedruckt war. Mit funkelnden Augen, breitem Lächeln und ausgebreiteten Armen munterte er uns Models großzügig auf: „Alle nehmen! Nix kosten!" Einige Kolleginnen griffen tatsächlich zu den ominösen T-Shirts und schlüpften gleich hinein.

Die ersten zwei Stunden übten wir den Gang auf dem Laufsteg ohne Musik, aber dann ging es richtig zur Sache ... DJ Uwe gab sein „Bestes". Es war ihm bestimmt aus Erfahrung bewusst, dass dies jetzt „seine" Stunde war, sowohl in akustischer als auch motorischer wie auch verbaler Hinsicht.

Die Halle bebte in vollem Gedröhne.

In einem Augenblick bekam ich vom Laufsteg herab mit, dass der vorher ruhige Säugling von Mgan verzweifelt schrie. Seine Händchen fuchtelten schnell, fast abwehrend vor seinem winzigen Latte-macchiato-Gesichtchen. Das Weinen des Kindes war in dem Lärm überhört worden. Seine blonde Mutti gab ihm die Flasche, das Kind wollte aber nicht trinken. Ein Schnuller half auch nicht. Ratlos wippte sie lässig das Kind im Kinderwagen hin und her und ließ dabei im Discorhythmus auch ihre Hüften mitschwingen – ähnlich wie ihr tanzender afrikanischer Gatte vor dem DJ-Pult, der eindeutig in seinem Bewegungselement war. Beim Betrachten dieses ganzen Zirkus schien mir die Integration irgendwie in umgekehrter Richtung zu verlaufen. Für mich war es offensichtlich, dass sich hier die europäische Kultur der afrikanischen anpasste ...

Mgans Bewegungen ähnelten einem Veitstanz, krankhaften Verrenkungen und Zuckungen des ganzen Körpers, im Mittelalter für „Tanzwut" gehalten, wogegen man den hl. Veit um Hilfe anrief ...

„Um Himmels willen", dachte ich, „wo bin ich hier gelandet?!" – „Durchhalten!", sagte ich mir: „Der Bausparer ist noch nicht abbezahlt." Ich musste meinen ganzen Mut zusammennehmen und eine professionelle Haltung an den Tag legen, um die Situation zu meistern.

Es kam aber noch *bunter* ...

Am Nachmittag, kurz vor der Generalprobe, mussten wir dann unsere *Klamotten* anziehen. Das erste Gewand, das ich zum Vorführen bekam, war vom Stil her ein bunter Mischmasch aus indischer und türkischer Tracht. Seide und Cashmere in rauer Menge umschmeichelten meinen Körper. Das fühlte sich gut an, aber vom Schnitt her waren diese spärlichen Stoffhüllen für mich absolut untragbar. Ach, wenn ich dieses feine teure Stoffmaterial doch meiner Designerin, Prof. Zdena Bauerova, nach Prag für einen neuen eleganten Kleiderentwurf bringen könnte! Sie würde mir daraus gewiss etwas ganz anderes, zu mir Passendes nähen!

Dann ging es rasch zur Maske. Der Make-up-Artist hatte alle Hände voll zu tun und arbeitete höchst professionell. Die nächste Station war der Friseur. Mit einem „Tolles Haar Olga! Wette, nie gefärbt!" strich der Friseur mit seinen Figarohänden durch meine graue Mähne.

„Ich würde mir aus Prinzip nie meine Haare färben lassen", konterte ich und biss dabei in meine von daheim mitgebrachte Karotte.

Am Friseurtisch neben mir saß einer von den beiden männlichen Modellkollegen, ein junger Mann, vielleicht 20 Jahre alt. Sein Vorführgewand war eine kurze rosa-seidene Tunika, deren Saum mit schwarzer Spitze verziert war. Die schwarze Spitze korrespondierte mit seinen schwarz behaarten Beinen – sonst mit nichts!

„Ja, wie fühlst du dich in deiner rosa-schwarzen Kreation?", glitt mir raus.

„Geht noch so ...", antwortete mit knallrosa geschminkten Lippen und künstlichen Wimpern der junge Kollege.

Es klingelte bereits. Nun schnell in die Halle zu einer letzten Probe, der Generalprobe!

Alle Models standen noch hinter dem schwarzen Vorhang, als der Conférencier seine Ansprache am Podium hielt. – Kurze Stille. – Dann war DJ Uwe mit seinem Lärm und seinen obszönen Bewegungen dran. Rrrrums! Der Laufsteg bebte mit. Ich spürte es förmlich unter meinen Füßen. Mgan führte dabei sein gesamtes afrikanisches Tanzregister vor – es war wirklich spektakulär.

Wie blinde Schafe liefen wir Models über den Catwalk. Ich dachte dabei an die Gage: „Herr, erbarme Dich unser!"

Am Ende der Generalprobe brüllte DJ Uwe uns Models zu: „Ihr seid so geil! Am liebsten würde ich euch alle ...!"

Es folgte ein Kreischen von einigen meiner Kolleginnen ...

„Wow, ist der geil!", musterte ihn die eine – „affengeil!", steigerte die andere, eine Lehramtsstudentin mit einer Tattoo-Inschrift *Porno Rose* am Handgelenk, und grinsend fügte sie hinzu: „Er hat mich gefragt, ob ich seine gepiercten Kronjuwelen sehen will!"

Ansonsten war die Show am Abend ein totaler Erfolg, das Beautyful-People-Publikum klatschte frenetisch vor Begeisterung.

„So, das war's dann für mich", dachte ich, „nichts wie weg von diesem unerträglichen – nicht bloß akustischen – Inferno!"

Die *High Heels*, mein Folterwerkzeug, warf ich wütend in die Ecke der Umkleide und wie eine Rakete schoss ich raus an die frische Luft. Ich verspürte eine drängende Sehnsucht nach Ruhe und Stille, Sauerstoff und akustischer „Entmüllung" von dieser körperlichen wie seelischen Einpeitscherei. Herz und Seele waren von der fürchterlichen Kakofonie des DJ Uwe und dem Zucken und Rucken von Vortänzer Mgan wie gelähmt.

Draußen tippte ich auf meinem Smartphone – regelrecht durstig nach Harmonie – das Doppelkonzert für zwei Violinen von Johann Sebastian Bach, gespielt von Yehudi Menuhin und David Oistrach ein. Im Hotel wusch ich mir die dicke Schminkpampe vom Gesicht und duschte ausgiebig – wie als wollte ich mich von dem Erlebten reinwaschen. Anschließend hörte ich im Bett quasi zur Belohnung für mein tapferes Durchhalten ein Violinkonzert von Mozart mit Anne-Sophie Mutter und Herbert von Karajan und kurz vor dem Einschlafen das Orgelkonzert von Georg Friedrich Händel mit Karl Richter.

Apropos: Welche Sinne erreichten eigentlich unmittelbar die Rockmusik von DJ Uwe und der Veitstanz von Mgan, welche Emotionen lösten sie aus?

Greyhair-Model Olga

Postscriptum:

Auf dem Catwalk

„W eil die Töchter Zions hochmütig sind, ihre Hälse recken und mit verführerischen Blicken daherkommen, immerzu trippelnd daherstolzieren und mit ihren Fußspangen klirren, darum wird der Herr den Scheitel der Töchter Zions mit Schorf bedecken und ihre Schläfen kahl werden lassen. An jenem Tag wird ihnen der Herr ihren Schmuck wegnehmen: die Fußspangen, die [Stirnbänder] und Halbmonde [= Haarreife], die Ohrgehänge und Armkettchen, die Schleier und Turbane, die Fußkettchen und die Prachtgürtel, die Riechfläschchen[, die Halsbänder] und Amulette, die Fingerringe und Nasenreife, die Festkleider und Umhänge, die Umschlagtücher und Täschchen, die Spiegel, [und] feinen [Unterhemdchen], die Schals und Kopftücher. Dann habt ihr Moder statt Balsam, Strick statt Gürtel, Glatze statt kunstvolle Locken, Trauergewand statt Festkleid, ja Schande statt Schönheit" (Jes 3,16-24).

Willkommenskultur

*W*ie die Zigeuner!" war der verbreitete Kommentar in Olgas „*W*Verwandtenkreis, als man erfuhr, dass Olga ihr drittes Kind erwartet. Mehr als zwei Kinder zu haben galt dort nämlich als asozial oder eben einer „emanzipierten" Frau unwürdig. Mehr als zwei Kinder willkommen zu heißen, dafür reichte deren Gemütspotenzial schlicht nicht aus.

Mit ihrem unaufhörlichen Kinderwunsch galt Olga deshalb als absolute Exotin. An spöttischen Bemerkungen hinter vorgehaltener Hand fehlte es nicht, aber Olga ließ sich dadurch nicht beirren. Eine Aura aus natürlicher Mutterwürde, die dem Ja zum Kind entsprang, war für sie eine Art Schutzschild, an dem alles Kinder- und Mutterschaftsfeindliche abprallte.

Die Kinderzahl zwei war auch in der Plattenbausiedlung Maleschitz die allgemein akzeptierte Regel – der Rest wurde abgetrieben. Diese Einstellung wurde mehrheitlich und ohne Augenzwinkern von den Müttern an die Töchter weitergegeben.

Der sozialistische Staat forcierte die Abtreibung ab der Zwei-Kinder-Familie, indem er den abtreibungswilligen Frauen gegen eine Blutspende und Zahlung einer niedrigen, rein symbolischen Pauschalsumme von 350 Kronen (heute umgerechnet etwa 17 Euro) die schnelle Abtreibung in staatlichen Krankenhäusern ohne größere Formalitäten ermöglichte.

Der Hauptgrund dafür war, dass die Frauen so schnell wie möglich wieder in den Arbeitsprozess einsteigen sollten, um die miserable staatliche Produktion aufrechterhalten zu helfen. Gleichzeitig wurde staatliche Kleinkindbetreuung als Fortschritt propagiert. Die

Kinder sollten so früh wie möglich der staatlichen Kontrolle und ideologischen Bearbeitung ausgesetzt werden.

Mit diesem weitverbreiteten Trend in der damaligen Tschechoslowakei stimmte auch Olgas Mutter überein. Deshalb blockierte sie auch mit allen Mitteln Olgas Wunsch, Hebamme zu werden, und lenkte sie gezielt in eine berufliche Richtung, in der es mehr Kohle – sprich: Devisen – zu verdienen gab: Und was versprach dies mehr als das Hotelfachgewerbe ...

Postscriptum:

Ein Volk treibt sich ab

Es ist wahrhaftig erstaunlich und bewundernswert, wie hoch einerseits das Ethos der Willkommenskultur in Deutschland geschätzt wird. Die aktuelle grenzenlose Aufnahme einer wahren Flut von Flüchtlingen ist ein Paradebeispiel dafür.

Was die Herzen besonders rührt, sind natürlich die von den Medien eifrig verbreiteten Bilder von Flüchtlingsfamilien mit Kindern. Erschöpfte, weinende kleine Mädchen und Jungen mit ihren Eltern finden in Deutschland Schutz und Hilfe. Dies könnte ein Anzeichen einer ausgeprägten christlichen Tradition der Nächstenliebe in diesem Land sein.

Auf der anderen Seite gibt es für Hunderttausende jährlich in Deutschland im Mutterleib getötete Kinder keine Willkommenskultur. Ihr stummer Schrei erreicht die Medien nicht. Sie bekommen nicht einmal eine Ruhestätte für ihren zerstückelten kleinen Leib. Entweder landen sie im Müll oder sie werden als Wertstoff in der Kosmetik- oder Pharmaindustrie weiterverarbeitet.

Wie kann man sich diesen eklatanten Widerspruch erklären?

Möglicherweise so: Ein Volk, das aufgrund der Umerziehung (*Re-education*) keine Identität und deshalb kein Selbstwertgefühl mehr besitzt, gibt sich selbst auf. Die deutschen Frauen wollen nur sehr begrenzt Kinder bekommen. Die Abtreibungszahlen sind drastisch hoch. Deutschland stirbt aus! Klar, die Kinder – die garantierte Zukunft des Staates – sind Jahr für Jahr massenweise im Mutterleib vernichtet worden! Sie fehlen jetzt, um die demografische Katastrophe noch abzuwenden. Diesen Wehrlosesten, ja *Schutzbedürftigsten* unter uns, wurde das elementarste aller Menschenrechte, das Recht auf Leben, abgesprochen. Dies sind nackte Tatsachen und die Abtreibungsindustrie läuft weiterhin auf vollen Touren ...

Zu dieser traurigen Lage in Deutschland schwadronierte die ehemalige Bundesfamilienministerin Renate Schmidt (SPD) : „Die Frage, [ob die Deutschen aussterben], das ist für mich eine, die ich an allerletzter Stelle stelle, weil dieses ist mir, also so, wie sie hier gestellt wird, verhältnismäßig wurscht."[97] Da war die Katze aus dem Sack.

„Willkommenskultur" wird einmal als zynisches, doppelzüngiges Unwort in die Menschheitsgeschichte eingehen, wenn sich in der buchstäblich vernichtenden Einstellung der Nation zum ungeborenen Leben nichts ändert.

Die apokalyptische *Hure Babylon* hat auch ein Spezialprogramm für diejenigen Kinder parat, die das Licht der Welt in unserem Zeitalter noch erblicken dürfen: Sie lässt auch unsere Kleinen aus dem überquellenden Becher der Verderbnis der Pornografie – trinken. Ohne zu übertreiben, kann man sagen, dass dies ein weiteres Massaker an den Kinderseelen ist.

Ich vermisse Alarm schlagende Stimmen und wirksam schützende Maßnahmen, vor allem von den Frauen in der Politik.

---

97 gesagt am 14.3.1987 im *Bayerischen Rundfunk*

Genauso vermisse ich laut vernehmbares, andauerndes Mahnen seitens der Kirche, um diesem wahrlich apokalyptischen Zustand abzuhelfen.

Jedes ungeborene Kind hat ebenso ein Recht auf Leben wie ein Flüchtlingskind.

Nach den Hunderten täglich abgetriebenen Kindern in Deutschland bellt aber fast kein Hund... Und diejenigen, die das Lebensrecht der ungeborenen Kinder einfordern und sich dafür einsetzen, bekommen ein ganzes Register an Stigmata verpasst – auch von den Mainstream-Medien: Asoziale, Rassisten, Rechtspopulisten, Rechtsradikale, Fundamentalisten, Ultrakonservative, Erzkatholiken usw. „Hätt' Maria abgetrieben, wär't ihr uns erspart geblieben", ist noch eine der harmloseren Parolen.

„Eine Nation kann ihre Narren überleben – und sogar ihre ehrgeizigsten Bürger. Aber sie kann nicht den Verrat von innen überleben. (...) [Der Verräter] arbeitet darauf hin, dass die Seele einer Nation verfault. (...) Er infiziert den politischen Körper der Nation dergestalt, bis dieser seine Abwehrkräfte verloren hat. Fürchtet nicht so sehr den Mörder. Fürchtet den Verräter. Er ist die wahre Pest!"[98]

---

98 zitiert nach Millard F. Caldwell: *Cicero's Prognosis. Presented at the 22nd Annual Meeting of the Association of American Physicians and Surgeons, Inc.* [Ciceros Prognose. Präsentiert auf der 22. Jahrestagung der Gesellschaft Amerikanischer Ärzte und Chirurgen], Columbus, Ohio, 7. bis 9. Oktober 1965, Nachdruck: März 1996

Was bleibt?

Für mich an erster Stelle das Gebet!

„*H*err, unser Gott, Vater voll Erbarmen, aus unserer ausweglosen Not rufen wir zu Dir: Einst war unsere Heimat ein Bollwerk des echten katholischen Glaubens, wir haben uns dieser großen Erbschaft nicht würdig erwiesen. Deine Lehre, Deine Gebote werden mit Füßen getreten. Die das Volk im Glauben führen sollten, erweisen sich oft genug als Verführer zu Irrlehren, oft genug wird der Glaube im Religionsunterricht verfälscht, oft genug getraut man sich nicht mehr, Deine Gebote, besonders das der Keuschheit, ungeschmälert zu verkünden: Unsere Jugend geht zugrunde; die Zeit rückt näher, da unsere Heimat ein Land ohne Priester und ohne hl. Messe sein wird. Wir bekommen es, wir haben es nicht anders verdient. Doch Deine Allmacht, Deine Barmherzigkeit, Deine Liebe geben uns Mut, Dich um das Außerordentliche zu bitten: Greife ein, oh Gott, greife ein, Dir ist alles möglich. Rette unserer Heimat die Religion, ehe noch der Rest zugrunde geht. Gib den wenigen Rufern in der Wüste Kraft und Vertrauen in ihrer aussichtslos scheinenden Aufgabe. Mit den heiligen Aposteln rufen wir: ‚Herr, rette uns, wir gehen zugrunde!' Unberührt von Spott, Hohn und Verleumdung hören wir nicht auf, Dich zu bitten: Schenke uns wieder ein katholisches deutsches Volk und Vaterland. Amen."

Gebetszettel Mediatrix-Verlag, A-3423
St. Andrä Wördern, Gloriette 5

*I*ch wünsche Dir, mein schwer geprüftes Deutschland ein gutes, mutiges und gottgefälliges Erwachen in Jesus Christus, weil ich Dich von Herzen liebe, weil ich Dich trotz allem bewundere und Dir für vieles dankbar bin.

Deine Olga